政务文书档案专业词表

政务文书档案专业词表编写组　编

科学技术文献出版社

·北京·

图书在版编目（CIP）数据

政务文书档案专业词表 / 政务文书档案专业词表编写组编. —北京：科学技术文献出版社，2019.10

ISBN 978-7-5189-6178-8

Ⅰ．①政… Ⅱ．①政… Ⅲ．①国家行政机关—文书档案—档案管理—词表 Ⅳ．①G275.2

中国版本图书馆 CIP 数据核字（2019）第 252348 号

政务文书档案专业词表

策划编辑：周国臻　　责任编辑：杨瑞萍　　责任校对：文　浩　　责任出版：张志平

出 版 者	科学技术文献出版社
地　　址	北京市复兴路 15 号　邮编 100038
编 务 部	（010）58882938，58882087（传真）
发 行 部	（010）58882868，58882870（传真）
邮 购 部	（010）58882873
网　　址	www.stdp.com.cn
发 行 者	科学技术文献出版社发行　全国各地新华书店经销
印 刷 者	北京虎彩文化传播有限公司
版　　次	2019 年 10 月第 1 版　2019 年 10 月第 1 次印刷
开　　本	787×1092　1/16
字　　数	316 千
印　　张	15.75
书　　号	ISBN 978-7-5189-6178-8
定　　价	68.00 元

版权所有　违法必究

购买本社图书，凡字迹不清、缺页、倒页、脱页者，本社发行部负责调换

《政务文书档案专业词表》
编写组人员名单

组　长　李世华

副组长　王宪东　张志刚　姚长青

成　员　孙洪鲁　赵　琳　董　诚　刘志辉
　　　　　张运良　李琳娜　刘　虎　储牧原
　　　　　韩　磊　杨福运　马学刚　武　伟
　　　　　李文姣　张学干　郑华鑫

说　明

随着国家信息化工作的推进和数字化技术的发展，国家政务越来越公开透明。2007年开始实施的《中华人民共和国政府信息公开条例》，在2019年进行了重新修订发布，国家政务数据的公开力度不断加强。政务数据是国家档案的重要组成部分，随着"政府上网工程"和"全国档案信息化建设"的全面实施，越来越多的政务数据都是以电子档案的形式来保存并加以利用的。由于政务数据事关国计民生和社会发展，档案的社会公众关注程度不断提高，档案工作迎来了新的发展机遇。《全国档案事业发展"十三五"规划纲要》指出，"如何适应政务公开推进档案信息开放、如何适应社会多样需求改进档案服务"正日益成为我国档案工作面临的主要挑战。在2017年度国家档案局科技项目计划"基于知识组织与深度分析的电子档案数据智能检索研究"（项目编号：2017-X-17）和山东省2017年重点研发计划项目"国家政务数据深度挖掘和社会化服务体系建设研究"（项目编号：2017G006002）的支持下，山东省档案馆组织人力开展了相关研究。

面对浩瀚的电子档案数据，建立深度挖掘和社会化服务体系，是档案事业适应社会信息化发展趋势的必要选择，是创新档案服务机制、全面提高档案工作服务社会能力的重要手段。随着党政机关的政务文书档案数量及内容的不断增加，现有检索系统无法满足使用者多样化的档案数据检索需求。在图书情报等工作中，基于开放域的知识服务系统相对较为成熟，值得借鉴。但是对于传统档案管理领域，尤其是各级国家综合档案馆而言，大规模的应用尝试还较少。为了提高馆藏数字资源的利用效率，克服过去数字档案管理系统仅用档号、标题或责任者内容为检索对象，不能用语义检索全文的不足，特提出一套系统解决方案，本词表是其中的重要组成部分。

本词表是在理解我国档案管理行业现状及需求的基础上建设的。本词表建立了档案馆藏资源知识化加工及标引并基于人工智能开发档案利用服务系统，推动形成机器可理解档案数据资源满足人民群众的档案服务需求，达到以为民、便民、惠民为档案数据利用服务的目标。

基于以上需求，编写组兼顾计算机和人工标引需求，在利用已有词表的基础之上，采用计算机与人工协同的方法，编制了《政务文书档案专业词表》，就本词表编制及使用，说明如下。

一、收词规则和范围

本词表的构建参考和吸收了《中国档案主题词表》《综合电子政务主题词表》《公文主题词表》，这些经典词表是档案标引、管理和应用服务的基础，凝聚了大量档案专家和词表专家的智慧，也是本词表构建的基础。这些词表包含了大量的基础主题词，如《中国档案主题词表》第二版共收录25 891条主题词，其中21 785条正式主题词，4106条非正式主题词；《综合电子政务主题词表》共收录主题词20 252条，其中正式主题词17 421条，非正式主题词2831条；中共中央办公厅秘书局编制的《公文主题词表》共收录主题词5116条，其中主表收词4622条，附表收词494条；《国务院公文主题词表》共有15类1049个主题词，分为主表和附表两大部分，主表有13类751个主题词，附表有2类298个主题词。

  但是受限于编表当时的技术条件及党政机关政务文书档案的数字化程度，这些词表在文献保证原则的落实上存在一定的不足，即部分词条在实际标引工作中用不到，又有一些在标引工作中有用的词条在词表中没有收录。在本词表编制中，文献保证主要依据山东省档案馆收藏的党政机关政务文书档案馆藏资源进行分析统计筛选。

  此外，中国共产党全国代表大会报告和历次全国人民代表大会上的政府工作报告能够相对权威体现中央精神，对于各级党政机关的政务文书具有一定的引导性。因此，对这部分语料单独加工处理。中国共产党自1921年建党以来已经举行过19次全国代表大会，但是前7次全国代表大会都在中华人民共和国成立前，中华人民共和国成立后前期周期不固定，后期才逐步稳定下来，从1956年至今共举行了12次全国代表大会，因此集中选取中华人民共和国成立后的中国共产党第八次到第十九次全国代表大会报告正文，由于大会间隔时间相对较长，因此将改革开放以来部分全会上的体现党和政府工作方针的重要决定、决议也收录进来。中央政府工作报告既有对过去工作的总结，也有对未来工作的规划，能够较大程度上覆盖公文档案内容，采集中央政府网站上公开的1954—2019年历年中央政府工作报告共51份。将这些共同作为语料库，利用新词发现工具对语料进行分析筛选和人工审定，尤其注重近年来常用的党政机关政务文书档案词语。

  本词表收录主题词及其相关词兼顾自动标引的处理便利性，不选用注释性内容，便于计算机在原文中发现相关词条，如将"输出（贸易）"修改为"输出"，尽管从单个词条方面可能产生歧义，但是可以通过多个标引词相互参照来排除歧义。此外，存在一些词语的规范表达不断发展变化的情况，如"毛难族"目前用"毛南族"，但是考虑到档案的时间跨度较大，目前不用的词条也尽可能收录在本词表中。

二、用词关系设置及调整

  本词表的关系主要有两个来源：一是从已有词表借鉴，二是通过关系推荐工具。从已有词表借鉴的关系做了简化调整，只记录词条之间的相关性，不具体区分其用、代、属、分、参等具体关系类型。关系推荐是自动发现潜在的词间关系，并根据一定的规则加以推荐的技术。具体而言，针对山东省档案馆语料库和词表，计算给定的词条（主要是通过新词发现给出的无关系的词条）与已有词表中的词条可能存在的关系。关系推荐有两条技术路径：第一条路径是基于半结构化信息的处理，在语料资源中存在一些半结构化数据，如标引了字段名称结构，可以将后续内容归结为这一字段的分项关系词，在关键词或者主题词字段共现的词条作为相关关系推荐；第二条路径是根据语料共现信息，将某一分词后的语料，先选定一个目标词，然后根据分词结果按照一定的窗口前后定位，根据相距位置的远近分别赋予不同的相关性权值，然后将不同文档中的相关词的权值累加起来。两条路径最后都需要根据统计结果分别排序，并将两种方法的结果进行加权计算，形成最终的关系推荐结果。

关系处理时，对于一些可以通过词形包含直接发现的关系词（实际上主要是属分关系和部分用代关系）不加收录，如"爱国运动"的相关词包括"运动"一词，但是无论计算机自动标引还是人工标引，都可以通过词形直接发现其相关词"运动"，因而不必单独收录。因此，本词表中的词间关系也并不全是对称结构，如"运动"一词的相关词中就包含"爱国运动"，因为这样的语义细分的词条是无法从词形上推断出来的，相关词的收录对于细化标引工作具有一定的参考价值。

三、取词举例

本词表共收录主题词 10 482 条，共有相关关系 28 094 条，本词表是非对称的结构，每个词条仅列举其无法通过词形推断出来的相关词。样例如下所示。

2."八个明确"：执政理念

其中，"2"是序号，通过"."与正式的内容分隔开，正式内容中主题词与相关词通过冒号分隔，冒号前的"八个明确"为主题词，冒号后的"执政理念"为相关词，针对特定主题词可以查找其相关词。

如果有 2 条以上的相关词以"；"分隔，样例如下所示。

93.奥运会：奥林匹克运动会；冬季奥运会；特奥会；运动会

冒号前的"奥运会"为主题词，冒号后的"奥林匹克运动会""冬季奥运会""特奥会""运动会"为相关词。如果拟采用"奥运会"标引，可以参考这些相关词进行标引，如考虑采用全称或者具体细化、更通用的名称。

本词表按音序排列，将一些特殊的以标点符号、字母等开头的主题词置于词表前部，这样排序可以方便在人工标引时查询使用。

四、使用方法

本词表可以单独使用，在确定某一候选主题词后，在本词表查询其相关词，确定其相关词是否更适合标引使用。人工标引人员可以利用本词表调整选用合适的主题词；自动标引工具也可以根据相关词作主题词的扩展和筛选。

本词表可以配合已经长期使用的其他主题词表联合应用，一方面可以补充和丰富这些词表；另一方面可以提供近年来党政机关的政务公文中常见主题的主题词及其相关词。

本词表的编制是一种探索与尝试，由于水平所限，经验不足，其中还存在一些错误和不足，敬请读者和应用者批评指正，以使词表通过不断修订更加臻于完善。

目 录

*	1
A	2
B	4
C	12
D	24
E	38
F	39
G	49
H	73
J	83
K	111
L	118
M	127
N	134
O	140
P	141
Q	144
R	152
S	156
T	177
W	187
X	198
Y	208
Z	219

1. "16+1 合作"：外交和国际关系
2. "八个明确"：执政理念
3. "不忘初心、牢记使命"主题教育：政治建设
4. "九一三"事件：重大事件；林彪反革命事件
5. "老虎苍蝇一起打"：反腐倡廉
6. "两个一百年"奋斗目标：执政理念
7. "两学一做"：政治建设
8. "亲""清"新型政商关系：政治建设
9. "三去一降一补"：经济建设
10. "三通"：两岸"三通"；大陆与台湾通航、通邮、通商政策
11. "十四个坚持"基本方略：执政理念
12. "四·五"事件：天安门事件
13. "四风"问题：作风建设
14. "四个全面"战略布局：执政理念
15. "四人帮"：反党集团
16. "四铁"过硬部队：国防和军队建设
17. "四有"新一代革命军人：国防和军队建设
18. "台独"："台独"问题
19. "台独"势力："台独"问题；政治势力
20. "台独"问题："台独"势力；台湾问题
21. "文革"：政治运动；"文化大革命"
22. "文化大革命"：重大事件；"文革"；"无产阶级文化大革命"
23. "五大思维"能力：执政理念
24. "五大战区"：国防和军队建设
25. "五位一体"总体布局：执政理念
26. "左"倾机会主义：右倾机会主义
27. 21世纪海上丝绸之路：外交和国际关系
28. 863计划：高新技术；高科技；八六三计划；高技术发展计划
29. APEC会议：国际会议
30. CCITT建议：国际标准
31. GPS控制网：网络
32. HIV感染：艾滋病
33. IEC标准：国际标准
34. IEEE标准：国际标准
35. ISO标准：国际标准
36. IT业：信息产业
37. OTC药：药物
38. X-辐射：电磁辐射
39. γ辐射：电磁辐射

A

40. 阿昌语：民族语言
41. 阿昌族：少数民族；民族
42. 阿富汗问题：亚洲问题
43. 阿訇：伊斯兰教
44. 阿拉伯国家联盟：区域性组织
45. 哀的美敦书：最后通牒
46. 艾滋病：HIV 感染；爱滋病；传染病；性病；疾病
47. 爱国：爱国主义教育
48. 爱国将领：爱国人士
49. 爱国人士：爱国将领；爱国统一战线；人员；民主人士
50. 爱国统一战线：爱国人士；国际统一战线；三大法宝
51. 爱国卫生运动：农村卫生；城市卫生；防疫工作；群众运动
52. 爱国主义：国际主义；爱国主义教育；思想
53. 爱国主义教育：国际主义教育；思想政治教育；思想教育
54. 爱护人民：拥政爱民
55. 爱民活动：送温暖
56. 爱滋病：艾滋病
57. 安定团结：社会稳定；施政方针
58. 安定性：稳定性
59. 安家费：费用；安置费
60. 安检：安全检查
61. 安理会：联合国常任理事国；安全理事会；联合国安全理事会；联合国主要机构
62. 安排：计划；丧事安排；人事安排；活动安排
63. 安全：事故；保卫；安全制度；交通安全；信息安全；国家安全；工业安全；救助安全；旅游安全；流通安全；燃气智能安全；用药安全；网络安全；航空安全；航行安全；计算机安全；运输安全
64. 安全保卫措施：防范措施
65. 安全措施：防范措施
66. 安全工作：保卫工作；国家安全工作
67. 安全管理：安全检查
68. 安全机关：国家安全机关
69. 安全检查：安检；安全管理；防范措施；核安全检查；邮件安全检查
70. 安全理事会：安理会
71. 安全生产：伤亡事故；劳动保护；安全月
72. 安全月：安全生产
73. 安慰：抚恤
74. 安置：再就业；安置管理工作；移交人员安置；复员军人安置；家属安置；异地安置；归侨安置；移民安置；转业军人安置
75. 安置费：安家费；行政经费；费用；经费
76. 氨肥：化学肥料
77. 岸上指挥：作战指挥
78. 按股分红：股票
79. 按钮战争：核战争

80. 按需分配：共产主义
81. 按质论价：物价政策；物价管理
82. 案件：事件；破案；一审案件；上诉案件；专案；举报案件；二审案件；互涉案件；伪证案；伪造票证案；信访案件；倒卖木材经营证案；倒卖票证案；假冒商标案；党纪案件；公诉案件；再审案件；冤假案件；冤假错案；刑事案件；命案；国有资产流失案；大案要案；失火案；宗教案件；徇私舞弊案；恶性案件；悬案；抗诉案件；控告案件；改判案件；放火案；故意放火案；森林案件；死亡案件；死刑案件；民事案件；水事案件；泄漏国家重要机密案；泄露国家重要机密案；海事优先请求权纠纷案件；海洋开发利用纠纷案件；涉外案件；渎职侵权案；爆炸案；玩忽职守案；申诉案件；疑难案件；盗窃案；破坏选举案；破坏集体生产案；私放罪犯案；积案；经济案件；经济纠纷案件；行政案件；诈骗案；诉讼案件；诬告陷害案；财产无主案件；贪污案；贿赂案；走私案件；违法案件；违纪案件；重大案件；重大责任事故案；重婚案；金融案件；错案；间谍案件；非法入侵他人住宅案；非法拘禁案；非法搜查案；非法狩猎案；非法管制案
83. 案件处理：清理积案
84. 案件检查：审判
85. 案卷：文件
86. 案例：案例宣传
87. 案审：审理
88. 暗亏：亏损
89. 暗杀：恐怖活动
90. 暗晒烟：烟草
91. 暗息：利息
92. 奥林匹克运动会：奥运会
93. 奥运会：奥林匹克运动会；冬季奥运会；特奥会；运动会
94. 澳门回归：香港回归祖国；回归祖国
95. 澳门基本法：香港基本法；法律
96. 澳门问题：中葡北京条约
97. 澳元：外币

B

98. 八六三计划：863 计划
99. 八路军：中国人民解放军；红军
100. 八五计划：五年计划
101. 八项规定：作风建设
102. 八一建军节：中国人民解放军建军节；节日
103. 巴勒斯坦问题：中东问题
104. 拔河：群众体育；体育运动
105. 把权力关进制度的笼子：作风建设
106. 罢工：工人运动；罢市；罢教；罢课
107. 罢教：罢工；罢课
108. 罢课：罢工；罢教；学潮
109. 罢免：任免；晋升；行政处分
110. 罢市：罢工
111. 霸权主义：反霸斗争；海上霸权；强权政治；对外政策
112. 白菜：蔬菜
113. 白害：雪灾
114. 白皮书：外交文书
115. 白银：金银；银子；黄金；有色金属
116. 白族：少数民族
117. 百花齐放百家争鸣：双百方针
118. 百货公司：商店
119. 百叶箱：气象设备
120. 拜会：接见；外事活动
121. 班机：飞机
122. 班轮：船舶
123. 班子建设：领导班子建设
124. 搬迁：拆迁；房屋搬迁
125. 搬运工：工人
126. 板材加工：木材加工
127. 版权：版权法；版税；著作权保护；著作权；广播影视版权；知识产权
128. 版权法：著作权法；知识产权法
129. 版权局：政府部门
130. 版税：版权；著作权；税种
131. 办法：对策；方法；任免办法；公文处理办法；奖励；奖励办法；实施办法；征税办法；暂行办法；管理办法；考核办法
132. 办公会议：现场会；中央军委办公会议；全国政协主席办公会议；厅长办公会议；县长办公会；委员长办公会议；局长办公会议；市长办公会；总理办公会议；省长办公会；部长办公会议
133. 办公机构：办公厅；办公室
134. 办公楼：写字楼；建筑物
135. 办公设备：复印机
136. 办公设备制造业：轻工业
137. 办公室：办公机构；办公厅；体改办；侨务办公室；特派办；纠风办；联办；财政监察专员办
138. 办公室工作：办公厅工作；机关工作
139. 办公厅：办公机构；办公室
140. 办公厅工作：办公室工作；机关工作
141. 办公用房：房屋
142. 办公制度：机关工作制度；工作制度
143. 办公自动化：指挥自动化；计算机应用

144. 办信：信件办理
145. 办学：办学形式；教学；国家办学；捐资办学；社会办学；私人办学；联合办学；集资办学
146. 办学道路：办学方针
147. 办学方向：办学方针
148. 办学方针：办学道路；办学方向；分散办学；群众办学；教育方针
149. 办学形式：联合办学；社队办学
150. 半成品：制成品
151. 半工半读：勤工俭学
152. 半金属：有色金属
153. 半自耕农：下中农；农民
154. 绑架：劫持；恐怖活动
155. 棒球：球类运动
156. 包庇坏人坏事：违纪行为
157. 包庇罪：罪名
158. 包产到户：家庭联产承包责任制
159. 包干：分配包干；工资总额包干；承包
160. 包机：飞机
161. 包销：销售
162. 包装：包装标准；中性包装；产品包装；内包装；外包装
163. 雹灾：冰雹；冷害；寒害；气象灾害；自然灾害
164. 薄利多销：物价政策
165. 薄膜：农用薄膜
166. 保安人员：警卫
167. 保安语：民族语言
168. 保安族：少数民族
169. 保镖：警卫
170. 保持日期：时期
171. 保管：保护；管理
172. 保护：保管；防御；防护；劳动保护；基本农田保护；工程保护；技术保护；文物保护；旅游区保护；植物保护；法律保护；环境保护；自然保护；草原保护；贸易保护；资源保护
173. 保护臭氧层：臭氧层保护
174. 保护耕地：耕地保护
175. 保护关税：贸易歧视
176. 保护国：殖民地
177. 保护价格：物价管理
178. 保护贸易：反倾销；对外贸易国家专营制；自由贸易；贸易歧视；对外贸易
179. 保护区：基本农田保护区；封禁保护区；海洋保护区；禁渔区；自然保护区；区域
180. 保健：医疗；长寿；食谱；儿童保健；卫生保健；妇幼保健；学生保健；旅游保健；老年保健；运动保健
181. 保龄球：球类运动
182. 保密：保密法规；保密范围；保密规定；失密；失泄密；密级；机密；机要；泄密；窃密；通信保密；会议保密；信号保密；信息保密；宣传保密；技术保密；文件保密；机要保密；涉外保密
183. 保密编码：密码
184. 保密督察：保密检查
185. 保密法：保密制度；保密法规；档案法；保守国家秘密法；法律
186. 保密法规：保密规定
187. 保密范围：保密规定
188. 保密工作：保密制度；军队保密工作；机关工作
189. 保密规定：保密法规；保密范围；保密制度；保密纪律；机密；秘密；保

密守则；保密条例；机关工作制度
190. 保密纪律：保密规定；保密制度
191. 保密检查：保密督察；文件清点
192. 保密教育：思想政治教育
193. 保密守则：保密规定
194. 保密条例：保密规定
195. 保密通信：通信保密；加密通信；机要通信
196. 保密制度：保密法；保密工作；保密规定；保密纪律
197. 保墒：抗旱
198. 保守党：政党
199. 保守国家秘密法：保密法
200. 保税仓库：转口贸易
201. 保税区：经济区
202. 保卫：安全；安全保卫；治安；警卫；专列保卫；专机保卫；专船保卫；会议保卫；战时保卫；水运保卫；特运保卫；货币保卫；铁路运输保卫；驻地保卫
203. 保卫工作：安全工作；警卫工作；军队保卫工作；政法工作
204. 保险：保险中止；保险事业；保险事故；保险人；保险凭证；保险条款；保险法；保险终止；保险经纪人；保险计划；保险费率；保险金额；承保；一切险；交通运输保险；人身保险；保证保险；信用保险；共保；养殖业保险；再保险；军人保险；农业保险；分保；劳动保险；发射保险；合作保险；商业保险；国际保险；旅游保险；机动车辆保险；法定保险；海外保险；涉外保险；灾害保险；社会保险；租赁保险；航空保险；财产保险；责任保险；非水险；强制保险；人寿保险；养老保险
205. 保险标的：保险对象；保险项目
206. 保险对象：保险标的
207. 保险法：保险管理条例；法律；金融法
208. 保险费：费用
209. 保险工作：保险业务
210. 保险管理：保险管理条例
211. 保险管理条例：保险法
212. 保险合同：科技合同；贸易合同；保险契约；海上保险合同
213. 保险理赔：保险赔偿
214. 保险赔偿：保险理赔；保险事故
215. 保险契约：保险合同
216. 保险市场管理：金融市场管理
217. 保险事故：保险赔偿
218. 保险箱业务：保险业务
219. 保险项目：保险标的
220. 保险业：金融业
221. 保险业务：保险工作；保险箱业务；承保；金融业务
222. 保险政策：金融政策
223. 保障：社会保障；组织保障
224. 保证：监督保证；质量保证
225. 保证金：资金
226. 报案：投案；投案自首；检举
227. 报表：统计报表
228. 报酬：佣金；劳动报酬；稿酬
229. 报道：宣传报道；新闻报道
230. 报告：汇报；通告；专题报告；业务报告；作战报告；侦察报告；侦查报告；侦查终结报告；发掘报告；可行性报告；国防报告；地震报告；处分报告；学术报告；审计报告；工作报告；年度报告；形势报告；总结报告；

技术报告；政治报告；研究报告；稽核报告；综合报告；试验报告；调查报告；调研报告；财务报告；文件；文种
231. 报告会：会议
232. 报告文学：通讯
233. 报关：海关
234. 报价：价格
235. 报刊：副刊；广播电影电视报刊；快报；报纸；期刊；邮发报刊；出版物；文献
236. 报刊订阅：报刊发行
237. 报刊发行：报刊订阅；报刊征订；报刊零售；邮发报刊；党刊发行；党报发行；出版发行
238. 报刊工作：文化工作
239. 报刊零售：报刊发行
240. 报刊收订工作：报刊征订
241. 报刊征订：报刊发行；报刊收订工作；报刊征订工作
242. 报验：检验
243. 报知通信：军事通信
244. 报纸：报刊；期刊；人民日报；光明日报；党报；号外；周报；周末报；外国报纸；大公报；机关报；出版物
245. 暴力：国家机器
246. 暴乱：骚乱；危害国家安全活动
247. 暴雨：台风；灾害性天气；大暴雨；特大暴雨；降水
248. 爆炸案：案件
249. 碑林：古迹
250. 北大西洋公约：华沙条约
251. 北非会议：国际会议
252. 北京反腐败宣言：反腐倡廉
253. 贝：水产品
254. 备忘录：外交文件；节略；外交文书
255. 备战：战备工作
256. 被剥削阶级：无产阶级
257. 被告：当事人
258. 被选举权：公民权
259. 被压迫民族：殖民地
260. 奔月飞行：航天
261. 本国商品：国货
262. 本金：资本金；资本
263. 本科生：大学生
264. 本位主义：个人主义
265. 苯中毒：职业病
266. 泵：机械
267. 比例：农轻重比例；教育投资比例；费效比
268. 比例关系：经济关系；供求关系
269. 比率：准备金率；出栏率；利率；利用率；占有率；增长率；失业率；折旧率；汇率；生产率；破案率；税率；覆盖率；税
270. 比赛：竞赛
271. 比赛场馆：体育设施
272. 比学赶帮超：劳动竞赛
273. 比重：密度；物理性质
274. 彼得堡万国行船会：国际会议
275. 笔试：考试
276. 币值：货币购买力
277. 币制：货币制度
278. 币制改革：货币改革
279. 必需品：生活必需品
280. 毕业：毕业分配；肄业
281. 毕业分配：毕业生；毕业生统一分配
282. 毕业生：毕业分配；业大毕业生；夜大毕业生；学生
283. 毕业生统一分配：毕业分配

284. 闭关政策：对外政策
285. 闭幕词：开幕词；文种
286. 闭幕式：仪式
287. 蓖麻：油料作物
288. 避洪工程：防洪工程
289. 避税：偷税；漏税；逃税
290. 避孕：优生优育；计划生育
291. 避孕药：药物
292. 臂章：标志
293. 边防：海防；边界防务；防务
294. 边防部队：海防部队；边防军
295. 边防工作：边防任务
296. 边防机构：边防站
297. 边防检查：出入境管理
298. 边防建设：国防建设
299. 边防军：边防部队；军队
300. 边防任务：边防工作
301. 边防要塞：边防站
302. 边防站：边防机构；边防要塞；边站
303. 边海防通信：军事通信
304. 边疆：边境
305. 边界：海岸线；疆界；界线
306. 边界冲突：边界争端；边界纠纷；边境冲突；边界问题
307. 边界防务：边防
308. 边界管理法：出入境管理法
309. 边界交涉：边界谈判
310. 边界纠纷：边界冲突；边界争端
311. 边界联检：检查
312. 边界贸易：对外贸易；边境贸易
313. 边界谈判：边界交涉；界务；边界问题谈判
314. 边界条约：划界；边界协议书；边界问题；边界协定
315. 边界问题：边界冲突；边界条约；领土问题；国际问题；边界争端；旗界纠纷
316. 边界问题谈判：边界谈判
317. 边界协定：边界条约
318. 边界协议书：边界条约
319. 边界争端：边界冲突；边界纠纷；边界问题；边境纠纷
320. 边境：边疆；疆域；边境地区；地区
321. 边境冲突：边界冲突
322. 边境工作：边务
323. 边境管理：出入境管理；国界管理；地籍管理；边境贸易管理；边民管理
324. 边境交货：边境贸易
325. 边境纠纷：边界争端
326. 边境居民：边民
327. 边境贸易：边界贸易；边境交货；协定贸易；双边贸易；过境贸易；对外贸易
328. 边境贸易管理：边境管理
329. 边民：边境居民
330. 边民管理：边境管理
331. 边务：边境工作
332. 边站：边防站
333. 编辑：编辑工作
334. 编辑工作：广播电影电视编辑
335. 编目：目录
336. 编配：体制；编制
337. 编史修志：编纂
338. 编制：编配；事业编制；人员编制；企业编制；军队编制；地方编制；机构编制；行政编制
339. 编纂：编史修志
340. 贬值：货币贬值
341. 变更：更名
342. 便利店：商店

343. 辩护；辩护制度
344. 辩护词；审理
345. 辩护权；权利
346. 辩护人；律师；人员
347. 辩护制度；律师；律师制度；诉讼制度
348. 辩证法；形而上学；军事辩证法；唯物辩证法
349. 辩证唯物主义；历史唯物主义
350. 辩证唯物主义教育；思想政治教育
351. 标的；保险标的
352. 标语；传单；口号；宣传品
353. 标志；臂章；交通标志；代码标识；党徽；军衔标志；商标；国徽；国界标志；奖章；旅行社标识；旗帜；测绘标志；测量标志；航标；警种标志；警衔标志；证章
354. 标准；安全标准；包装标准；编制标准；规范；专业标准；产品标准；人才标准；企业标准；住房标准；使用标准；供水量标准；党员标准；军用标准；分类标准；单耗标准；卫生标准；危房鉴定标准；国外标准；国家标准；国际标准；地图标准；地方标准；基础标准；定编标准；审计标准；岗位职务标准；工业标准；工程建设标准；工资标准；干部标准；建筑标准；录取标准；征税标准；技术标准；招待标准；收费标准；放射性标准；政治标准；数据加密标准；水质标准；津贴标准；流通服务标准；环境标准；真理标准；立功标准；立案标准；管理标准；网络标准；航天天气标准；航空标准；艺术标准；行业标准；设计标准；评价标准；评分标准；负荷标准；质量标准；配置标准；食品标准；计量标准；部颁标准
355. 标准化；系列化；通用化；军队后勤标准化
356. 标准化法；法律；经济法
357. 标准时点；人口普查
358. 表演；文艺演出；表演艺术
359. 表演艺术；戏剧；杂技；电影艺术；舞蹈；音乐
360. 表扬；精神鼓励；表彰
361. 表彰；表扬；表彰先进；奖励
362. 表彰会；会议
363. 别集；全集
364. 宾馆；旅馆；饭店；服务设施
365. 宾馆饭店业；服务业
366. 殡仪车；车辆
367. 殡仪馆；服务设施
368. 殡葬；丧葬
369. 冰雹；雹灾
370. 冰害；气象灾害
371. 冰雪运动；体育运动
372. 兵；志愿兵；军人
373. 兵力；军力；实力
374. 兵力部署；作战部署
375. 兵器；武器
376. 兵器工业；军械工业；枪械工业；武器工业；军火工业；国防工业
377. 兵学；军事科学
378. 兵役；兵役法；服役条例；现役；预备役
379. 兵役法；兵役制度；兵役法规；服役条例；国防法；法律
380. 兵役制；兵役制度
381. 兵役制度；兵役法；战士服役；预备役制度

382. 兵员动员：征兵
383. 兵员征集：征兵
384. 兵制：军制
385. 兵种：军兵种
386. 并购：资产重组
387. 病虫害：病虫害防治；病害；虫灾；植物病虫害；蝗灾；农业灾害；自然灾害
388. 病虫害防治：农作物；园林植物；害虫；植物害虫；除四害；害虫防治；森林病虫害防治；生物防治；综合防治；药剂防治
389. 病床数：数量
390. 病毒：滤过性病毒；痘疹；病原体
391. 病害：病虫害
392. 病人：患者；人员
393. 病原体：病毒
394. 拨付：拨款
395. 拨改贷：基建投资；投资
396. 拨款：拨付；投资；款项
397. 拨乱反正：整顿
398. 波导通信：电信
399. 波阻：阻力
400. 玻璃工业：化学工业
401. 剥削阶级：剥削者；地主阶级；奴隶主阶级；富农；贵族；资产阶级
402. 剥削者：剥削阶级；寺院地主
403. 菠菜：蔬菜
404. 菠萝：水果
405. 播种机：农业机械
406. 播种面积：粮棉播种面积
407. 泊位：锚地
408. 博览会：赛会；国际博览会；展览会
409. 博士后：博士
410. 博士生：研究生
411. 博物馆：博物院；军事博物馆；历史博物馆；地方博物馆；故宫博物馆；民俗博物馆；民族博物馆；自然博物馆；遗址博物馆；革命博物馆；鲁迅博物馆；文化机构
412. 博物院：博物馆
413. 补偿保险：财产保险
414. 补偿费：费用
415. 补偿贸易：协定贸易；双边贸易；贸易协定；抵偿贸易；对外贸易
416. 补给基地：后方基地
417. 补税：偷税；漏税；税务工作；纳税
418. 补贴：亏损；反补贴；商品差价；岗位津贴；津贴；住房补贴；出口补贴；可诉补贴；商业补贴；差价补贴；政府补贴；物价补贴；财政补贴；补助；价格补贴
419. 补证：行政诉讼
420. 补助：补贴；补助费；伤残补助；困难补助
421. 补助费：费用
422. 捕获法：国际法
423. 捕捞：违法捕捞
424. 捕捞区：区域
425. 不变价格：商品价格；商品比价；现行价格；可比价格
426. 不动产：房地产；财产
427. 不发达国家：发展中国家
428. 不干涉政策：对外政策
429. 不结盟政策：对外政策
430. 不信任案：议案
431. 不正当竞争：反不正当竞争法；违法行为
432. 不正之风：廉政；生活特殊化；纠正不正之风；纠风工作；请客送礼；歪

风邪气；假公济私；公费旅游；分房不正之风；婚丧嫁娶不正之风；官僚作风；建房不正之风；弄虚作假；打击报复；浮夸作风；腐败；行业不正之风；廉政建设；以权谋私；非法建房

433. 布告：公告；通告；告示；文种
434. 布局：规划；农业布局；工业布局；国防工业布局
435. 布朗族：少数民族
436. 布依族：少数民族
437. 部颁标准：专业标准；国家标准；行业标准；专业标准
438. 部标准：行业标准
439. 部队：边防部队；军队；维和部队；驻港部队
440. 部队改装：装备
441. 部队后勤：军队后勤
442. 部队建设：军队建设
443. 部队素质：作战能力
444. 部队体育：军事体育
445. 部队训练：军事训练
446. 部队装备：军事装备
447. 部件：零部件
448. 部落：民族
449. 部落纠纷：民族纠纷
450. 部门：单位；业务部门；供销部门；内侦部门；后勤部门；审判部门；工作部门；指挥部门；政府部门；服务部门；检察部门；物资流通部门；科技部门；管理部门；综合部门；职能部门；行政部门；财政部门；股级机构
451. 部门规章：地方政府规章
452. 部门计划：地区计划；国民经济计划
453. 部门经济：经济地理；交通运输经济；农业经济；劳动经济；原料经济；商业经济；国防经济；工业经济；建筑经济；服务业经济；油田经济；能源经济；运输经济；邮电经济
454. 部门统计：农业统计；卫生统计；商业统计；工业统计；物价统计
455. 部署：作战部署；工作部署
456. 部委：政府部门
457. 部务会议：部长会议；部长办公会议
458. 部优产品：优质产品
459. 部长办公会议：部务会议
460. 部长会议：部务会议
461. 簿记：会计

C

462. 材料：器材；材料工业；合成材料；建筑材料；抗辐射材料；木材；电子材料；电工材料；繁殖材料；纳米材料；纺织材料；耐火材料；超导材料；金属材料；防水材料；防火材料；隔热材料；非金属材料
463. 财产：不动产；个人合法财产；个人财产；信托财产；动产；国家财产；国民财产；外国人财产；官僚资本；教会财产；法人财产；私人财产；账外财产；违法财产；遗产；集体财产
464. 财产保险：补偿保险；企业财产保险；企财保险；子女婚嫁保险；子女婚嫁金保险；子女教育保险；子女教育金保险；家庭财产保险；普通财产保险
465. 财产处理：没收财产
466. 财产行为税：印花税；房产税；证券交易税；车船使用税；税种
467. 财产目录：固定资产
468. 财产税：直接税；税种
469. 财产所有权：产权
470. 财产物资：财务
471. 财富：国民财富；精神财富
472. 财会：财务会计
473. 财会经济：财经
474. 财会人员：会计员；会计师；财务会计；会计人员；财务人员；助理会计师；注册会计师；高级会计师
475. 财经：财会经济；财政经济
476. 财经工作：会计工作；财务工作；经济工作
477. 财经管理：财务管理；经济管理
478. 财经纪律：财务制度；审计纪律；结算纪律；会计检查
479. 财经制度：会计制度；财政制度
480. 财经状况：财政经济状况
481. 财力：财务能力；资金能力
482. 财税：财政；税务工作
483. 财务：财政；财产物资；军队财务；战时财务
484. 财务分配：财务管理
485. 财务工作：财经工作；会计工作；军队财务
486. 财务管理：财经管理；财务分配；出纳管理；现金管理；经费管理；财务监督；财务整顿；财务检查；财务检查；财务监督；财务计划；资费管理；经济关系；经济管理；两条线管理；财务管理体制；机关财务管理
487. 财务会计：财会；财会人员
488. 财务基建：住房基金
489. 财务计划：财务管理
490. 财务监督：财务管理；经济监督；会计检查；经济管理
491. 财务检查：查账；小金库；财务管理；财务整顿；经济管理
492. 财务能力：财力
493. 财务人员：财会人员
494. 财务审计：企业审计；会计审计；工资审计；收支审计；财务收支审计

495. 财务收支审计：财务审计
496. 财务整顿：财务管理；财务检查；经济管理
497. 财务制度：财经纪律
498. 财源：经费来源；资金来源；经济来源
499. 财政：财税；财务；金融；财政体系；中央财政；国家财政；地方财政；综合财政
500. 财政拨款单位：事业单位
501. 财政补贴：商业补贴；财政杠杆；财政补助；政策性亏损；企业亏损补贴
502. 财政补助：财政补贴
503. 财政赤字：亏损；国债；硬赤字；预算赤字
504. 财政法：税法；法律；会计法；审计法；金融法；财政制度；财政政策
505. 财政杠杆：税收；财政补贴；经济杠杆
506. 财政管理：财政监督；税收管理；货币管理；经济关系；经济管理；财政管理体制
507. 财政管理体制：财政体制
508. 财政规定：财政制度
509. 财政规章：财政制度
510. 财政纪律：财政监督；税收纪律
511. 财政监察专员办：办公室
512. 财政监督：财政管理；财政纪律；经济监督；经济管理
513. 财政结余：财政盈余
514. 财政经济：财经
515. 财政经济状况：财经状况
516. 财政决算：国家预算；财政预算
517. 财政审计：财政收支审计
518. 财政收入：财政支出；财政收支；预算收入；涉外税收；中央税收
519. 财政收支：财政收入；财政支出
520. 财政收支审计：财政审计
521. 财政体制：财政管理体制
522. 财政盈余：财政结余
523. 财政预算：财政决算；国家预算
524. 财政政策：财政法；金融政策；财政制度；信贷政策；公债政策；税收政策；资费政策；预算政策；经济政策；补偿性财政政策；赤字财政政策；工资-价格政策；扩张性财政政策；工资统一价格政策
525. 财政支出：岁出；财政收入；财政收支；国防支出；预算支出；国民经济计划
526. 财政制度：财政法；财经制度；财政规定；财政规章；财政政策
527. 裁定书：法律文书
528. 裁决：公断；仲裁
529. 裁军：核裁军；裁军问题
530. 裁军问题：国际军事问题
531. 裁判员：体育工作者
532. 采伐管理：林业管理
533. 采访：新闻报道；新闻采访
534. 采购：议购；收购
535. 采购法：法律
536. 采光标准：专业标准
537. 采掘工业：采矿业；重工业；冶金工业；贵金属矿采选业
538. 采矿业：采掘工业
539. 采盐业：制盐工业
540. 彩票：六合彩；福利彩票；足球彩票
541. 菜地：耕地
542. 菜篮子：菜篮子工程
543. 菜篮子工程：蔬菜供应；政府工程；

米袋子工程；农副产品供应

544. 参观：观摩；公务活动
545. 参考材料：参考资料
546. 参考资料：参考材料
547. 参赞：外交官；外交人员
548. 参政党：参政议政；民主党派；统一战线
549. 参政议政：参政党；民主党派
550. 餐厅：食堂
551. 餐饮业：饮食业
552. 残儿：残疾儿童
553. 残废：残疾
554. 残废军人：残疾军人
555. 残疾：残废
556. 残疾儿童：聋儿；残疾人；残儿
557. 残疾军人：残疾人；残废军人；伤残军人；荣誉军人
558. 残疾人：盲人；弱智人；残疾儿童；残疾军人；伤残人员
559. 残损币：货币
560. 蚕豆：蔬菜
561. 仓储：仓库；储备
562. 仓储业：产业；行业
563. 仓库：仓储；库房；储仓；保税仓库；仓库管理；仓库租金；军队仓库；后方仓库；物资仓库；商品储备库；仓库管理系统；出口监管仓库
564. 仓库建设：国防建设
565. 仓租：租金
566. 操行：德育
567. 草案：方案；法律草案
568. 草场：牧场；人工草场；自然草场
569. 草地：草原
570. 草稿：文件；征求意见稿
571. 草莓：水果
572. 草坪：绿化
573. 草山：草原
574. 草原：草山；草地；半荒漠草原；牧草地；荒漠草原
575. 草原保护：草原防火；草原建设
576. 草原法：法律；经济法
577. 草原防火：草原保护
578. 草原建设：草原保护；草原开发
579. 草原开发：草原建设；草原利用；资源开发
580. 草原利用：草原开发
581. 草原资源：自然资源
582. 草种：种子
583. 册籍：地籍；户籍
584. 测定林：森林
585. 测绘：测量；测绘基准；测绘标志；测绘规范；专业测绘；军事测绘；基础测绘；房产测绘；森林测绘；海洋测绘；遥感测绘；国界线测绘；数字化测绘
586. 测绘规范：测绘细则
587. 测绘网：网络
588. 测绘细则：测绘规范
589. 测距：测量
590. 测控系统：测量
591. 测量：测绘；测距；勘察；计量；复测；测控系统；卫星测量；测量方法；光缆测量；勘察测量；土地测量；地形测量；大地测量；工程测量；平面测量；房产测量；控制测量；摄影测量；时间测量；水下测量；海洋测量；温度测量；电信测量；电缆测量；航空测量；辐射测量；遥感测量；频率测量；飞行测量；方位角测量；真空度测量

592. 测量标；测速标；测量标志
593. 测速标；测量标
594. 测验：考试
595. 茶话会：会议
596. 茶卡：湖泊；盐湖
597. 茶农：农民
598. 茶叶：农产品
599. 茶艺：艺术
600. 查封：清查
601. 查检：检查
602. 查验：检验
603. 查账：审计；财务检查
604. 查账征收：征税办法
605. 差别：三大差别
606. 差额：汇差；短款；额度；剪刀差；优惠差额；贸易差额
607. 差价：价格；购销差价；商品差价
608. 差价补贴：商业补贴
609. 差旅费：费用；经费；行政经费
610. 拆除：拆迁
611. 拆迁：搬迁；拆除；房屋拆迁
612. 柴油：汽油；染料；轻柴油；重柴油；成品油；农用柴油；石油燃料；燃料
613. 产地证明书：商品检验；假冒伪劣产品
614. 产量：高产；数量；总产量；产品产量；军品产量；常年产量；农业实产量
615. 产卵洄游：渔场
616. 产品：商品；物资；成品；军品；样品；次品；民品；桂圆；核桃；消费品；农产品；副产品；新产品；矿产品；试制品；劳动产品；系列产品；出口产品；名优产品；土特产品；工业产品；支农产品；敏感产品；特定产品；科技产品；农副产品；名牌产品；非配额产品；假冒伪劣产品；旅游服务产品；电子信息产品；自动许可产品
617. 产品标准：石油产品标准
618. 产品产量：农产品产量；水产品产量；畜产品产量；工业生产计划；工业产品产量；畜产品产量
619. 产品分配：物资分配
620. 产品供应：商品供应；物资供应
621. 产品计划：物资计划
622. 产品加工：木材加工；水产加工；农副产品加工
623. 产品交流：物资交流
624. 产品结构：军品结构；农村产品结构；工业产品结构
625. 产品开发：新产品开发
626. 产品税：税种；石油产品税
627. 产品外运：商品运输
628. 产品质量：合格品；合格率；产品质量管理；工业生产计划
629. 产品质量法：经济法
630. 产品质量划类：优质产品
631. 产品专利：发明专利
632. 产区：消费区
633. 产权：财产权；财产所有权；广播影视版权；股份制土地产权；所有权；产权保护；土地产权；房地产权；知识产权；法人财产权
634. 产权保护：法律保护；知识产权保护
635. 产权纠纷：房地产权纠纷
636. 产销：生产；销售；地产地销
637. 产销结合：供销结合；农商关系
638. 产业：企业；商业；工业；仓储业；广告业；骨干工业；光学工业；国防

工业；谷物种植业；管道运输业；灌溉服务业；工艺品制造业；贵金属矿采选业；工艺美术制品工业；广播电视设备制造业；工商业；建筑业；旅游业；服务业；邮政业；金融业；中药产业；主导产业；传统产业；信息产业；基础产业；夕阳产业；房地产业；支柱产业；新兴产业；民族产业；水利产业；环保产业；知识产业；第一产业；第二产业；第三产业；第四产业；节水产业；交通运输业；商品流通业；文化艺术业；社会保障业；社会福利业；农林牧副渔业；高新技术产业；劳动密集型产业；知识密集型产业；资本密集型产业

639. 产业革命：技术革命
640. 产业化：科技成果产业化
641. 产业结构：农轻重关系；流通业结构；农业产业结构；农村产业结构；国防产业结构；工业产业结构
642. 产业结构调整：工业产业结构调整
643. 产业政策：经济政策
644. 产值：利润；工业总产值；总产值；工业产值；矿业产值；国民生产净值；国民经济净产值；人均国内生产总值；人均国民生产总值
645. 长波通信：无线电通信
646. 长城：古建筑
647. 长江经济带发展：经济建设
648. 长跑：田径运动
649. 长期：时期
650. 长期共存：十六字方针
651. 长期规划：发展规划；远景规划；长远规划
652. 长期计划：经济战略；五年计划；远景规划；国民经济计划
653. 长期资金：固定资金；流动资金
654. 长寿：保健
655. 长途电话工程：电信工程
656. 长线产品：滞销产品
657. 长效肥料：氮肥
658. 长远规划：长期规划
659. 常规兵器：常规武器
660. 常规武器：核武器；常规兵器
661. 常规战争：核战争
662. 常任理事国：国家；联合国常任理事国
663. 常设机构：临时机构
664. 常委：常务委员
665. 常委会：党委
666. 常委会议：常务委员会议；人大常委会议；常务委员会会议；中央纪委常委会议；全国政协常委会议；地方政协常委会议；中央政治局常委会议
667. 常务会议：国务院常务会议；中央军委常务会议
668. 常务委员：常委
669. 常务委员会会议：常委会议
670. 常务委员会议：常委会议
671. 常住人口：人口总数；人口普查；暂住人口；现有人口
672. 厂房：工厂；房屋
673. 厂房建筑：工业建筑
674. 厂矿：工厂；矿山；工业企业
675. 厂矿管理：企业管理
676. 厂矿下放：经济体制改革
677. 厂内结算价：价格；调拨价格
678. 厂长负责制：一长制；管理制度；企业管理制度；党委领导下厂长分工负责制

679. 场所：卖场；商店；货栈；娱乐场所；宗教场所；演出场所；赌博场所
680. 倡议：建议；倡议书；和平倡议
681. 倡议书：号召书；建议书
682. 抄送件：文件
683. 超保护贸易政策：对外贸易政策
684. 超额储备：存款
685. 超级大国：第一世界
686. 超级公路：高速公路
687. 超收：收入
688. 超支：赤字；支出
689. 朝鲜问题：亚洲问题
690. 朝鲜语：民族语言
691. 朝鲜族：少数民族
692. 潮汐能：水力资源
693. 炒汇：外汇交易
694. 炒买炒卖外汇：外汇交易
695. 车船使用税：财产行为税
696. 车辆：客车；挂车；汽车；警车；殡仪车；搬运车辆；摩托车；改装车；清洁车；自行车；军用车辆；城市车辆；家庭用车；特种车辆；电气车辆；邮政车辆；铁路车辆；非机动车；收置遣送车；民政专用车辆
697. 车辆厂：工厂
698. 车辆管理：机关车辆管理
699. 车辆监控：交通监理
700. 车辆监理：交通监理
701. 车票：票证
702. 车站：站台；中转站；停车站；客运站；换乘站；枢纽站；汽车站；火车站；货运站；交通枢纽；城市车站；文明车站；地下铁道车站
703. 撤军问题：国际军事问题
704. 撤销：机构撤销
705. 撤销案件说明书：法律文书
706. 撤销党内处分：党纪处分
707. 撤销党内职务：处分；党纪处分；恢复党内职务
708. 撤销行政职务：撤职；恢复行政职务；建议撤销党外职务
709. 撤职：撤销行政职务；纪律处分；行政处分
710. 尘肺：职业病
711. 沉船事故：海难
712. 撑杆跳：田径运动
713. 成本：利润；造价；储蓄成本；流通成本；生产成本；科研成本；运输成本
714. 成本管理：企业管理；经营管理
715. 成本核算：经济核算
716. 成本加运费：费用
717. 成材：木材
718. 成分：民族成分；经济成分
719. 成果：成绩；战果；改革成果；研究成果；科技成果
720. 成果管理：科技成果；科技管理
721. 成果推广：科技成果
722. 成果转让：科技成果
723. 成绩：成果；战绩；运动成绩
724. 成交额：金额
725. 成品：产品
726. 成品油：油料；柴油
727. 成人教育：自学；业余教育；妇女教育；工人教育；工农教育；各类教育
728. 成熟林：森林
729. 成因：原因
730. 成员国：国家；国际组织
731. 呈文：文件
732. 呈阅件：文件

733. 承包：包干；承揽；转包；工资总额包干；总承包；储蓄承包；商业承包；国际承包；土地承包；工程承包；科技承包
734. 承包量：数量
735. 承保：保险；保险业务
736. 承揽：承包
737. 承诺制：服务制度
738. 承销：销售
739. 承运：运输
740. 承租：租赁
741. 城堡：古城
742. 城防费：军费
743. 城防工事：国防
744. 城防建设：民防；国防建设
745. 城市：农村；城乡；大城市；直辖市；中小城市；中心城市；卫星城镇；友好城市；山区城市；工业城市；开放城市；旅游城市；未来城市；沿海城市；港湾城市；特大城市；计划单列市；国家卫生城市；沿江开放城市；沿海开放城市；沿边开放城市
746. 城市发展：城市建设
747. 城市防空：人防；人民防空
748. 城市防卫工程：人防工程
749. 城市改造：城市管理
750. 城市工作：城市建设
751. 城市公共交通业：交通运输业
752. 城市公用事业：城市用水事业
753. 城市功能分区：城市建设
754. 城市管理：市政；城市改造；城市建设；城市规划；市容管理
755. 城市规划：城市管理；城市开发；市容规划；都市规划；城乡规划；城市开发；城市规划法
756. 城市规划法：法律
757. 城市环境设施建设：城市建设
758. 城市建设：城市发展；城市工作；城市管理；村镇建设；城市开发；城市扩展；市政建设；城乡建设；城市功能分区；城市环境设施建设；城市煤气化；城市生态建设
759. 城市开发：城市建设；城市规划
760. 城市扩展：城市建设
761. 城市垃圾：废物；垃圾处理
762. 城市垃圾污染：废物污染
763. 城市路政工程：市政工程
764. 城市旅游：旅游城市
765. 城市绿地：土地；城市绿化
766. 城市绿化：城市绿地；都市绿化
767. 城市煤气化：城市建设
768. 城市贫民：阶级
769. 城市桥：桥梁
770. 城市人口：非农业人口
771. 城市商业：农村商业；城市市场
772. 城市生态建设：城市建设
773. 城市市场：城市商业
774. 城市体制改革：经济体制改革
775. 城市维护：城乡建设；城市维护费
776. 城市维护费：费用
777. 城市维护建设税：建筑税；特定目的税
778. 城市卫生：卫生规划；噪声污染；公厕卫生；环境卫生；爱国卫生运动
779. 城市污染：工业污染；环境污染
780. 城市用水事业：城市公用事业
781. 城乡：城市；乡镇
782. 城乡差别：工农差别；三大差别
783. 城乡差价：地区差价
784. 城乡道路建设：城乡建设

785. 城乡地下空间开发规划：城乡规划
786. 城乡分区规划：城乡规划
787. 城乡工程规划：城乡规划
788. 城乡公共配套设施规划：城乡规划
789. 城乡公共设施建设：城乡建设
790. 城乡规划：城市规划；人口规划；村镇规划；城乡分区规划；城乡工程规划；城乡地下空间开发规划；城乡公共配套设施规划；大河流开发；土地使用规划
791. 城乡环卫建设：城乡建设
792. 城乡基础建设：城乡建设
793. 城乡建设：城市建设；城市维护；侨乡建设；村镇建设；城乡道路建设；城乡环卫建设；城乡基础建设；城乡公共设施建设；城乡园林建设；城乡绿化建设
794. 城乡居民：城镇居民
795. 城乡绿化建设：城乡建设
796. 城乡物资交流：物资流通
797. 城乡园林建设：城乡建设
798. 城乡造林：绿化
799. 城域网：局域网；计算机网络
800. 城镇居民：城乡居民；城镇居民点
801. 城镇人口：非农业人口
802. 城镇土地使用税：资源税
803. 城址：古城
804. 程序：程序系统；任免程序；会议程序；审判程序；审议程序；控告程序；法定程序；研制程序；稽核程序；立法程序；诉讼程序；调解程序；金融程序；计划编制程序
805. 程序系统：指令性计划
806. 惩罚：奖惩；处分；处罚
807. 惩腐倡廉：反腐倡廉
808. 惩治：惩治腐败；惩治贪污
809. 惩治贪污：反贪；反贪污贿赂
810. 橙：水果
811. 池沼地：湿地
812. 持不同政见：人权
813. 持不同政见者：人权
814. 赤潮：海洋污染
815. 赤字：超支；财政赤字；负增长；贸易赤字
816. 冲浪：水上运动
817. 冲突：纠纷；边界冲突
818. 冲突法：国际私法
819. 虫害：病虫害
820. 虫灾：病虫害
821. 重播：广播
822. 重婚案：案件
823. 重审：审理
824. 重组：兼并；收购；资产重组
825. 抽查：检查
826. 抽检：质量检查
827. 抽样调查：专门调查；非全面调查
828. 筹备组：组织
829. 筹资：集资
830. 臭氧层保护：环境保护；保护臭氧层
831. 臭氧层破坏：环境破坏
832. 出版：发行；出版法；出版工作；新闻出版；档案出版
833. 出版发行：报刊发行
834. 出版法：法律；管理法
835. 出版工作：出版事业；文化工作
836. 出版管理：扫黄打非；文化事业管理
837. 出版市场：扫黄打非
838. 出版事业：出版工作；文化事业
839. 出版物：汇编；图书；年历；年画；教材；样本；报刊；报纸；古籍；印

刷品；论文集；广播电影电视报刊；少儿读物；电话号簿；盲人读物；音像制品；政府出版物；电子出版物；非法出版物

840. 出版业：行业
841. 出厂价：价格；出厂价格
842. 出访：访问；出国访问；舰队出访
843. 出国：出境；因公出国；出国旅游；出国考察；出国访问；出国进修
844. 出国参观：出国考察
845. 出国访问：出访
846. 出国进修：留学；出国培训；出国学习
847. 出国考察：访问；出国参观；出洋考察
848. 出国旅游：出境游；出国游；涉外旅游；国外旅游
849. 出国培训：出国进修
850. 出国人员：留学生；出国团组；出境人员
851. 出国人员审查：政审；出国审批
852. 出国审批：出国人员审查
853. 出国手续：签证
854. 出国探亲：出境探亲；回国探亲
855. 出国团组：团体；代表团；出国人员
856. 出国学习：留学；出国进修
857. 出国游：出国旅游
858. 出境：出国；出入境
859. 出境人员：出国人员
860. 出境探亲：出国探亲
861. 出境游：旅游；出国旅游
862. 出口：卖价；进口；输出；出口税；出口量；再出口；复出口；进出口；出口管制；出口管理；出口贸易；出口退税；出口限制；军品出口；技术出口；直接出口；石油出口；间接出口；对外贸易；进出口许可证制度
863. 出口岸：通商口岸
864. 出口管理：商业管理
865. 出口国：国家
866. 出口基地企业：外向型企业
867. 出口量：数量
868. 出口贸易：对外贸易
869. 出口税：关税；税种
870. 出口退税：进口税
871. 出口转内销：销售
872. 出栏率：比率；存栏量
873. 出纳管理：财务管理
874. 出纳制度：会计制度
875. 出让：土地出让；房屋出让；矿权出让
876. 出让金：费用
877. 出让土地：土地出让
878. 出入境：过境；出境
879. 出入境管理：口岸；边防检查；边境管理；出入境管理法
880. 出入境管理法：边界管理法；公民出入境管理法；外国人入出境管理法
881. 出生率：人口统计；计划生育
882. 出生缺陷：优生优育
883. 出生统计：人口统计
884. 出售：销售
885. 出土文物：古墓葬
886. 出席：列席
887. 出血热：传染病
888. 出巡：巡视
889. 出洋考察：出国考察
890. 出走：外逃
891. 出租：租赁
892. 初步设计：工程设计

893. 初等教育：小学；儿童教育；初级教育；小学教育；基础教育；中小学教育
894. 初等学校：中学；小学
895. 初级教育：初等教育
896. 初审：审查
897. 初中：中学
898. 除草机：农业机械
899. 除尘工程：环保工程
900. 除名：开除公职；开除军籍；行政处分
901. 除四害：病虫害防治
902. 厨房设备：家用电器
903. 储备：仓储；储存；储量；贮备；预留；存款；超额储备；储运管理；石油储备；人力储备；军事储备；军队储备；国家储备；国际储备；流通储备；物资储备；生产储备；私人储备；种子贮备；科技储备；金融储备
904. 储备平衡：物资储备平衡
905. 储备运输：储运
906. 储仓：仓库
907. 储藏量：储量
908. 储存：储备
909. 储金会：社会团体
910. 储量：储备；数量；储藏量；资源储量
911. 储蓄：存款；定期储蓄；储蓄宣传；储蓄承包；储蓄网点；积累资金；通存通兑；邮政业务；银行业务；储蓄存款；住房储蓄；农村储蓄；有奖储蓄；邮政储蓄；定活两便储蓄
912. 储蓄代办：存款
913. 储蓄代办费：费用
914. 储蓄所：金融机构
915. 储运：储备运输
916. 储运管理：储备
917. 储运企业：运输企业
918. 处罚：惩罚；拘留；刑罚；罚款；罚没；管制；民事处罚；治安处罚；经济处罚；行政处罚
919. 处方药：药物
920. 处分：惩罚；黜陟；记过；撤销处分；开除党籍；开除公职；开除军籍；留党察看；撤销党内职务；免予处分；组织处理；停职反省；停职检查；党内处分；纪律处分；通报批评；党纪处分；行政处分；维持原处分
921. 处理：清理；案件处理；报废处理；工业信息处理；事务处理；事故处理；信息处理；处理纠纷；审计处理；应急处理；废物处理；文件处理；组织处理；资产处理；违纪处理；邮品处理；退役武器装备处理
922. 处理机：计算机
923. 处突方案：作战方案
924. 畜病：畜禽疾病
925. 畜病防治：畜牧灾疫防治
926. 畜禽：家畜；家禽；动物；禽病防治
927. 畜禽产品：畜产品；农副产品
928. 畜禽疾病：禽病；畜病；动物疾病；畜牧灾疫防治
929. 畜禽检疫：畜牧灾疫防治
930. 黜陟：处分；晋升
931. 传达：贯彻
932. 传单：标语；宣传品
933. 传教：宗教活动
934. 传票：法律文书
935. 传染病：性病；肝炎；非典；疾病；艾滋病；出血热；结核病；预防隔离；

寄生虫病；传染病控制；传染病预防；
传染性疾病；非传染性疾病
936. 传染病监测：检疫
937. 传染病控制：检疫
938. 传染病预防：检疫；防疫工作
939. 传染性疾病：传染病
940. 传统：优良传统；民族传统；革命传统
941. 传统教育：政治教育；革命传统教育；思想政治教育
942. 传销：销售
943. 传讯：审理
944. 传真：电信；报纸传真；传真业务；传真通信；真迹传真；信函传真；公众传真；文件传真；气象传真；用户传真；相片传真；图像通信；天气图传真
945. 传真传输：传真通信
946. 传真机：报纸传真机；文件传真机；真迹传真机；一类传真机；气象传真机；激光传真机；相片传真机；传真通信设备
947. 传真通信：电信；传真传输；数据通信
948. 传真通信工程：电信工程
949. 传真通信设备：传真机
950. 船：船舶
951. 船舶：班轮；舰船；船只；外轮；渔船；工作船；工程船；救生船；旅游船；极地船；水泥船；海监船；破冰船；考察船；运输船；军用舰船
952. 船舶工业：造船业；重工业；舰船工业；造船工业
953. 船舶检疫：港口检疫
954. 船舶碰撞：海商法

955. 船舶失事：海难
956. 船舶遇难：海难
957. 船厂：工厂
958. 船旗：旗帜
959. 船只：船舶
960. 创汇：外汇；出口创汇
961. 创建文明活动：创先活动
962. 创先活动：创建文明活动
963. 创新：解放思想
964. 创新驱动发展战略：经济建设
965. 创新型人民军队：国防和军队建设
966. 创作：文艺创作
967. 垂直兼并：企业兼并
968. 春荒：灾荒；饥荒问题
969. 春节：节日；节假日
970. 春运：客运
971. 纯生存保险：人身保险
972. 辞退：解聘
973. 辞职：离职；退职
974. 磁光学：电磁辐射
975. 次品：产品；假冒伪劣产品
976. 次生林：森林
977. 次生灾害源：来源
978. 从犯：同案犯
979. 从价税：税种；消费税
980. 从量税：税种
981. 从严治党：党的建设
982. 从严治检：依法治理
983. 粗放经营：集约经营；广种薄收；粗放式经营
984. 粗放式经营：粗放经营
985. 粗粮：粮食
986. 促销：销售
987. 催办：文书处理
988. 村队企业：队办企业；乡镇企业

989. 村级建设：村镇建设
990. 村民档案：人事档案
991. 村民委员会：乡政府；村委会；居民委员会
992. 村社设置：村镇规划
993. 村委会：村民委员会
994. 村务公开：农村工作
995. 村镇：行政区划
996. 村镇规划：城乡规划；村社设置；乡村规划；乡镇营建；农村规划
997. 村镇建设：城市建设；城乡建设；村级建设
998. 存款：储蓄；储备；超额储备；储蓄代办；转存款；银行业务；个人存款；乡村存款；企业存款；信托存款；协定存款；外汇存款；委托存款；定期存款；短期存款；礼仪存款；长期存款；准备金存款；支票户存款；结算户存款；机关团体存款；金融机构存款
999. 存款银行：商业银行
1000. 存栏量：数量；出栏率
1001. 措施：安全措施；保障措施；安全保卫措施；减蚀措施；应变措施；应急措施；强制措施；治安措施；管理措施；组织措施；节水措施；行政措施；防范措施；防蚀措施；水土保持措施；动植物卫生检疫措施
1002. 错案：案件
1003. 错捕：错误
1004. 错拘：错误
1005. 错判：错误
1006. 错误：错捕；错拘；错判；失职；严重错误

D

1007. 达斡尔族：少数民族
1008. 打非：扫黄打非
1009. 打击报复：不正之风；压制民主；违纪行为
1010. 打击犯罪：治安管理；扫黄打非
1011. 打击走私：缉私
1012. 打铁还需自身硬：作风建设
1013. 打赢脱贫攻坚战：社会建设
1014. 大案要案：案件
1015. 大病统筹：社会福利
1016. 大城市：大都市
1017. 大葱：蔬菜
1018. 大都市：大城市
1019. 大豆：黄豆；农作物；豆类作物
1020. 大风警报：天气预报
1021. 大纲：提纲
1022. 大公报：报纸
1023. 大规模杀伤性武器：核武器；化学武器
1024. 大锅饭：平均主义
1025. 大河流开发：资源开发；城乡规划
1026. 大轿车：汽车
1027. 大经济区：经济协作区
1028. 大陆边缘：大陆架
1029. 大陆架：陆棚；地形；大陆棚；大陆边缘；海洋地质
1030. 大陆架问题：国际问题
1031. 大陆棚：大陆架
1032. 大陆与台湾通航、通邮、通商政策："三通"
1033. 大企业：大型企业
1034. 大气：地球大气
1035. 大气监测：环境监测
1036. 大气卫生：大气污染；环境卫生
1037. 大气污染：大气卫生；环境污染；空气污染
1038. 大气质量：空气质量
1039. 大气质量标准：环境标准
1040. 大庆式企业：工业学大庆
1041. 大使：外交官；外交使节；外交人员；特命全权大使
1042. 大使馆：机构；代办处；公使馆；领事馆；外交机构
1043. 大事记：年表；年谱；文献
1044. 大蒜：蔬菜
1045. 大田作物：农作物
1046. 大型企业：大企业；中型企业；小型企业；中小型企业；特大型企业
1047. 大选：选举
1048. 大学：文科；学校；业余大学；军政大学；函授大学；工人大学；科技大学；职业大学；职工大学；重点大学；高等学校；广播电视大学
1049. 大学教育：高等教育
1050. 大学生：本科生；寄宿生；专科生；研究生
1051. 大洋：海洋
1052. 大众体育：群众体育
1053. 大专教育：高等教育
1054. 逮捕：拒捕；拘留；羁押；逮捕制

度；强制措施
1055. 傣语：民族语言
1056. 傣族：少数民族
1057. 代办：领事；代办处；代行办理；临时代办；外交人员；外交使节
1058. 代办处：机构；大使馆；领事馆；外交机构；外交代表机构
1059. 代表：党代表；军代表；人大代表；农民代表；列席代表；国大代表；妇女代表；工人代表；政协代表；法人代表；特邀代表；职工代表
1060. 代表大会：会议；团代会；妇代会；文代会；职代会；代表会议；党代表大会
1061. 代表法：法律；组织法
1062. 代表会议：代表大会；人民代表会议
1063. 代表名额：名单
1064. 代表团：团体；访问团；出国团组；党政代表团；军事代表团；妇女代表团；政府代表团；议会代表团
1065. 代表资格：代表资格审查
1066. 代购：收购
1067. 代管：管理
1068. 代行办理：代理；代办
1069. 代号：密语代号
1070. 代理：保险代理；代行办理；总代理；委托管理；专利代理；外贸代理；外轮代理；法律代理；独家代理；销售代理；国际货运代理
1071. 代理融通行：银行
1072. 代码：密码
1073. 代码标识：标志
1074. 代议制：议会制
1075. 代职：定职
1076. 贷款：信贷；借款；借贷；外债；放款；转贷；按揭贷款；再贷款；期贷款；贷款展期；贷款总量；贷款担保；贷款条例；贷款账户；银行业务；专项贷款；企业贷款；低息贷款；住房贷款；信托贷款；军事贷款；农业贷款；商业贷款；基建贷款；外汇储备；外汇贷款；委托贷款；扶贫贷款；抵押贷款；担保贷款；政府贷款；救灾贷款；无息贷款；水利贷款；特种贷款；短期贷款；购车贷款；贴息贷款；贴现贷款；银行贷款；风险贷款；贷款协议书；开发性贷款；个体工商贷款；固定资产贷款；投资债券贷款；流动资金贷款；预购定金贷款；对外承包工程贷款
1077. 贷款问题：经济问题；国际经济问题
1078. 贷款总量：数量
1079. 贷学金：助学贷款；无息贷款
1080. 待业：失业；就业
1081. 待业保险：社会保险
1082. 待遇：福利；国民待遇；工资待遇；干部待遇；政治待遇；教师待遇；生活待遇；福利待遇；离休待遇；退休待遇；最惠国待遇
1083. 担保：抵押；贷款担保；信托担保
1084. 担保法：商法；经济法
1085. 单边带通信：无线电通信
1086. 单层林：森林
1087. 单车：自行车
1088. 单独关税区：区域
1089. 单位：部门；保密单位；被审计单位；财政拨款单位；中央单位；事业单位；企业单位；先进单位；开放单位；接待单位；文体单位；文

明单位；文艺单位；涉外单位；直属单位；邮政单位；非企业单位；独立核算单位
1090. 单一经济：殖民地经济
1091. 单站预报：天气预报
1092. 诞辰纪念：纪念活动
1093. 淡水养殖：水产养殖
1094. 淡水养殖产品：水产品
1095. 弹药：武器；炸弹；航道；燃烧航弹；化学弹药；枪支管理法
1096. 弹药工业：国防工业
1097. 弹药配备标准：军用标准
1098. 蛋白质工程：生物工程
1099. 蛋制品：食品
1100. 氮肥：尿素；肥料；硝酸铵；硫酸铵；碳酸氢铵；长效肥料；化学肥料
1101. 氮肥低浓度化肥：化学肥料
1102. 当商行：金融机构
1103. 当事人：原告；被告；离婚当事人
1104. 档案：文件；文献；人事档案；档案分类；专业档案；业务档案；信誉档案；历史档案；国家档案；声像档案；文书档案；机读档案；珍贵档案；甲骨档案；电子档案；石刻档案；科技档案；简牍档案；缣帛档案；谱牒档案；金文档案；金融档案
1105. 档案保管：档案利用；档案管理
1106. 档案法：法律；保密法；管理法；档案法规；档案机构
1107. 档案工作：文书工作；文化工作；机关工作；档案事业
1108. 档案馆：图书馆；文化机构；档案机构；专业档案馆；企业档案馆；军事档案馆；国家档案馆；地方档案馆；高校档案馆；中央级档案馆
1109. 档案管理：档案保管；档案清理；档案销毁；文化事业管理
1110. 档案机构：档案室；档案法；档案馆；文化机构
1111. 档案利用：档案保管；开放档案；开放历史档案；档案提供利用
1112. 档案清理：档案管理
1113. 档案史：历史
1114. 档案事业：档案工作；文化事业
1115. 档案室：档案机构
1116. 档案提供利用：档案利用
1117. 档案销毁：档案管理
1118. 档案学：社会科学
1119. 党报：报纸
1120. 党报发行：报刊发行
1121. 党代表大会：党代表会议；党的全国代表会议；党的全国代表大会；党的地方代表会议；党的地方代表大会
1122. 党代表会议：党代表大会
1123. 党的创造力：执政理念
1124. 党的地方代表大会：党代表大会
1125. 党的地方代表会议：党代表大会
1126. 党的地方组织：党的组织
1127. 党的对外联络工作：党的外联工作
1128. 党的干部：党政干部
1129. 党的工作：党务工作；机关党的工作
1130. 党的工作委员会：党工委
1131. 党的会议：党委会议；党组会议
1132. 党的机关工作者：机关人员
1133. 党的基层组织：党总支；党支部；总支部；基层党委；党的组织；基层党组织

1134. 党的纪律：党纪
1135. 党的纪律处分：党纪处分
1136. 党的建设：党建；从严治党；党内民主；整党建党；党风建设；思想建设；组织建设；三大法宝；党组织工作；党的思想建设；党的组织建设；党的执政能力建设
1137. 党的领导：党委制；统一战线
1138. 党的全国代表大会：十三大；十二大；十五大；十六大；十四大；党代表大会；中国共产党全国代表大会
1139. 党的全国代表会议：党代表大会；中国共产党全国代表会议
1140. 党的十一届三中全会：中央全会；中国共产党第十一届中央委员会第三次全体会议
1141. 党的思想建设：党的建设；党的组织建设
1142. 党的思想整顿：党的整顿
1143. 党的外联工作：外交工作；党的对外联络工作
1144. 党的性质：无产阶级政党
1145. 党的章程：党章
1146. 党的整顿：整党；整党工作；党的思想整顿；党的作风整顿；党的组织整顿
1147. 党的执政能力建设：党的建设
1148. 党的指导思想：列宁主义；三个代表；毛泽东思想；邓小平理论；马克思主义
1149. 党的中央组织：中纪委；中组部；中联部；书记处；统战部；中共中央；党的组织；中央政治局
1150. 党的组织：党委；党组；党组织；党中央；党工委；党总支；党支部；党的地方组织；党的基层组织；党的中央组织；地下党组织；党总支地下党组织
1151. 党的组织建设：党员登记；党员管理；发展党员；党支部建设；党的建设；党的思想建设
1152. 党的组织生活：党内生活；民主生活会
1153. 党的组织整顿：改组党组织；党的整顿
1154. 党的作风：党风
1155. 党的作风建设：党风建设
1156. 党的作风整顿：端正党风；整党整风；整顿党风；党的整顿
1157. 党费：经费
1158. 党风：党纪；作风；党的作风；理论联系实际；密切联系群众；批评与自我批评；党风建设；整党工作；三大作风；基层党风
1159. 党风建设：党的建设；端正党风；党的作风建设
1160. 党风教育：党员教育
1161. 党风廉政建设"两个责任"：反腐倡廉
1162. 党纲：党章；纲领；最低纲领；最高纲领
1163. 党工委：党的组织；党的工作委员会
1164. 党规：党章；党内法规；规章制度；党内政治生活准则
1165. 党和国家领导人：总理；副总理；委员长；总书记；副委员长；国务委员；国家主席；国家副主席；中央领导同志；中央政治局常委
1166. 党籍：资格

1167. 党纪：党风；纪律；党的纪律
1168. 党纪处分：警告；党内处分；纪律处分；违纪处理；严重警告；党内警告；党内除名；开除党籍；留党察看；撤销党内处分；撤销党内职务；党的纪律处分；延长预备期；党内严重警告；取消预备党员资格
1169. 党纪检查工作：纪检工作
1170. 党纪教育：党员教育
1171. 党际关系：两党关系；兄弟党关系
1172. 党建：党的建设
1173. 党建教育：党员教育
1174. 党刊发行：报刊发行
1175. 党课：课程；党员教育
1176. 党课教育：党员教育
1177. 党龄：工龄；年数
1178. 党内除名：脱党；党纪处分
1179. 党内处分：党纪处分
1180. 党内斗争：党内矛盾；党派斗争；路线斗争；政治斗争
1181. 党内法规：党规
1182. 党内监督：党内监督体制
1183. 党内检讨：批评与自我批评
1184. 党内警告：党纪处分
1185. 党内矛盾：党内斗争
1186. 党内民主：党的建设；民主集中制
1187. 党内批评：批评与自我批评
1188. 党内生活：党的组织生活；党内政治生活准则
1189. 党内严重警告：党纪处分
1190. 党内政治生活"四性"：政治建设
1191. 党内政治生活准则：党规；党内生活
1192. 党派：派别；反动党派
1193. 党派斗争：党内斗争；政治斗争
1194. 党旗：旗帜

1195. 党群关系：联系群众；社会关系；密切联系群众
1196. 党史：军史；历史；革命史；党史编纂
1197. 党外人士：民主人士；无党派人士
1198. 党委：组织；部党委；党的组织；党委会；常委会；党委组成；党委员会；临时党委
1199. 党委会议：党的会议；自治区党委会议
1200. 党委机关：党政机关
1201. 党委领导下厂长分工负责制：厂长负责制
1202. 党委制：党的领导；领导体制
1203. 党务：党务工作
1204. 党务工作：党的工作；组织工作；整党工作
1205. 党校：学校；高级党校
1206. 党校教育：党员教育；院校教育
1207. 党性：派性
1208. 党性教育：党员教育
1209. 党员：共产党员；直属党员；预备党员
1210. 党员标准：入党；党员登记；党员条件
1211. 党员登记：党员标准；党的组织建设；党员缓期登记
1212. 党员管理：民主评议；人员管理；党的组织建设
1213. 党员缓期登记：党员登记
1214. 党员教育：党课；党风教育；党纪教育；党建教育；党课教育；党校教育；党性教育；党员培训；党员训练；思想教育
1215. 党员培训：党员教育

1216. 党员权利：党员义务；侵犯党员民主权利
1217. 党员条件：党员标准
1218. 党员训练：党员教育
1219. 党员义务：党员权利
1220. 党在新形势下的强军目标：国防和军队建设
1221. 党章：党纲；党规；党的章程；中国共产党章程
1222. 党政分开：关系；党政关系
1223. 党政干部：党的干部；纪检干部；行政干部；领导干部
1224. 党政干部经商：违纪经商；党政机关经商
1225. 党政关系：党政分开；社会关系
1226. 党政机关：党委机关
1227. 党政机关经商：违纪行为；党政干部经商
1228. 党政联席会：联席会议
1229. 党支部：组织；党的组织；党的基层组织；支部会议；机关党支部；连队党支部
1230. 党支部建设：党的组织建设
1231. 党中央：党的组织
1232. 党总支：组织；党的组织；党的基层组织
1233. 党总支地下党组织：党的组织
1234. 党组：党的组织
1235. 党组会议：党的会议
1236. 党组织：党的组织
1237. 党组织工作：党的建设
1238. 导弹：运载火箭
1239. 导弹基地：军事基地
1240. 导堤：堤防
1241. 导航设备：飞机
1242. 导向：新闻导向；消费导向；舆论导向
1243. 导游资格证：证件
1244. 岛屿：海岛
1245. 倒闭：破产
1246. 倒买倒卖：官倒；违反经济政策
1247. 倒卖：倒买倒卖
1248. 倒卖木材经营证案：案件
1249. 倒卖票证案：案件
1250. 盗版磁带：非法出版物
1251. 盗版光盘：非法出版物
1252. 盗窃案：案件
1253. 盗印：非法出版物
1254. 悼词：文种
1255. 道场法会：宗教活动
1256. 道德：意识形态；家庭美德；思想品德；社会公德；职业道德；商业道德；共产主义道德
1257. 道德败坏：腐败分子；腐化堕落；生活作风问题
1258. 道德标准：道德规范
1259. 道德规范：道德标准；行为规范
1260. 道观：道教；寺庙
1261. 道教：道观；宗教
1262. 道路：公路；辅路；匝道；铁路；国道；城市道路；高速公路；国防公路；农村道路；地方道路；干线道路；收税道路；省际道路；高速公路匝道
1263. 道路工程：基建工程
1264. 道路规划：工程规划
1265. 道路建设：基本建设
1266. 道路运输业：交通运输业
1267. 稻：水稻
1268. 德昂族：少数民族

1269. 德育：操行；学生守则；品德教育；思想教育；思想政治教育；职业道德教育；德智体全面发展；共产主义道德教育
1270. 德育工作：教育工作
1271. 德智体全面发展：教育方针；德育
1272. 登记：注册；党员登记；土地登记；礼品登记；社团登记
1273. 登山：体育运动
1274. 等级差价：质量差价
1275. 等价交换：价值规律
1276. 邓小平理论：列宁主义；思想体系；革命理论；毛泽东思想；马克思主义；党的指导思想
1277. 低产林：森林
1278. 低产土壤：土壤肥力
1279. 低浓度化肥：化学肥料
1280. 低息：利息
1281. 堤坝工程：水利工程
1282. 堤防：导堤；土坝；防洪
1283. 滴灌：灌溉
1284. 敌产处理：没收财产
1285. 敌对势力：黑社会组织
1286. 敌军：友军；军队
1287. 敌情：谍报；情况
1288. 敌我矛盾：对抗性矛盾；人民内部矛盾
1289. 抵偿贸易：补偿贸易；协定贸易
1290. 抵押：担保
1291. 抵押货款：贷款
1292. 地产：土地；房地产
1293. 地产地销：销售；产销；近产近销
1294. 地产纠纷：土地纠纷
1295. 地产市场：房地产市场
1296. 地磁异常：地震前兆
1297. 地电异常：地震前兆
1298. 地方：中央
1299. 地方病：疾病；高山病；地方病防治；地方性疾病
1300. 地方财政：乡财政；县财政；中央财政；省级财政
1301. 地方财政总预算会计：地方预算
1302. 地方法规：自治法规
1303. 地方工业：中央工业；国营工业；街道工业；五小工业
1304. 地方决算：地方预算
1305. 地方企业：中央企业
1306. 地方人大：地方人代会
1307. 地方人代会：地方人大
1308. 地方税：税种；中央税；地方税收
1309. 地方税收：中央税收；税收收入
1310. 地方司法行政机关：司法机关
1311. 地方性疾病：地方病
1312. 地方预算：地方决算；中央预算；省级预算；国家预算；地方财政总预算会计
1313. 地方债券：国债；国库券；金融债券
1314. 地方政府规章：部门规章
1315. 地方政协常委会议：全国政协常委会议
1316. 地方政协会议：全国政协会议
1317. 地方志：志书；文献；地震志；民族史志
1318. 地宫：丧葬
1319. 地光：地震前兆
1320. 地籍：册籍
1321. 地籍管理：边境管理；土地管理
1322. 地价：地租；田价；价格；土地出让；土地有偿使用
1323. 地界：界限；土地规划

1324. 地矿：矿产
1325. 地理：地理学；地理环境
1326. 地理名称：地名
1327. 地理信息数据库：信息库
1328. 地名：地理名称；区划地名
1329. 地膜覆盖：地膜机械
1330. 地膜机械：地膜覆盖
1331. 地亩：耕地
1332. 地契：土地证；土地契约
1333. 地球科学：自然科学
1334. 地球物理卫星：气象卫星
1335. 地球站：卫星通信
1336. 地球站工程：电信工程
1337. 地区：边境；山区；旱区；极地；灾区；牧区；老区；震区；征集区；行政区；作战地区；军事禁区；战役防区；民族地区；沿江地区；沿海地区；西部地区；贫困地区；香港地区；多地震地区；经济发达地区；民族散杂居地区
1338. 地区差价：城乡差价；批零差价；购销差价；商品差价
1339. 地区计划：部门计划；国民经济计划
1340. 地区经济：区域经济地理
1341. 地区开发：资源开发
1342. 地区性问题：中东问题；亚洲问题；欧洲问题；美洲问题；西欧问题；非洲问题；国际问题
1343. 地声：地震前兆
1344. 地铁：铁路；城市地铁；地下铁路
1345. 地位：主导地位；工作地位；战略地位；政治地位；法律地位；社会地位；阶级地位
1346. 地温异常：地震前兆
1347. 地下车库：停车场
1348. 地下党组织：党的组织
1349. 地下建筑物：人防工程
1350. 地下排灌：灌溉
1351. 地下水：水源
1352. 地下水保护：水源保护；地下水污染
1353. 地下水污染：井水污染；环境污染；地下水保护
1354. 地下水异常：地震前兆
1355. 地下水资源：地下资源；水利资源
1356. 地下铁路：地铁
1357. 地下资源：自然资源；地下水资源
1358. 地形：三峡；平原；沙漠；海岸；大陆架
1359. 地震：余震；工程地震；有感地震；构造地震；海洋地震；深源地震；火山地震；诱发地震；陷落地震；自然灾害；破坏性地震
1360. 地震带：震区；地震区；震中分布；地震区划
1361. 地震烈度：震级
1362. 地震烈度区划：地震区划
1363. 地震前兆：地光；地声；地磁异常；地电异常；地温异常；地震预报；重力异常；地下水异常
1364. 地震区：地震带
1365. 地震区划：地震带；地震烈度区划
1366. 地震危险区：区域
1367. 地震应急：抗震救灾
1368. 地震应急预案：地震灾害
1369. 地震预报：地震前兆；临震预报；地震中期预报；地震长期预报
1370. 地震灾害：震害；抗震救灾；自然灾害；地震应急预案
1371. 地震长期预报：地震预报
1372. 地震志：地方志

1373. 地震中期预报：地震预报
1374. 地政管理：土地管理
1375. 地质：区域地质；工程地质；海洋地质；矿产地质
1376. 地质灾害：自然灾害
1377. 地主阶级：剥削阶级；封建主阶级
1378. 地租：地价；租金；公田租
1379. 帝国主义：军国主义；社会帝国主义
1380. 帝国主义战争：侵略战争；非正义战争
1381. 第二部类：消费资料
1382. 第二世界：发达国家；三个世界理论
1383. 第二野战军：中国人民解放军
1384. 第三产业：文化产业
1385. 第三方物流：物资流通
1386. 第三世界：发展中国家；三个世界理论
1387. 第三野战军：中国人民解放军
1388. 第四野战军：中国人民解放军
1389. 第一世界：超级大国
1390. 第一野战军：中国人民解放军
1391. 颠覆：间谍；反革命罪
1392. 典当业：行业
1393. 典型：单位典型；典型人物；典型材料；先进典型；后进典型
1394. 点对点通信：无线电通信
1395. 电报：电信；电文；唁电；贺电；通电；通信；传真电报；慰问电；数据通信；载波通信；电报通信；人工电报；公众电报；密码电报；政务电报；新闻电报；机密文电；气象电报；用户电报；电传电报；载波电报
1396. 电报工程：电信工程
1397. 电冰箱：冷藏电器；家用电器
1398. 电厂：工厂
1399. 电磁辐射：光辐射；γ辐射；磁光学；X-辐射
1400. 电风扇：家用电器
1401. 电化教学：电化教育
1402. 电化教育：教学法；电化教学；教育节目；远程教育
1403. 电话：电信；通信；保密电话；本地电话；程控电话；电话通信；专线电话；临时电话；公务电话；公用电话；农村电话；可视电话；国内电话；市内电话；政务电话；无线电话；普通电话；电视电话；移动电话；调度电话；载波电话；长途电话；私人户电话；万门程控电话；受话人付费电话
1404. 电话号簿：出版物
1405. 电话会议：电视电话会议
1406. 电价：价格
1407. 电缆查漏：检查
1408. 电烙铁：家用电器
1409. 电力法：经济法
1410. 电力工业：电业；重工业；燃料工业
1411. 电力系统：电网
1412. 电流：交流
1413. 电脑：计算机
1414. 电气工程：电气化
1415. 电气化：化学化；机械化；自动化；电气工程；初级电气化；农村电气化
1416. 电器：低压电器；继电器；冷藏电器；家用电器；高压电器
1417. 电器工业：家电工业

1418. 电视：电视机；电视广播
1419. 电视电话会议：可视会议；电视电话会议设备
1420. 电视广播：广播电影电视
1421. 电视机：彩色电视机；日用电器；电视设备
1422. 电视节：艺术节
1423. 电视剧审查：影视审查
1424. 电视设备：电视机
1425. 电视台：台站；广播电视台；新闻组织机构
1426. 电算化：会计电算化
1427. 电算会计：会计电算化
1428. 电台：台站；广播电台
1429. 电网：电力系统；输电网；农村电网
1430. 电文：电报
1431. 电信：传真；电报；电话；邮电；电讯；通信；波导通信；传真通信；通信网；卫星通信；国际通信；微波通信；数字通信；数据通信；模拟通信；气象通信；短波通讯；航天通信；航海通信；航空通信；载波通信；铁路通信；长途电信；无线电通信；有线电通信；计算机通信；脉码调制通信；铁路微波通信
1432. 电信工程：电报工程；电信建设；线路工程；市话工程；邮电工程；地球站工程；传真通信工程；卫星通信工程；微波通信工程；数据通信工程；电信交换工程；电信枢纽工程；短波通信工程；移动通信工程；通信电源工程；长途电话工程；可视会议电话工程
1433. 电信技术：通信技术
1434. 电信建设：电信工程；基本建设
1435. 电信交换工程：电信工程
1436. 电信设备：通信设备；无线电设备
1437. 电信枢纽工程：电信工程
1438. 电讯：电信
1439. 电讯保密：通信保密
1440. 电业：电力工业
1441. 电影：影片；放映；传统电影；商业电影；思想电影；戏剧电影；无声电影；现代电影；立体电影；美术电影；艺术电影；电影电视制作
1442. 电影电视制作：影视审查
1443. 电影节：艺术节
1444. 电影评论：文艺批评
1445. 电影审查：影视审查
1446. 电影艺术：表演艺术；综合艺术
1447. 电熨斗：家用电器
1448. 电子：工厂；轻子；光电子
1449. 电子产业：电子工业
1450. 电子出版物：音像制品；网络出版物
1451. 电子电路：网络；集成电路
1452. 电子对抗：电子干扰
1453. 电子对抗措施：电子干扰
1454. 电子反制：电子干扰
1455. 电子干扰：电子对抗；电子反制；电子侦察；人为干扰；有意干扰；光电干扰；噪声干扰；水声干扰；雷达干扰；电子进攻；电子对抗措施；反电子干扰；反电子措施；无线电干扰；无源电子干扰；有源电子干扰；压制性电子干扰；无线电通信干扰；欺骗性电子干扰；无线电通信反侦察
1456. 电子工业：电子产业；电子行业；

微电子工业；民用电子工业；电子元件制造业；电子器件制造业；电子计算机工业；通信设备制造业；广播电视设备制造业
1457. 电子行业：电子工业
1458. 电子计算机工业：电子工业
1459. 电子进攻：电子干扰
1460. 电子器件制造业：电子工业
1461. 电子商务法：商法
1462. 电子信息资源库：信息库
1463. 电子信箱：信息
1464. 电子元件制造业：电子工业
1465. 电子载体：光盘
1466. 电子战争：现代战争
1467. 电子侦察：电子干扰
1468. 店面房：房屋
1469. 店铺：商店
1470. 雕塑：塑像
1471. 调拨：直拨
1472. 调拨价：价格；调拨价格
1473. 调拨价格：厂内结算价
1474. 调查：勘察；考察；普查；调研；保险调查；抽样调查；地震调查；典型调查；海洋调查；金融调查；考古调查；立案调查；社会调查；审计调查；事故调查；水文调查；工业景气调查；调查研究；专案调查；专门调查；专题调查；地质调查；灾害调查；物价调查；疫情调查；统计调查；综合调查；资源调查；追踪调查；问卷调查；一次性调查
1475. 调查报告：文种；调查表；考察报告
1476. 调查表：调查报告
1477. 调查材料：资料；证明材料
1478. 调查团：组织
1479. 调查组：组织
1480. 调配：飞行调配；干部调配
1481. 调水：引水；水资源调度
1482. 调研：蹲点；调查
1483. 调研材料：资料；证明材料
1484. 调演：影片调演
1485. 调职：调整
1486. 谍报：敌情；间谍；情报；侦察手段
1487. 谍报活动：军事情报
1488. 谍报人员：间谍
1489. 订购：定购；订货
1490. 订货：订购；订金；购买；产品订货；代购订货；交易会；装备订货
1491. 订金：订货
1492. 钉钉子精神：作风建设
1493. 定案：决定；翻案
1494. 定点：项目
1495. 定额：指标；限额；额度；资金额度；消耗定额；灌溉定额；生产定额
1496. 定额管理：计划管理；企业管理；经济管理
1497. 定购：订购
1498. 定级：定职
1499. 定价：地方定价；出版物定价；价格核定；中央定价；企业定价；协商定价；国家定价；统一定价；物价管理
1500. 定量供应：凭票供应
1501. 定期：时期
1502. 定息：利息
1503. 定向培训：定向培养
1504. 定向培养：定向培训

1505. 定向征集：征兵
1506. 定员：劳动管理
1507. 定职；代职；定级；晋职
1508. 东北救亡总会：群众组织
1509. 东北振兴"十三五"规划：经济建设
1510. 东部裕固语：民族语言
1511. 东盟：区域性组织
1512. 东盟自由贸易区：区域性组织
1513. 东乡语：民族语言
1514. 东乡族：少数民族
1515. 东正教：基督教
1516. 冬瓜：蔬菜
1517. 冬令救济：社会救济
1518. 董事会：领导机构
1519. 董事会议事制度：现代企业制度
1520. 动产：财产
1521. 动力：动力资源；燃料基地
1522. 动力工业：重工业
1523. 动乱；叛乱；骚乱；局势；制止动乱
1524. 动态：国际动态；境外动态；思想动态；理论动态；社会动态；经济动态
1525. 动物；畜禽；昆虫；生物；保护动物；军用动物；试验动物；野生动物；转基因动物
1526. 动物保护：自然保护；自然保护区
1527. 动物疾病：畜禽疾病
1528. 动员：全党动员；军队动员；工业动员；征兵动员；思想动员；战争动员；政治动员；经济动员
1529. 动员部门：工作部门
1530. 动员原则：军事原则
1531. 动员准备：战备
1532. 动作片：影片
1533. 冻害；冷害；冻灾
1534. 冻结：冻结存款
1535. 冻结存款：冻结资金
1536. 冻结资金：冻结存款
1537. 冻灾：冻害；气象灾害
1538. 侗语：民族语言
1539. 侗族：少数民族
1540. 都城：首都
1541. 都市规划：城市规划
1542. 都市绿化：城市绿化
1543. 斗争：边防斗争；军事斗争；国际斗争；外交斗争；政治斗争；海防斗争；经济斗争；反腐败斗争；严打整治斗争
1544. 豆荚：蔬菜
1545. 豆类作物：农作物；大豆；粮食作物
1546. 豆薯：蔬菜
1547. 豆制品：食品
1548. 痘疹：病毒
1549. 督察：监察；监督
1550. 毒剂武器：化学武器
1551. 毒品：吸毒；禁毒；缉毒；毒药；鸦片；违禁品
1552. 毒品犯罪：吸毒；禁毒；贩毒；毒品走私
1553. 毒品走私：缉毒；贩毒；毒品犯罪
1554. 毒性：性质
1555. 毒药：毒品
1556. 独立董事制度：现代企业制度
1557. 独立工矿用地：建设用地
1558. 独立战争：民族解放战争
1559. 独立自主：国内政策
1560. 独联体：国际联盟
1561. 独龙语：民族语言

1562. 独龙族：少数民族
1563. 独资企业：三资企业
1564. 渎职：失职；渎职罪；玩忽职守；违法犯罪行为
1565. 渎职侵权案：案件
1566. 渎职罪：罪名
1567. 赌博：违法行为
1568. 赌博业：行业
1569. 度假：休假
1570. 度假区：区域
1571. 端正党风：党风建设；整党工作；整党整风；党的作风整顿；纠正不正之风
1572. 短波通信：无线电通信
1573. 短波通信工程：电信工程
1574. 短波通讯：电信
1575. 短款：差额
1576. 短跑：田径运动
1577. 短期：时期
1578. 短期计划：季度计划；年度计划
1579. 短期预报：天气预报
1580. 短期资本市场：货币市场
1581. 短时预报：天气预报
1582. 断交：建交；外交关系；恢复外交关系；断绝外交关系；中止外交关系；国家关系恶化
1583. 断绝外交关系：断交；终止外交关系
1584. 队办企业：村队企业
1585. 队伍：体育队伍；公安队伍；干部队伍；政法队伍；教师队伍；文艺队伍；新闻队伍；民兵队伍；理论队伍；科技队伍；纪检队伍；职工队伍
1586. 队伍建设：公安队伍建设；干部队伍建设；政工队伍建设；教师队伍建设；科技队伍建设
1587. 对策：办法；政策
1588. 对非洲政策：对外政策
1589. 对港澳宣传：对台宣传；对台工作
1590. 对抗性矛盾：敌我矛盾；人民内部矛盾
1591. 对美政策：对外政策
1592. 对内贸易：国内贸易
1593. 对内宣传：对外宣传
1594. 对欧洲政策：对外政策
1595. 对台方针：和平统一祖国方针
1596. 对台工作：台湾局势；对台宣传；对台政策；统一战线；统战工作；对港澳宣传；港澳台工作；海峡两岸关系
1597. 对台合作：海峡两岸关系
1598. 对台贸易：两岸贸易
1599. 对台宣传：对台工作；对港澳宣传
1600. 对台政策：对台工作
1601. 对外表态：对外交往
1602. 对外承包工程：国际承包
1603. 对外工程承包：国际承包
1604. 对外关系：国际关系；涉外关系
1605. 对外交流：国际交流；中外文化交流；中外校际交流；中外科技交流；中外同行业交流
1606. 对外交往：对外表态；友好往来；国际交往
1607. 对外经济贸易：外经贸；对外贸易
1608. 对外经济政策：对外政策
1609. 对外开放：经济特区；对外政策
1610. 对外开放政策：对外政策
1611. 对外劳务合作：劳务输出
1612. 对外联络工作：外联工作

1613. 对外贸易：询价；军贸；进口；广交会；出口；保护贸易；边界贸易；边境贸易；补偿贸易；出口贸易；国内贸易；国际贸易；外贸工作；开埠通商；华洋贸易；国外贸易；海外贸易；双边贸易；多边贸易；直接贸易；自由贸易；进口贸易；间接贸易；易货贸易；转口贸易；对外经济贸易；对外贸易法；进出口贸易；对外贸易国家专营制

1614. 对外贸易管制：进口许可；对外贸易国家专营制

1615. 对外贸易国家垄断制：对外贸易国家专营制

1616. 对外贸易国家专管制：自由贸易

1617. 对外贸易国家专营制：统制贸易；贸易体制；保护贸易；对外贸易管制；对外贸易国家垄断制

1618. 对外贸易量：数量

1619. 对外贸易政策：对外政策；关税政策；经济政策；超保护贸易政策

1620. 对外贸易仲裁：索赔

1621. 对外投资：资本输出；国际投资；海外投资；直接投资；间接投资

1622. 对外宣传：对内宣传

1623. 对外友协：协会

1624. 对外友协工作：外事工作

1625. 对外政策：霸权主义；闭关政策；对美政策；对外开放；外交政策；中立政策；和平政策；威慑政策；实力政策；殖民政策；炮舰政策；睦邻政策；绥靖政策；遏制政策；不干涉政策；不结盟政策；对非洲政策；对欧洲政策；对外经济政策；对外开放政策；对外贸易政策；对中东政策；对亚洲政策；核讹诈政策；中国对外政策；和平中立政策；战争边缘政策；和平共处五项原则

1626. 对象：保险对象；动员对象；专政对象；优抚对象；免检对象；监察对象；科税对象；稽核对象；调研对象

1627. 对亚洲政策：对外政策

1628. 对中东政策：对外政策

1629. 蹲点：调研；干部蹲点

1630. 多边贸易：对外贸易；协定贸易；双边贸易；贸易协定；转口贸易；多角贸易

1631. 多党合作：政协；统一战线

1632. 多党制：政治制度

1633. 多地震地区：震区

1634. 多点系泊设备：码头

1635. 多国公司：跨国公司

1636. 多级火箭：运载火箭

1637. 多角贸易：多边贸易

1638. 多种经营：农业综合发展

E

1639. 俄国一九一七年革命：十月革命
1640. 俄罗斯族：少数民族
1641. 额度：差额；定额；限额
1642. 鄂伦春族：少数民族
1643. 鄂温克族：少数民族
1644. 遏制政策：对外政策
1645. 儿童：孤儿；弃婴；残疾儿童
1646. 儿童保健：妇幼保健
1647. 儿童福利：社会福利
1648. 儿童教育：初等教育；学前教育
1649. 耳目网：组织
1650. 二炮专用装备：军事装备
1651. 二手房：房屋
1652. 二手房市场：房地产市场
1653. 二手货：货物

F

1654. 发案率：破案率
1655. 发表讲话：公务活动
1656. 发布：转发；新闻发布
1657. 发布会：会议
1658. 发达国家：第二世界；发展中国家
1659. 发电厂：核电站
1660. 发电机组：发电设备
1661. 发电设备：发电机组
1662. 发电站：核电站
1663. 发行：出版；报刊发行；出版发行；股票发行；影片发行
1664. 发行分库：货币
1665. 发行管理：文化事业管理
1666. 发行库：货币发行
1667. 发行纸币：货币发行
1668. 发酵工程：生物工程
1669. 发酵工业：酿酒工业；化学工业
1670. 发明：科技发明；职务发明；非职务发明
1671. 发明奖：奖励；国家发明奖；国际发明奖
1672. 发明权：专利权
1673. 发明专利：产品专利
1674. 发射：卫星发射
1675. 发射场：设施
1676. 发射试验：卫星发射
1677. 发文：文种
1678. 发现人才：人才使用
1679. 发言：讲话
1680. 发展：演变；继承；进展；畜牧业发展；世界发展；林业发展；社会发展；科技发展；经济发展；综合发展；可持续发展
1681. 发展党员：组织建设；三大法宝；党的组织建设
1682. 发展道路：社会主义道路
1683. 发展纲要：科研计划
1684. 发展规划：科技计划；科研规划；长期规划；农业发展规划
1685. 发展计划：科研计划；高技术发展计划
1686. 发展科学文化艺术方针：双百方针
1687. 发展趋势：形势；前景；远景
1688. 发展史：历史
1689. 发展援助：经济援助
1690. 发展战略：国家战略；国防科技发展战略；企业发展战略；技术创新战略；科技发展战略；科教兴国战略；经济发展战略；可持续发展战略；西部大开发战略；武器装备发展战略
1691. 发展中国家：第三世界；发达国家；不发达国家；三个世界理论
1692. 发展中国特色社会主义文化：文化建设
1693. 罚金：罚款；附加刑
1694. 罚款：处罚；罚金
1695. 罚没：处罚
1696. 罚息：利息
1697. 法：法律

1698. 法定保险：强制保险
1699. 法定代表人：法人
1700. 法定价格：国家定价；计划价格
1701. 法规；条例；法令；法律；保密法规；编制法规；单行法规；档案法规；地方法规；动员法规；边境管理法规；国防财政法规；国防经济法规；国防生产法规；国防交通运输法规；国防人力动员法规；水法规；交通法规；人防法规；住宅法规；信访法规；公安法规；卫生法规；商业法规；国防法规；国际法规；土地法规；审计法规；户籍法规；森林法规；气象法规；水利法规；经济法规；统计法规；自治法规；行政法规；警察法规；训练法规；金融法规；工程建设法规；治安管理法规；涉台法律法规；物质工作法规；环境保护法规；科研管理法规；无线电管制法规
1702. 法郎；外币
1703. 法令；法规；命令；条例；法律；海禁；土地法令
1704. 法律；宪法；民法；商法；税法；法规；法令；刑法；司法；保密法；保险法；兵役法；财政法；采购法；草原法；出版法；代表法；档案法；公司法；管理法；国籍法；海商法；海洋法；航空法；婚姻法；继承法；票据法；破产法；商标法；债权法；中立法；标准化法；国际私法；澳门基本法；城市规划法；国防拨款法；国防交通法；国防教育法；国防科技法；国防组织法；国防机密保护法；国防工程建设与管理法；组织法；劳动法；卫生法；土地法；审计法；工会法；海关法；经济法；行政法；诉讼法；选举法；合同法；国徽法；国旗法；国际法；森林法；统计法；会议法；国籍法；国防法；戒严法；教育法；新闻法；物权法；科技法；航空法；资源法；赔偿法；著作权法；政法工作；涉外法律；刑事诉讼法；环境保护法；行政诉讼法；文物保护法；民事诉讼法；经济合同法；食品卫生法；香港基本法；民族区域自治法；涉外经济合同法；海上交通安全法；自然资源保护法；集会游行示威法；归侨侨眷权益保护法
1705. 法律保护：产权保护；劳动者权益保护
1706. 法律工作者：律师
1707. 法律顾问：律师
1708. 法律解释：司法解释；立法解释
1709. 法律救助：法律援助
1710. 法律手段：行政手段
1711. 法律文书：判决书；调解书；起诉书；传票；裁定书；撤销案件说明书；免予起诉书
1712. 法律援助：法律救助
1713. 法律制裁：刑法；刑罚；经济制裁
1714. 法律制度：司法；执法；立法；法制；社会主义法制；资本主义法制
1715. 法人：法定代表人；自然人；外国法人；法人资格；中国法人；企业法人；项目法人
1716. 法人税：所得税；直接税
1717. 法庭：军事法庭；国际法庭；特别法庭

1718. 法西斯主义：军国主义
1719. 法西斯专政：资产阶级专政
1720. 法院：检察院；仲裁机构；人民法院；原诉法院；终审法院；国家机器；审判机关；国家审判机关
1721. 法院工作：检察工作；司法工作
1722. 法则：规律
1723. 法制：法律制度；社会主义法制；资本主义法制
1724. 法制工作：政法工作；司法工作；普法工作；监狱工作；立法工作
1725. 法制建设：金融法制建设
1726. 法制教育：法制宣传；民主法制教育；思想政治教育
1727. 法制宣传：法制教育；普法宣传
1728. 法治：依法治理
1729. 帆板：水上运动
1730. 帆船运动：水上运动
1731. 番例条款：民族问题
1732. 翻案：定案
1733. 翻译：密码研究
1734. 反霸斗争：霸权主义
1735. 反避税：税务工作
1736. 反补贴税：关税
1737. 反不正当竞争法：经济法
1738. 反党集团："四人帮"
1739. 反电子措施：电子干扰
1740. 反动组织：合法组织；境外反动组织
1741. 反对：反对官僚主义；反对形式主义；反对精神污染；反对资产阶级自由化
1742. 反对党：在野党
1743. 反法西斯战争：反侵略战争
1744. 反腐败：反官倒；反腐败斗争
1745. 反腐败斗争：反腐倡廉
1746. 反腐败国家立法：反腐倡廉
1747. 反腐倡廉：腐败；反腐蚀；惩腐倡廉；抗腐拒变；反腐败斗争
1748. 反腐蚀：反腐倡廉
1749. 反革命暴乱：反革命罪
1750. 反革命破坏：反革命罪
1751. 反革命罪：罪名；颠覆；叛国投敌；反革命暴乱；反革命破坏
1752. 反官倒：反腐败
1753. 反华：排华
1754. 反劫机：劫机事件
1755. 反民族分裂：民族分裂势力
1756. 反侵略战争：人民战争；卫国战争；自卫战争；抗日战争；正义战争；反法西斯战争；民族解放战争
1757. 反倾销：保护贸易；反倾销法
1758. 反倾销法：商法
1759. 反倾销税：关税
1760. 反贪：惩治贪污
1761. 反贪污贿赂：惩治贪污
1762. 反修防修：修正主义
1763. 反映：社会反映
1764. 反政府武装：武装力量
1765. 反殖问题：国际问题；民族独立运动
1766. 反走私：缉私
1767. 犯人：罪犯
1768. 犯罪：毒品犯罪；预防犯罪；军人犯罪；刑事犯罪；经济犯罪；计算机犯罪；青少年犯罪
1769. 犯罪分子：罪犯
1770. 犯罪分子财产：没收财产
1771. 犯罪集团：黑社会
1772. 犯罪嫌疑人：人犯；蛇头

1773. 饭店；宾馆；星级饭店；服务设施
1774. 范围；保密范围；审计范围；经营范围
1775. 范文；文章
1776. 贩毒；吸毒；缉毒；毒品犯罪；毒品走私；贩卖鸦片；违法犯罪行为
1777. 贩卖鸦片；贩毒
1778. 贩私；缉私
1779. 贩运；经营方式；长途贩运
1780. 方案；草案；方法；方针；规划；计划；提案；议案；预案；备选方案；三定方案；作战方案；工作方案；应对方案；战备方案；技术方案；接待方案；改制方案；改革方案；研制方案；稽核方案；设计方案；试验方案；调度方案；汉语拼音方案；资产重组方案
1781. 方法；办法；方案；测量方法；教学法；评判法；研究方法；决策方法；审计方法；工作方法；工艺方法；检索方法；计税方法；训练方法；记账方法；评价方法；评定方法；预测方法；计划编制方法
1782. 方法标准；技术标准
1783. 方法论；理论
1784. 方式；手段；保障方式；处罚方式；凭证式；记账式；中继方式；人工方式；作用方式；供应方式；信托方式；分配方式；投资方式；指挥方式；支付方式；教育方式；消费方式；生产方式；生活方式；稽核方式；经营方式；营销方式；贸易方式；运输方式；物资流通方式
1785. 方向；投资方向；政治方向；科研方向；武器装备发展方向
1786. 方针；方案；原则；政策；路线；城建方针；党的方针；动员方针；广交朋友；国防现代化建设方针；指导思想；人防方针；体育方针；军事方针；劳改方针；卫生方针；基本方针；外交方针；妇运方针；宗教方针；宣传方针；工作方针；建党方针；建军方针；建设方针；战备方针；战略方针；政治方针；教育方针；文艺方针；施政方针；服务方针；科技方针；经济方针；经营方针；统战方针；肃反方针；训练方针；三不主义方针；农业机械化方针
1787. 方志；地方志
1788. 防范；防范措施
1789. 防范措施；安全措施；安全检查；安全保卫措施
1790. 防风固沙林；防护林
1791. 防腐蚀教育；干部教育
1792. 防洪；堤防；洪水；防汛；泄洪；蓄洪；防灾；防洪标准；非法采砂
1793. 防洪标准；防洪工程
1794. 防洪工程；避洪工程；防洪标准；防洪设施；水利工程
1795. 防洪规划；水利规划
1796. 防洪设施；防洪工程
1797. 防护；保护；噪声防护
1798. 防护林；森林；人工林；防风固沙林；人工造林；三北防护林；农田防护林；水土保持林；牧场防护林；长江中下游防护林
1799. 防护林带；林网；海洋防护林带
1800. 防护林工程；环保工程
1801. 防化装备；军事装备

1802. 防火：灭火；消防；草原防火；木材防火；森林防火
1803. 防空：空防；人防；防空袭；防空系统；要地防空；人民防空
1804. 防空工程：人防工程
1805. 防涝：涝灾
1806. 防雷减灾：防灾减灾
1807. 防沙工程：环保工程
1808. 防沙治沙：风沙防治
1809. 防守：防御
1810. 防卫驻在官：武官
1811. 防务：边防；海防；空防
1812. 防务预算：国防预算
1813. 防汛：防洪；汛期；洪水；防灾
1814. 防疫：检疫；防疫机构；卫生防疫；家畜防疫；疾病控制中心
1815. 防疫工作：免疫接种；防疫人员；防疫机构；血防工作；卫生工作；传染病预防；爱国卫生运动
1816. 防疫机构：检疫；防疫工作
1817. 防疫人员：检疫；防疫工作
1818. 防御：保护；防守；进攻；多层导弹防御；防御系统；战略防御
1819. 防灾：防洪；防汛；自然灾害；防灾减灾
1820. 防灾减灾：防雷减灾；防震减灾
1821. 防震减灾：防灾减灾
1822. 防治：蚕病防治；畜病防治；病虫害防治；地方病防治；畜牧灾疫防治；污染防治；灾害防治；禽病防治；风沙防治；鱼病防治；防治荒漠化
1823. 房产：房屋；私房；房地产
1824. 房产管理：私房改造；房地产管理；机关房产管理
1825. 房产纠纷：山林纠纷；房地产权纠纷
1826. 房产普查：房地产管理
1827. 房产税：财产行为税；房地产税收
1828. 房产政策：商品住宅；私房改造
1829. 房地产：房屋；房产；不动产
1830. 房地产处理：房地产管理
1831. 房地产管理：房屋搬迁；房屋管理；私房改造；房产管理；房产普查；房地产处理；房地产经营；房地产登记；房地产管理法
1832. 房地产经营：房地产管理
1833. 房地产登记：房地产管理
1834. 房地产权纠纷：经济纠纷；房产纠纷
1835. 房地产市场：租房市场；二手房市场
1836. 房地产税收：房产税
1837. 房地产政策：国内政策
1838. 房改：住房标准
1839. 房屋：厂房；房产；住房；危房；平房；库房；私房；营房；店面房；二手房；房地产；办公用房；建筑物；商品房；新建房；经济适用房
1840. 房屋搬迁：房地产管理
1841. 房屋出售：销售
1842. 房屋管理：房地产管理
1843. 房屋装修：装修房屋
1844. 房屋租赁：私房租赁
1845. 房租：租金
1846. 仿生：生物工程
1847. 访问：出访；来访；出国考察；公务活动；国事访问；外事访问
1848. 访问团：团体；代表团
1849. 纺织：纺织工业

1850. 纺织厂：工厂
1851. 纺织工业：纺织业；丝绸业；印染业；棉织业；轻工业；民用工业；印染工业
1852. 纺织品：服装；丝绸；棉布；棉纱
1853. 纺织品问题：国际经济问题
1854. 纺织业：纺织工业
1855. 放管服：政治建设
1856. 放火案：案件
1857. 放款：贷款
1858. 放射卫生：放射性污染
1859. 放射性：性质
1860. 放射性测定：放射性污染
1861. 放射性监测：环境监测；放射性污染
1862. 放射性污染：核污染；环境污染；放射卫生；放射性测定；放射性监测；核爆炸污染；核电站环境影响
1863. 放射战：核战争
1864. 放映：电影
1865. 飞行：航天
1866. 飞行管制：空中管制
1867. 飞行气象：航空气象
1868. 飞行器：火箭；卫星；广播卫星
1869. 飞行仪表：飞机
1870. 飞机：班机；包机；导航设备；飞行仪表；滑翔机；运输机；航空器；航天飞机；专用飞机；军用飞机；民用飞机；海监飞机；航空发动机；水陆两用飞机
1871. 飞机制造业：航空工业
1872. 非传染性疾病：慢性病；传染病
1873. 非典：传染病
1874. 非对抗性矛盾：人民内部矛盾
1875. 非法捕捞：违法捕捞
1876. 非法采砂：防洪
1877. 非法出版物：非法书刊；盗印；盗版磁带；盗版光盘；淫秽出版物
1878. 非法管制案：案件
1879. 非法活动：窃密；非法组织；恐怖活动
1880. 非法建房：不正之风；违纪行为
1881. 非法拘禁案：案件
1882. 非法民间组织：非法组织
1883. 非法入侵他人住宅案：案件
1884. 非法事件：劫机事件；骚乱事件；失泄密事件
1885. 非法收入：合法收入
1886. 非法狩猎：违法狩猎
1887. 非法狩猎案：案件
1888. 非法书刊：非法出版物
1889. 非法搜查案：案件
1890. 非法组织：非法活动；合法组织；恐怖组织；邪教组织；非法民间组织；黑社会组织
1891. 非关税壁垒：进出口许可证制度
1892. 非机动车：车辆
1893. 非金属矿采选业：工业
1894. 非金属矿物制品业：工业
1895. 非农业人口：城市人口；城镇人口；人口职业构成
1896. 非全面调查：普查；抽样调查
1897. 非上市股份有限公司：股份公司
1898. 非生产性建设投资：基建投资
1899. 非水险：保险
1900. 非相干性：性质
1901. 非学历教育：广播电视教育；职业技术教育
1902. 非银行金融机构：信用合作社
1903. 非正义战争：侵略战争；殖民战争；

帝国主义战争
1904. 非洲问题：地区性问题
1905. 肥料：氮肥；化肥；磷肥；有机肥；化学肥料
1906. 肥皂：日用品
1907. 废钢铁：废旧物资
1908. 废旧物资：废品；废料；废钢铁；修旧利废；废旧物资回收
1909. 废旧物资回收：废品回收；废物综合利用
1910. 废旧物资回收业：行业
1911. 废料：废旧物资
1912. 废品：废旧物资
1913. 废品回收：废旧物资回收
1914. 废气污染：空气污染；废物污染；工业废气污染；汽车尾气污染
1915. 废水：污水
1916. 废水污染：废物污染
1917. 废物：垃圾；城市垃圾
1918. 废物排放：环境污染
1919. 废物污染：废气污染；废水污染；环境污染；城市垃圾污染；农业废物污染；固体废物污染；工业废物污染；矿业废物污染
1920. 废物综合利用：废旧物资回收；三废综合利用
1921. 费改税：税收改革；税收政策
1922. 费效比：比例
1923. 费效分析：经济效益；质量控制；全面质量管理
1924. 费用：收费；会费；公费；杂费；经费；自费；规费；资费；运费；造价；安家费；安置费；保险费；补偿费；补助费；差旅费；出让金；国防费；待摊费用；工作经费；成本加运费；城市维护费；储蓄代办费；特情耳目费；书报费；会议费；供暖费；养路费；医疗费；占用费；基建费；奖励费；开办费；手续费；折旧费；抚恤费；护理费；派遣费；滞期费；演出费；生活费；福利费；管理费；绿化费；资助费；赔偿费；转让金；运行费；通行费；速遣费；附加费；预备费；离退休费；结算费用；诉讼费用；入网检测费；公安业务费；土地征用费；耕地开垦费
1925. 费用摊销：资金
1926. 分保：保险
1927. 分布：森林分布
1928. 分工：协作；社会分工；领导分工
1929. 分工负责：集体领导；领导体制
1930. 分红：按股分红
1931. 分裂主义：宗派主义
1932. 分流：人事工作；下岗分流
1933. 分配：交换；消费；统配；按劳分配；按需分配；毕业分配；财务分配；产品分配；定向分配；再生产；平均主义；价值分配；利润分配；奖金分配；投资分配；收入分配；物资分配；装备分配；频率分配；计划内分配；计划外分配
1934. 分配关系：经济关系
1935. 分配制度：管理制度
1936. 分期：时期
1937. 分散办学：办学方针
1938. 分散指挥：作战指挥
1939. 分析：质量分析
1940. 分销：销售
1941. 分子：离子性分子
1942. 坟地：墓地

1943. 粪便污染：环境卫生
1944. 风：台风；风暴
1945. 风暴：热带风暴
1946. 风害：台风；风灾；气象灾害
1947. 风纪：作风
1948. 风景：景观
1949. 风景名胜：景观
1950. 风景名胜区：区域；旅游区；风景区；风聚区；名胜古迹；旅游资源
1951. 风景区：风景名胜区
1952. 风聚区：风景名胜区
1953. 风浪：海浪
1954. 风沙防治：防沙治沙
1955. 风速：速度
1956. 风险：投资风险；金融风险
1957. 风灾：风害；气象灾害；自然灾害
1958. 风筝会：体育运动
1959. 封建迷信活动：占卜
1960. 封建主阶级：地主阶级
1961. 封建主义：资本主义
1962. 封山：封山育林
1963. 封山育林：造林
1964. 蜂蜜：农副产品
1965. 佛教：居士；教法；经典；宗教；玄奘；藏传佛教；释迦牟尼；中国佛教
1966. 佛寺：寺庙
1967. 否决权：权力
1968. 扶持贫困地区：扶贫
1969. 扶持贫困户：扶贫
1970. 扶贫：扶持贫困户；扶持贫困地区；贫困户；贫困村；脱贫致富；贫困地区；扶贫工作；扶贫帮困；教育扶贫；科技扶贫；以工代赈扶贫
1971. 扶贫开发：光彩事业
1972. 服务：保安服务；殡葬服务；残葬服务；出国服务；担保服务；电信服务；法律服务；翻译服务；专利服务；中介服务；信息服务；医疗服务；卫生服务；商业服务；审计服务；家政服务；家教服务；旅游服务；气象服务；消费服务；留学服务；社区服务；科技服务；租赁服务；管理服务；维修服务；评估服务；运输服务；金融服务；销售服务；预订服务；社会化服务；学校后勤服务；老年保健服务
1973. 服务部门：服务公司
1974. 服务公司：服务部门
1975. 服务热线设施：服务设施
1976. 服务人员：职工构成
1977. 服务设施：宾馆；饭店；殡仪馆；公用设施；服务热线设施；旅游服务设施；社区服务设施
1978. 服务社会化：社会化服务
1979. 服务收费：洗涤收费
1980. 服务态度：服务质量
1981. 服务体系：物流服务体系；农村社会化服务体系
1982. 服务网：生活服务网
1983. 服务业：行业；产业；修理业；咨询业；娱乐业；广告业；旅馆业；沐浴业；理发业；租赁业；美容业；饮食业；宾馆饭店业；电信服务业；灌溉服务业；中介服务业；信息服务业；商务服务业；居民服务业；技术服务业；运输服务业；节水型服务业；计算机服务业；农林牧渔服务业
1984. 服务业经济：部门经济

1985. 服务制度：承诺制
1986. 服务质量：服务态度；商业服务；旅游服务质量；通信业务质量
1987. 服刑期：时期
1988. 服役：免役；退伍；服役制度；军官服役；战士服役
1989. 服役条例：兵役；兵役法
1990. 服装：着装；鞋帽；纺织品；制式服装；民族服装；演出服装；运动服装；轻工业产品
1991. 服装厂：工厂
1992. 服装工业：轻工业；皮革工业；羽绒工业；鞋帽工业；服装制造业
1993. 服装制造业：服装工业
1994. 浮动工资：效益工资
1995. 浮动汇率：外汇政策
1996. 浮动价：价格；浮动价格
1997. 浮夸风：弄虚作假
1998. 浮夸作风：不正之风
1999. 幅度：利率浮动幅度
2000. 辐射：电磁辐射
2001. 福利：待遇；抚恤；儿童福利；机关福利；社会福利；职工福利；集体福利
2002. 福利费：费用；行政费
2003. 福利基金：公益金；职工福利基金
2004. 福利券：票证
2005. 福利政策：经济政策
2006. 福利制度：住房制度；人事制度
2007. 抚恤：安慰；福利；优抚；军人抚恤
2008. 抚恤费：费用
2009. 抚养：赡养
2010. 辅路：道路
2011. 腐败：不正之风；反腐倡廉
2012. 腐败分子：道德败坏
2013. 腐化堕落：道德败坏
2014. 负担：农民负担；课业负担
2015. 负责人：领导人
2016. 负增长：赤字
2017. 负债：债券
2018. 妇代会：代表大会；妇女代表会；妇女代表大会
2019. 妇联：妇女组织；社会团体
2020. 妇联工作：妇女工作；工青妇工作
2021. 妇女：妇女界；劳动妇女
2022. 妇女保健：妇幼保健
2023. 妇女代表大会：妇代会
2024. 妇女代表会：妇代会
2025. 妇女儿童权利：妇女权利
2026. 妇女工作：妇联工作；妇幼工作
2027. 妇女教育：成人教育
2028. 妇女节：三八妇女节
2029. 妇女权利：男女平等；妇女儿童权利
2030. 妇女运动：妇运方针；群众运动
2031. 妇女组织：妇联；群众组织；国际妇女组织
2032. 妇幼保健：儿童保健；妇女保健；妇幼卫生；母婴保健；妇幼保健站
2033. 妇幼工作：妇女工作；工青妇工作
2034. 妇幼卫生：妇幼保健
2035. 妇运方针：妇女运动；妇运路线
2036. 妇运路线：妇运方针
2037. 附加费：费用；邮电附加费
2038. 附加税：税种
2039. 附加刑：刑罚；罚金；没收财产；驱逐出境
2040. 附件：文件
2041. 赴台访问：赴台探亲

2042. 赴台探亲：赴台访问；台胞探亲
2043. 复测：测量
2044. 复查：检查；稽核复查
2045. 复电：文种
2046. 复合肥料：化肥；化学肥料
2047. 复合艺术：综合艺术
2048. 复活节：宗教节日
2049. 复交：外交关系；恢复外交关系
2050. 复审：审查；审理
2051. 复文：文种
2052. 复线：道路复线
2053. 复印机：办公设备
2054. 复印业：行业；印刷工业
2055. 复员：转业；退伍；退役；战争复员
2056. 复员军人：现役军人；转业军人；退役军官；复转军人
2057. 复转军人：复员军人
2058. 复转军人安置：人员安置
2059. 副产品：农产品；农副产品
2060. 副刊：报刊
2061. 副食品加工：副食品生产
2062. 副食品生产：副食品加工
2063. 副委员长：党和国家领导人
2064. 副业：农业；家庭副业；农林牧副渔业
2065. 副业产品：副业生产
2066. 副业管理：农业管理
2067. 副业生产：副业产品
2068. 副业政策：农业政策
2069. 副总理：党和国家领导人
2070. 赋税：税种
2071. 富矿：矿产
2072. 富农：剥削阶级
2073. 富营养化：海洋污染
2074. 覆盖率：比率；森林覆盖率；绿地覆盖率
2075. 覆盖面：广播电视覆盖面

G

2076. 改革：开放；转制；革新；财务改革；城市改革；教育体制改革；经济体制改革；科技体制改革；企业改革；会计改革；体制改革；内部改革；农村改革；制度改革；卫生改革；司法改革；宗教改革；工作改革；戏剧改革；技术改革；教育改革；文字改革；新闻改革；机构改革；检察改革；深化改革；税收改革；经济改革；行政改革；通关改革；金融改革；民主改革
2077. 改革开放：国内政策；一个中心两个基本点
2078. 改良：品种改良；土壤改良
2079. 改良土壤：农田基本建设
2080. 改造：进步；城市改造；企业改造；技术改造；挖潜改造；灌区改造；私房改造
2081. 改装车：车辆
2082. 改组党组织：党的组织整顿
2083. 概况：情况
2084. 概算：预算；工程概算
2085. 甘蓝：蔬菜
2086. 甘蔗：农作物；糖料作物
2087. 肝炎：疾病；传染病
2088. 柑橘：水果
2089. 橄榄：水果
2090. 橄榄球：球类运动
2091. 干部：警官；编外干部；超龄干部；党员干部；党政干部；妇女干部；复员干部；待安置干部；待分配干部；老干部；专职干部；优秀干部；军队干部；农村干部；后备干部；在职干部；基层干部；宣传干部；工会干部；年轻干部；援藏干部；机关干部；机要干部；民族干部；监察干部；离休干部；科技干部；转业干部；退休干部；高级干部；中青年干部；受审查干部
2092. 干部标准：干部任免；干部四化；干部条件
2093. 干部处分：干部奖惩
2094. 干部待遇：干部工资；干部福利
2095. 干部档案：人事档案
2096. 干部队伍：干部队伍建设
2097. 干部分类管理：干部管理
2098. 干部福利：干部待遇
2099. 干部工资：干部待遇
2100. 干部工作：人事工作；老干部工作；军队干部工作；离退休干部工作
2101. 干部管理：选派；干部教育；干部监督；干部统计；干部调动；干部调配；干部选拔；干部鉴定；群众评议；人事管理；干部任免；干部奖惩；干部考核；干部分类管理
2102. 干部监督：干部管理
2103. 干部鉴定：干部管理；干部考核
2104. 干部奖惩：干部处分；干部管理；干部奖励
2105. 干部奖励：干部奖惩

2106. 干部交流：领导干部交流制度
2107. 干部教育：训练班；干部管理；五七干校；干部作风；干部培养；干部训练；廉政教育；防腐蚀教育；干部特殊化
2108. 干部晋升：干部任免
2109. 干部考察：干部考评；干部考核
2110. 干部考核：干部管理；干部考察；干部评议；干部鉴定；干部考评
2111. 干部考评：干部考察；干部考核
2112. 干部路线：任人唯贤；干部政策；组织路线
2113. 干部轮训：干部培训
2114. 干部免职：干部配备；干部任免
2115. 干部培训：干部轮训；干部培养
2116. 干部培养：下基层；干部教育；干部培训；干部学校；挂职锻炼
2117. 干部配备：干部免职；干部任命；干部提拔
2118. 干部评议：干部考核；民主评议
2119. 干部任免：免职；干部标准；干部管理；干部晋升；干部免职；人事任免；干部任命
2120. 干部任命：干部配备；干部任免
2121. 干部四化：干部标准
2122. 干部特殊化：干部作风；干部教育
2123. 干部提拔：干部配备；干部选拔
2124. 干部条件：干部标准
2125. 干部调动：干部管理；干部调配
2126. 干部调配：干部管理；干部调动；人员调配
2127. 干部统计：干部管理
2128. 干部下放：下基层
2129. 干部选拔：干部管理；干部提拔；干部招聘；择优录用
2130. 干部学校：干部培养
2131. 干部训练：干部教育
2132. 干部招聘：干部选拔
2133. 干部政策：干部路线；干部制度；人事政策
2134. 干部制度：终身制；干部政策；人事制度
2135. 干部作风：干部教育；三大作风；干部特殊化
2136. 干旱：旱灾
2137. 干群关系：人际关系
2138. 干涉内政：外交
2139. 干鲜果品：水果
2140. 干线：道路干线；邮运干线
2141. 纲领：党纲；政治纲领；施政纲领
2142. 纲要：提纲；发展纲要
2143. 钢材：建筑材料；金属材料
2144. 钢铁：黑色金属
2145. 钢铁厂：工厂
2146. 钢铁工业：冶金工业
2147. 钢铁基地：钢铁企业；工业基地
2148. 钢铁企业：钢铁基地；工业企业
2149. 岗位津贴：补贴
2150. 岗位责任制：管理制度；技术责任制；企业管理制度
2151. 港澳台工作：对台工作
2152. 港澳台商企业：三资企业
2153. 港澳同胞：台胞
2154. 港澳政策：港人治港；国内政策；统战政策
2155. 港口：码头；离港；军港；商港；客货港；工业港；目的港；综合港；自由港；装运港
2156. 港口检疫：船舶检疫；卫生检疫
2157. 港口区：区域

2158. 港人治港：港澳政策
2159. 港务管理：港务监督
2160. 港务监督：港务管理
2161. 港元：货币
2162. 高产：产量
2163. 高产土壤：土壤肥力
2164. 高等教育：少年班；大学教育；大专教育；高等学校；各级教育；高等师范教育
2165. 高等师范教育：高等教育
2166. 高等学校：院校；大学；高等教育；高等院校；军队院校；宗教院校
2167. 高等院校：学院；学校；高等学校；学校教育；专业院校；专科院校；军事院校；医学院校；宗教院校；工科院校；师范院校；教育学院；文科院校；民族学院；综合大学；艺术体育院校
2168. 高尔夫球：球类运动
2169. 高级会计师：财会人员
2170. 高级研修会：会议
2171. 高级知识分子：科学家
2172. 高技术：高新技术
2173. 高技术产业：高新技术产业
2174. 高技术发展计划：火炬计划；科技计划；863 计划
2175. 高技术发展政策：科技政策
2176. 高技术基地：科研基地
2177. 高技术研究：科研
2178. 高技术战争：现代战争
2179. 高价：议价；价格
2180. 高考：考试
2181. 高科技：863 计划；星火计划；火炬计划；科技规划；高新技术；科学技术
2182. 高科技产业：高新技术产业
2183. 高空风观测：气象设备
2184. 高炉：热风炉；小高炉；冶金炉；工业炉窑
2185. 高浓度化肥：化学肥料
2186. 高山病：地方病
2187. 高山语：民族语言
2188. 高山族：少数民族
2189. 高速公路：道路；匝道；超级公路；快速公路；城市高速公路；高速公路匝道
2190. 高速公路匝道：道路
2191. 高温：温度
2192. 高息：利息
2193. 高效肥料：化学肥料
2194. 高效肥料钾肥：化学肥料
2195. 高新技术：高技术；高科技；尖端技术；863 计划
2196. 高新技术产业：火炬计划；高技术产业；高科技产业；知识密集型产业
2197. 高新技术产业开发区：技术开发；经济开发区；经济技术开发区
2198. 高新技术产业区：经济区
2199. 高原：平原
2200. 高中：中学
2201. 稿酬：报酬；著作权
2202. 告示：布告
2203. 仡佬族：少数民族
2204. 歌曲：国歌
2205. 革命：技术革命；民主革命；民族革命；社会革命；社会主义革命；新民主主义革命
2206. 革命传统：革命精神
2207. 革命传统教育：思想政治教育
2208. 革命党：政党

2209. 革命对象：革命理论
2210. 革命发展阶段论：革命理论
2211. 革命化：现代化
2212. 革命精神：革命传统；革命英雄主义
2213. 革命理论：革命对象；革命任务；革命性质；列宁主义；邓小平理论；革命发展阶段论；革命同盟军；革命领导权；毛泽东思想；马克思主义
2214. 革命领导权：革命理论
2215. 革命任务：革命理论
2216. 革命史：历史；党史
2217. 革命同盟军：革命理论
2218. 革命性质：革命理论
2219. 革命遗址：故居
2220. 革命英雄主义：革命精神
2221. 革命战争：解放战争；进步战争；正义战争
2222. 革新：改革；技术革新
2223. 革新改造挖潜：技术革新
2224. 格局：外交格局；流通格局
2225. 格式：公文格式
2226. 个人崇拜：解放思想；个人迷信
2227. 个人迷信：个人崇拜
2228. 个人所得税：奖金税；工商所得税；居民所得税；个人所得税法
2229. 个人所有林：森林
2230. 个人主义：本位主义；集体主义
2231. 个体：个体户
2232. 个体工商户：个体户
2233. 个体工商业：个体户；国有商业；集体商业
2234. 个体工商业户：个体户
2235. 个体行医：医疗服务
2236. 个体户：批发商；个体工商户；个体工商业；个体工商业户；个体劳动者；农业专业户；农村专业户
2237. 个体经济：集体经济；个体经营
2238. 个体经营：个体经济
2239. 个体劳动者：个体户
2240. 个体企业：国有企业；集体企业；私营企业
2241. 个体所有制：全民所有制；集体所有制
2242. 各级教育：高等教育；基础教育；学前教育；师范教育
2243. 各类教育：成人教育；函授教育；家庭教育；特殊教育；继续教育；职工教育；课外教育；广播电视教育；科学文化教育
2244. 根本法：宪法
2245. 根本矛盾：基本矛盾
2246. 耕畜：役畜；家畜
2247. 耕地：菜地；地亩；农田；水田；荒地；旱地；水浇地；灌溉地；农用地；望天田地；农业用地；土地利用；新开垦耕地；灌溉水田地
2248. 耕地保护：保护耕地
2249. 耕地开垦费：费用
2250. 耕地面积：种植面积
2251. 耕地占用税：农业税
2252. 耕地征用：土地征用
2253. 耕耘机具：农业机械
2254. 耕整地机具：农业机械
2255. 耕作防蚀：水土保持
2256. 更名：变更
2257. 更新：知识更新；设备更新
2258. 工厂：厂房；厂矿；船厂；电厂；电子；车辆厂；纺织厂；服装厂；钢铁厂；军工厂；化工厂；机械厂；选煤厂；食品厂；仪器仪表厂

2259. 工厂标准；企业标准
2260. 工程；安居工程；安装工程；承包工程；出包工程；船舶工程；电力工程；电信工程；防洪工程；港口工程；给水工程；光缆工程；国防工程；截水工程；PCM 工程；航空转运站工程；环北京地区防沙治沙工程；核工程；人才工程；优质工程；信息工程；军事工程；军队工程；农业工程；基建工程；工业工程；市政工程；希望工程；幸福工程；战备工程；政府工程；枢纽工程；桥涵工程；森林工程；水产工程；燃气工程；环保工程；生物工程；系统工程；线路工程；航天工程；航空工程；航道工程；重点工程；隧道工程；骨干工程；水利工程；再就业工程；生命线工程；基地建设工程；水利水电工程
2261. 工程报废：工程质量
2262. 工程车：汽车
2263. 工程承包；对外工程承包
2264. 工程船：船舶
2265. 工程规划：道路规划
2266. 工程技术人员：科技人员
2267. 工程建设标准：建筑标准
2268. 工程鉴定：工程质量
2269. 工程设计；初步设计；建筑设计；扩初设计；技术设计；施工设计
2270. 工程事故：工程质量；工程质量事故
2271. 工程验收；竣工；竣工验收
2272. 工程招标：建筑市场
2273. 工程质量；工程报废；工程鉴定；工程事故；违章建筑
2274. 工程质量事故：工程事故
2275. 工党：政党
2276. 工会：社会团体；群众组织
2277. 工会法；法律；企业法；劳动法；工会条例；工会章程
2278. 工会工作；工会建设；工青妇工作
2279. 工会建设：工会工作
2280. 工会条例：工会法
2281. 工会章程：工会法
2282. 工会组织：群众组织
2283. 工间操：体育运动；体操运动
2284. 工具；刃具；夹具；模具；磨具；电动工具；风动工具；养蚕工具；旅游工具；漂流工具；运输工具；古交通工具
2285. 工具书：图书
2286. 工科院校：高等院校
2287. 工龄；党龄；军龄；年数
2288. 工贸结合：工业贸易结合
2289. 工农兵学员：学生
2290. 工农差别；城乡差别；三大差别；脑力劳动体力劳动差别；脑力劳动和体力劳动差别
2291. 工农关系：社会关系
2292. 工农教育：成人教育
2293. 工农速成中学：职工教育
2294. 工农业总产值：工业总产值
2295. 工青妇工作；知青工作；妇联工作；妇幼工作；工会工作；共青团工作；少先队工作
2296. 工人；职工；华工；女工；技工；技师；盐工；矿工；童工；搬运工；采伐工人；产业工人；临时工；合同工；老工人；劳动者；无产阶级；农业工人；外籍工人；失业工人；就业工人；建筑工人；煤矿工人；

环卫工人；退休工人；青年工人；职工构成；手工业工人；工资劳动者
2297. 工人党：政党
2298. 工人斗争：工人运动
2299. 工人贵族：工贼
2300. 工人教育：成人教育
2301. 工人阶级：资产阶级；无产阶级
2302. 工人阶级政党：资产阶级政党；无产阶级政党；马克思主义政党
2303. 工人阶级专政：无产阶级专政
2304. 工人俱乐部：俱乐部
2305. 工人运动：罢工；工人斗争；职工运动；群众运动
2306. 工人政党：社会党
2307. 工商：工商业
2308. 工商关系：农商关系；商业协作；工商协作；社会关系
2309. 工商管理：工商行政管理
2310. 工商行政管理：商业管理；商标管理；市场管理；工商管理；商标注册
2311. 工商联：社会团体
2312. 工商税：营业税
2313. 工商所得税：个人所得税
2314. 工商协作：工商关系
2315. 工商业：工业；行业；产业；个体工商业；华侨工商业
2316. 工商银行：专业银行
2317. 工委：党工委
2318. 工业：产业；工商业；包装工业；材料工业；采掘工业；船舶工业；地方工业；电力工业；电气工业；电子工业；发酵工业；纺织工业；钢铁工业；合成工业；机械工业；煤炭工业；能源工业；皮革工业；汽车工业；燃料工业；石油工业；食品工业；橡胶工业；烟草工业；冶金工业；造船工业；造纸工业；制盐工业；制药工业；化学制品业；天然气工业；工艺品制造业；化学纤维工业；石油化学工业；贵金属矿采选业；化学原料制造业；非金属矿物制品业；工艺美术制品工业；黑色金属矿采选业；广播电视设备制造业；交通运输设备制造业；制造业；轻工业；重工业；核工业；制造工业；中央工业；光学工业；内地工业；农用工业；加工工业；医药工业；国有工业；国防工业；基础工业；森林工业；民族工业；民用工业；沿海工业；航天工业；航空工业；街道工业；邮电工业；骨干工业；化学工业；国营工业；节水型工业；金属制品工业；非金属矿采选业
2319. 工业标准：企业标准；工业技术标准
2320. 工业布局：规划；工业体系；工业分布；工业配置；最优配置；生产力布局；国防工业布局
2321. 工业财务计划：流动资金
2322. 工业产品：农产品；工业品；军工产品
2323. 工业产业结构：工业体系
2324. 工业产值：工业净产值
2325. 工业尘：工业污染
2326. 工业城市：矿业城镇
2327. 工业大气影响：工业污染
2328. 工业废气污染：环境污染
2329. 工业废物污染：工业污染；环境污染
2330. 工业分布：工业布局
2331. 工业粉尘：工业污染

2332. 工业港；港口
2333. 工业管理；经济关系；经济管理；工业管理体制
2334. 工业化；工业体系；工业政策
2335. 工业会计；农业会计；商业会计；工业企业财务会计
2336. 工业基地；钢铁基地；工业中心；煤炭基地；燃料基地；石油基地；国防工业基地
2337. 工业技术标准；工业标准
2338. 工业建筑；厂房建筑
2339. 工业经济；部门经济；农业经济；商业经济；农村工业；能源经济；工业经济学；轻工业经济；重工业经济；农村工业经济；基本工业经济；小型工业经济
2340. 工业景气调查；经济形势
2341. 工业净产值；工业产值；工业总产值；国民经济净产值
2342. 工业炉窑；高炉
2343. 工业贸易结合；工贸结合
2344. 工业配置；工业布局
2345. 工业品；工业产品
2346. 工业普查；工业企业普查
2347. 工业企业；厂矿；化工厂；选煤厂；钢铁企业；商业企业；联合企业；核工业企业
2348. 工业企业财务会计；工业会计
2349. 工业企业普查；工业普查
2350. 工业区；区域
2351. 工业生产计划；产品产量；产品质量
2352. 工业生产能力；设计能力
2353. 工业枢纽；工业中心
2354. 工业体系；工业化；工业布局；工业产业结构
2355. 工业铁；生铁
2356. 工业统计；部门统计
2357. 工业污染；工业尘；城市污染；工业粉尘；噪声污染；环境污染；工业大气影响；工业废物污染
2358. 工业现代化；农业现代化；国防现代化；四个现代化；科学技术现代化
2359. 工业学大庆；大庆式企业；学先进活动
2360. 工业园区；区域；经济区
2361. 工业原料；烟草；烤烟；糖料
2362. 工业政策；工业化；商业政策；经济政策
2363. 工业中心；工业基地；工业枢纽
2364. 工业总产值；工业净产值；农业总产值；矿业总产值；工农业总产值；国民经济总产值
2365. 工艺；加热；煤干馏；工艺技术；工艺路线；生产工艺；煤转化工艺
2366. 工艺美术；艺术
2367. 工艺美术制品工业；产业；轻工业；工艺品制造业
2368. 工艺品制造业；产业；工业；轻工业；工艺美术制品工业
2369. 工艺作物；经济作物
2370. 工贼；工人贵族
2371. 工资；津贴；薪水；年薪；月薪；初期工资；等级工资；浮动工资；岗位工资；工龄工资；工资调整；基本工资；基础工资；效益工资；级别工资；职务工资；计件工资；计时工资；劳动报酬；劳动力价值；劳动力价格；见习期工资
2372. 工资标准；薪金标准
2373. 工资等级制；工资制度

2374. 工资-价格政策：财政政策
2375. 工资晋升：调整
2376. 工资劳动：雇佣劳动
2377. 工资劳动者：职工；工人
2378. 工资审计：财务审计
2379. 工资调整：调级；调整工资
2380. 工资统一价格政策：财政政策
2381. 工资制度：年薪制；计件工资；计时工资；工资等级制
2382. 工资总额包干：承包
2383. 工作安排：工作计划
2384. 工作报告：文种；施政报告；施政演说；行政报告；政府工作报告
2385. 工作部门：机要室；动员部门；政工部门；机要部门；军队群工部门；军队联络工作部门
2386. 工作船：船舶
2387. 工作大纲：工作计划
2388. 工作方法：工作方式
2389. 工作方式：工作方法
2390. 工作会议：中共中央；边防工作会议；七千人大会；农村工作会议；宣传工作会议；组织工作会议；经济工作会议；统战工作会议；计划工作会议；中共中央工作会议；中共中央扩大工作会议
2391. 工作计划：工作安排；工作大纲
2392. 工作经费：费用
2393. 工作量：数量；劳动量；劳动时间
2394. 工作小组：组织
2395. 工作证：证件
2396. 工作制度：作息制度；办公制度；文书工作制度；机关工作制度
2397. 工作作风：理论联系实际
2398. 公安：公安机关；交通公安；林业公安；民航公安；铁路公安
2399. 公安部：公安机关
2400. 公安干警：公安民警
2401. 公安工作：司法工作；治安工作；港航公安工作；国家安全工作；交通公安工作；林业公安工作；民航公安工作；铁路公安工作
2402. 公安机关：公安厅；公安局；派出所；公安部；司法机关；国家机构；港航公安机关；国家安全机关；交通公安机关；林业公安机关；民航公安机关；铁路公安机关；国家行政机关
2403. 公安局：公安机关
2404. 公安民警：公安干警
2405. 公安厅：公安机关
2406. 公安业务费：费用
2407. 公报：文种；新闻公报；联合公报
2408. 公厕卫生：城市卫生
2409. 公差：公务活动
2410. 公断：裁决；仲裁
2411. 公房：私房
2412. 公费：费用；公款
2413. 公费旅游：不正之风
2414. 公费生：学生；自费生
2415. 公费医疗：医疗保险；社会福利
2416. 公告：布告；文种；通告；法院公告
2417. 公共积累：公益金；公积金
2418. 公共交通事业：公用事业
2419. 公共设施管理业：行业
2420. 公共设施事业：公用事业
2421. 公共卫生：环境卫生
2422. 公海：外海；海域；海洋；国际海域

2423. 公害；危害；环境污染
2424. 公积金；资金；公益金；资本金；公共积累；住房公积金；盈余公积金
2425. 公开；村务公开；办公制度公开
2426. 公开信；书信
2427. 公款；公费
2428. 公粮；粮食；农业税
2429. 公粮任务；农业税
2430. 公路；道路；匝道；边防公路；干线公路；高架公路；高速公路；高等级公路；野外道路；商营公路；国防公路；智能公路；森林公路；环形公路；市郊区道路；高速公路匝道
2431. 公路标准；专业标准
2432. 公路桥；桥梁
2433. 公路运输；汽车行程；铁路运输
2434. 公民；人民；中国公民；应征公民
2435. 公民出入境管理法；中国公民出入境管理法
2436. 公民权；人权；权利；选举权；被选举权；政治权利
2437. 公墓；墓地
2438. 公使；外交官；外交使节；外交人员；特命全权公使
2439. 公使馆；大使馆
2440. 公司；企业；分公司；百货公司；保险公司；财务公司；独资公司；有线责任公司；公司制；公司法；子公司；总公司；母公司；上市公司；专业公司；中介公司；国有公司；外资公司；投资公司；控股公司；期货公司；海外公司；物流公司；租赁公司；股份公司；融资公司；证券公司；贸易公司；跨国公司；金融公司；集团公司；专业物流公司；中外合作公司；中外合资公司；家庭装修公司；有限责任公司；证券登记公司
2441. 公司标准；企业标准
2442. 公司法；商法；法律；中华人民共和国公司法
2443. 公司制；经济体制
2444. 公司制改革；企业改革
2445. 公诉；起诉；刑事诉讼
2446. 公田租；地租
2447. 公文；命令；文件；军用公文
2448. 公文处理；文件处理；公文处理办法
2449. 公文处理办法；机关工作制度
2450. 公文管理；文件管理
2451. 公文校核；核对
2452. 公文叙词表；公文主题词表
2453. 公文主题词表；公文叙词表
2454. 公务费；行政费
2455. 公务活动；考察；谈话；揭幕；致信；致电；致词；致贺；视察；参观；访问；公差；发表讲话；听取汇报；巡视活动；接受采访
2456. 公务员；职员；税务人员；国家公务员；外籍公务员
2457. 公务员法；行政法
2458. 公务员制度；人事制度
2459. 公益金；资金；公积金；资本金；福利基金；公共积累
2460. 公用设施；服务设施
2461. 公用事业；城市公用事业；公共交通事业；公共设施事业
2462. 公有制；所有制；全民所有制；集体所有制；生产资料公有制
2463. 公有制企业；国有企业；集体企业

2464. 公寓：住宅
2465. 公园：园林
2466. 公约：条约；伯尔尼公约；外交文件；国际公约；文明公约
2467. 公债：国债；内债；外债；国库券；建设公债；抗日公债；胜利折实公债
2468. 公债政策：财政政策
2469. 公正性：性质
2470. 公证：公证制度；公证书；国家公证；涉外公证
2471. 公职：职务
2472. 功能：人体功能
2473. 功能块：集成电路
2474. 功勋奖章：勋章
2475. 攻关：科技攻关
2476. 攻关计划：科技计划
2477. 汞中毒：职业病
2478. 共保：保险
2479. 共产党：政党；中国共产党
2480. 共产主义：按需分配；社会制度
2481. 共产主义道德：共产主义精神
2482. 共产主义道德教育：共产主义教育；德育
2483. 共产主义教育：思想教育；共产主义道德教育；共产主义思想教育；共产主义人生观教育
2484. 共产主义精神：共产主义道德
2485. 共产主义青年团：共青团
2486. 共产主义人生观：世界观
2487. 共产主义人生观教育：共产主义教育
2488. 共产主义思想教育：思想政治教育；共产主义教育
2489. 共产主义小组：中国共产党
2490. 共犯：罪犯；同案犯
2491. 共和党：政党；民主党
2492. 共和国：共和制；总统制；国家形式；联邦共和国
2493. 共和制：共和国；政治制度；君主立宪制
2494. 共青团：共产主义青年团；社会团体；青年组织；共青团组织；新民主主义青年团
2495. 共青团代表大会：团代会
2496. 共青团工作：工青妇工作
2497. 共青团组织：团委；团中央；团支部
2498. 共商、共建、共享原则：外交和国际关系
2499. 共同纲领：统一战线
2500. 共同海损：海商法
2501. 共同科目训练：军事训练
2502. 共享税：税种
2503. 共验：检验
2504. 供不应求：关系；供求关系
2505. 供给：需求
2506. 供给侧结构性改革：经济建设
2507. 供过于求：关系；供求关系
2508. 供货：供应
2509. 供暖费：费用
2510. 供求关系：需求；供求律；比例关系；供不应求；供过于求；商品需求；供需关系；供需调节；市场供求；市场关系；商品供求关系；生产和消费的矛盾
2511. 供求律：供求关系
2512. 供水：供应
2513. 供水量：供应量
2514. 供销：农机供销；农药供销
2515. 供销结合：产销结合
2516. 供销社：合作社
2517. 供销社企业会计：商业会计

2518. 供需关系：供求关系
2519. 供需调节：供求关系；需求调节；市场调节
2520. 供应：供货；供水；投放；产品供应；定量供应；给养供应；商品供应；热电联供；物资供应；货币供应；集中供气；计划内供应；计划外供应；互联网服务供应
2521. 供应量：数量；供水量；货币供应量
2522. 构建人类命运共同体：外交和国际关系
2523. 构筑物：建筑物
2524. 购并：兼并
2525. 购买：购置；征购；收购；统购；订货；议购；粮棉收购；粮油收购；计划收购
2526. 购买力：能力；消费力；购买水平；购买能力；商品购买力；货币购买力
2527. 购买能力：购买力
2528. 购买水平：购买力；消费水平
2529. 购销：销售；农产品购销
2530. 购销差价：价格；地区差价；季节差价；批零差价；质量差价；商品差价
2531. 购销政策：经济政策
2532. 购置：购买
2533. 估拨：预算
2534. 孤儿：儿童
2535. 古壁画：艺术
2536. 古兵器：文物；武器
2537. 古城：城堡；城址；古迹；遗迹；历史文化名城
2538. 古瓷器：文物
2539. 古代汉语：语言
2540. 古代文学：科学；社会科学
2541. 古典文学：科学；社会科学
2542. 古雕塑：艺术
2543. 古尔邦节：宗教节日
2544. 古籍：图书；文献；古佚书；出版物；古旧图书；民族古籍
2545. 古迹：碑林；古城；景观；遗迹；古墓葬；名胜古迹
2546. 古建筑：古塔；古桥；故宫；长城
2547. 古旧图书：古籍
2548. 古墓：文物
2549. 古墓葬：明器；文物；遗迹；古迹；出土文物
2550. 古器物：文物
2551. 古钱币：文物；货币
2552. 古桥：建筑；桥梁；古建筑
2553. 古石器：文物
2554. 古塔：建筑；古建筑
2555. 古陶器：文物
2556. 古物：文物
2557. 古佚书：古籍
2558. 古玉器：文物
2559. 古字画：文物；艺术
2560. 谷物：水稻；小麦
2561. 谷物收获机具：收割机
2562. 谷物种植业：产业；农业
2563. 股本金：资本
2564. 股本金管理：资本管理
2565. 股东：股权；股票
2566. 股东会：机构
2567. 股份：股权；股票
2568. 股份公司：上市；企业；股份制；专业公司；非上市股份有限公司；股份制公司；股份有限公司；私营股份有限公司；外商投资股份有限公司

2569. 股份合作制：体制；经济体制
2570. 股份有限公司：股份公司
2571. 股份制：股息；股金；股份公司；经济体制
2572. 股份制改革：企业改革
2573. 股份制公司：股份公司
2574. 股份制土地产权：权利；所有权
2575. 股级机构：部门；行政部门
2576. 股金：资金；股份制
2577. 股票：股东；股份；债券；股息；证券；按股分红；股票价格；有价证券
2578. 股票发行：证券发行；金融发行
2579. 股票管理：证券管理
2580. 股票交易：证券交易
2581. 股票市场：熊市；牛市；股市；金融市场；资本市场
2582. 股票市场管理：商业管理；经济管理；金融市场管理
2583. 股权：股东；股份；权利；国有股权
2584. 股市：股票市场
2585. 股息：股票；利息；股份制
2586. 骨干：技术骨干
2587. 骨干工业：产业
2588. 固氮植物：生物
2589. 固定商业网：商业网点
2590. 固定无线电台：设备
2591. 固定资产：财产目录；国家资金；流动资产；国民财产
2592. 固定资产管理：经济管理
2593. 固定资产投资方向调节税：税种
2594. 固定资金：流动资金；长期资金
2595. 固沙造林：造林治沙；沙漠造林
2596. 固沙植物：生物
2597. 固体废物：垃圾
2598. 固体废物污染：环境污染
2599. 固体力学：科学；自然科学
2600. 故宫：建筑；古建筑
2601. 故居：旧址；革命遗址
2602. 故事片：影片
2603. 故意犯罪：刑事责任
2604. 故意放火案：案件
2605. 故障：事故
2606. 顾客：用户
2607. 顾问：专家；外籍顾问
2608. 顾问团：团体
2609. 雇佣工人：无产阶级
2610. 雇佣劳动：资本；工资劳动
2611. 痼疾：慢性病
2612. 瓜：水果；农产品
2613. 挂车：车辆
2614. 挂像挂旗：庆典活动
2615. 挂职锻炼：干部培养
2616. 拐卖妇女儿童罪：罪名
2617. 拐卖人口：拐骗人口；违法犯罪行为
2618. 拐骗人口：拐卖人口
2619. 关检：海关
2620. 关键少数：政治建设
2621. 关贸：关税；贸易；世界贸易组织
2622. 关贸总协定：世界贸易组织
2623. 关门主义：宗派主义
2624. 关税：关贸；清关；出口税；保护关税；报复关税；差别关税；差价关税；反补贴税；反倾销税；关税库；海关税；转口税；过境税；进口税；流转税；进出口税；优惠关税；协定关税；国定关税；特别关税；自主关税；关税数据库；进口环节税
2625. 关税保管银行：专业银行

2626. 关税合作理事会：机构
2627. 关税减让：税收减免
2628. 关税政策：经济政策；对外贸易政策；最惠国待遇
2629. 关税自由：自由贸易
2630. 关停并转：整顿；企业亏损；企业合并；企业改造；企业破产；企业转产；企业整顿
2631. 关系：内线；产权关系；党际关系；对外关系；两党关系；两岸"三通"；两岸关系；两岸直航；两岸直通；中俄关系；中印关系；中外关系；中德关系；中日关系；中朝关系；中欧关系；中法关系；中美关系；中英关系；中越关系；买卖关系；人际关系；价格关系；供不应求；供求关系；供过于求；党政关系；党政分开；党群关系；军政关系；军民关系；农商关系；分配关系；劳动关系；劳资关系；国际关系；外交关系；官兵关系；尊师爱生；工农关系；工商关系；市场关系；干群关系；战略关系；比例关系；民族关系；消费关系；涉外关系；生产关系；相互关系；社会关系；组织关系；经济关系；警民关系；隶属关系；兄弟党关系；农轻重关系；军队涉外关系；周边国家关系；战略伙伴关系；中国与东盟关系；事业单位隶属关系；社会主义民族关系
2632. 关心群众生活：密切联系群众
2633. 关押监狱：机关
2634. 关于真理标准问题的讨论：事件；重大事件；两个"凡是"
2635. 观测：水文观测
2636. 观测场：设施
2637. 观测站：气象站
2638. 观察员：军事观察员
2639. 观摩：参观；交流
2640. 观念：法制观念；国防观念；营销观念
2641. 官兵关系：尊干爱兵；人际关系；社会关系
2642. 官倒：倒买倒卖
2643. 官督商办：自由贸易
2644. 官僚主义：官僚作风；强迫命令；反对官僚主义
2645. 官僚资本：财产
2646. 官僚作风：不正之风；官僚主义；压制民主；脱离群众；强迫命令
2647. 馆藏：图书馆工作
2648. 馆所：展览馆；建筑物
2649. 馆员：职务
2650. 管道：管线；管路；电缆管道；输油管；燃气管道；石油管道；输油管道
2651. 管道运输业：产业；行业；交通运输业
2652. 管道运输用地：土地；建设用地
2653. 管理：保管；代管；协调；划转；监管；聘任；聘用；聘请；解聘；调价；限价；安全管理；安置管理；保险管理；边境管理；标准管理；殡葬管理；病案管理；财政管理；仓储管理；仓库管理；册籍管理；车辆管理；成果管理；城市管理；畜禽管理；电路管理；分级管理；分类管理；风险管理；港务管理；工程管理；工商管理；股票管理；

标准化管理；出入境管理；房地产管理；股本金管理；工资基金管理；股票市场管理；固定资产管理；固定资金管理；管理科学；专利管理；业务管理；交通管理；人事管理；人员管理；人才管理；企业管理；会计管理；信息管理；债券管理；储蓄管理；储运管理；党员管理；公文管理；军队管理；农业管理；出口管理；出版管理；出纳管理；利率管理；副业管理；劳动管理；医政管理；医院管理；卫生管理；印信管理；印鉴管理；发行管理；合同管理；商业管理；商标管理；国库管理；国界管理；土地管理；地政管理；地籍管理；基建管理；基础管理；基金管理；外企管理；外债管理；外商管理；外汇管理；外资管理；委托管理；存款管理；学术管理；宗教管理；定额管理；密码管理；寺庙管理；属地管理；工业管理；市场管理；市容管理；干部管理；年审管理；成本管理；户籍管理；房产管理；投资管理；收入管理；救助管理；文件管理；文档管理；文物管理；新闻管理；施工管理；旅游管理；最低限价；最高限价；机场管理；权限管理；林业管理；档案管理；森林管护；民主管理；水利管理；汇兑管理；治安管理；泵站管理；海洋管理；海防管理；渔业管理；演出管理；灌区管理；灌溉管理；物业管理；物价管理；物资管理；狱政管理；环境管理；现代管理；现金管理；生产管理；用水管理；田间管理；病人管理；监狱管理；目标管理；矿产管理；社区管理；社团管理；科学管理；科技管理；科研管理；税务管理；税收管理；粮油调价；系统管理；纳税管理；经济管理；经营管理；经费管理；结算管理；统计管理；网络管理；网路管理；联行管理；膳食管理；药剂管理；药品管理；药物批准；营销管理；行业管理；行政管理；装备管理；规划管理；计划管理；计量管理；设备管理；设施管理；证券管理；财务管理；财经管理；账户管理；货币回笼；货币管理；质量管理；贷款管理；资产管理；资料管理；资本管理；资源管理；资费管理；资金划转；资金管理；边民管理；运输管理；邮政管理；邮票管理；采伐管理；金融监管；金融管理；金银管理；钱币管理；限量管理；集资管理；项目管理；频率管理；两条线管理；再贷款管理；发行库管理；多目标管理；无线电管理；水资源管理；资本金管理；通信网管理；临时用地管理；产品质量管理；人力资源管理；企业人事管理；保险市场管理；信息安全管理；信用合作管理；信贷资金管理；债券市场管理；全面质量管理；农业用地管理；医药卫生管理；发行基金管理；司法行政管理；国土资源管理；国有资产管理；国界标志管理；土地保护管理；土地利用管理；土地市场管理；土地开发整理；土地

开发管理；土地整理管理；土地权属管理；土地清理管理；土地登记管理；土地纠纷管理；地籍档案管理；城乡基建管理；外汇市场管理；宗教事务管理；密押印鉴管理；工商行政管理；市政安全管理；干部分类管理；建设用地管理；技术革新管理；拆借资金管理；文化事业管理；文化市场管理；机关事务管理；机关房产管理；机关物资管理；机关膳食管理；机关财务管理；机关车辆管理；武器装备管理；水利设施管理；汇兑资金管理；流动资金管理；物资仓库管理；猎枪弹具管理；用水定额管理；知识产权管理；矿产储量管理；矿产勘查管理；矿产开发管理；科技计划管理；科技项目管理；科研计划管理；科研项目管理；结算资金管理；耕地保护管理；药品流通管理；装备分级管理；装备研制管理；警察队伍管理；货币流通管理；货币纸张管理；货款质量管理；资产负债管理；资本市场管理；资金市场管理；边境贸易管理；金融市场管理；钱币市场管理；音像制品管理；黄金市场管理；机场净空区管理；涉外无线电管理；预算外资金管理；军队国有资产管理；土地复垦开发管理；武器装备出口管理；生态退耕保护管理

2654. 管理部门；主管部门；行政管理部；上级主管部门；情报主管部门；行政管理部门

2655. 管理法；法律；出版法；档案法；卫生法；律师法；行政法；边界管理法；出入境管理法；文物保护法；食品卫生法；外国人入出境管理法；中国公民出入境管理法

2656. 管理费；费用

2657. 管理工作；安置管理工作

2658. 管理机构；财政管理机构

2659. 管理科学；行为科学；领导科学；社会科学

2660. 管理权；权利；权力；监督权

2661. 管理体制；后勤体制；领导体制；财务管理体制；财政管理体制；企业管理体制；会计管理体制；利率管理体制；外债管理体制；外贸管理体制；现金管理体制；经营管理体制；结算管理体制；行政管理体制；货币管理体制；资金管理体制；金融管理体制；金银管理体制；信贷资金管理体制

2662. 管理员；职务

2663. 管理制度；责任制；分配制度；厂长负责制；岗位责任制；技术责任制；经济责任制；首长负责制；家庭联产承包责任制

2664. 管路；管道

2665. 管网；供热管网；燃气管网；天然气输配管网

2666. 管辖；司法管辖

2667. 管辖权；权利；权力

2668. 管线；管道

2669. 管制；军管；刑种；处罚；出口管制；防空管制；不安定因素管制；空中管制；贸易管制；金融管制；对外贸易管制

2670. 贯彻；传达

2671. 灌溉：滴灌；井灌；喷灌；微灌；排灌；抗旱；草场灌溉；管道输水灌溉；农田灌溉；地下排灌；提水灌溉；机电排灌；节水灌溉；农田水利
2672. 灌溉地：耕地
2673. 灌溉服务业：产业；行业
2674. 灌溉机械：灌溉系统；农业机械
2675. 灌溉水量：数量
2676. 灌溉水田地：土地；耕地
2677. 灌溉系统：灌区；灌溉机械
2678. 灌木林：森林
2679. 灌木林地：土地
2680. 灌区：区域；灌溉系统
2681. 灌渠：渠道
2682. 光彩事业：扶贫开发；西部开发
2683. 光电干扰：电子干扰
2684. 光辐射：电磁辐射
2685. 光弧子通信：光通信
2686. 光缆：通信光缆
2687. 光缆干线：线路
2688. 光缆通信：光通信
2689. 光明日报：报纸
2690. 光盘：载体；电子载体；信息载体
2691. 光荣院：机构
2692. 光通信：光缆通信；光弧子通信；光纤传输；光纤通信；激光通信；相干光通信
2693. 光纤传输：光通信
2694. 光纤通信：光通信
2695. 光纤通信网：网络
2696. 光学：科学；自然科学
2697. 光学工业：产业
2698. 光学性质：绿色
2699. 广播：插播；录播；直播；联播；试播；转播；重播；首播；电视广播；卫星广播；国际广播；图文电视；实况录播；实况转播；无线广播；有线广播；现场直播；短波广播；调频广播；卫星电视广播；商业电视广播；广播电影电视；广播电视录播；广播电视插播；广播电视直播；广播电视联播；广播电视试播；广播电视转播；广播电视重播；广播电视首播；收费电视广播；无线电视广播；有线电视广播；民族语言广播；汉语方言广播；闭路电视广播
2700. 广播操：体操运动；体育运动
2701. 广播电视大学：学校
2702. 广播电视教育：各类教育；非学历教育
2703. 广播电视设备制造业：产业；工业；电子工业
2704. 广播电视新闻纪录片：影片
2705. 广播电视用语：民族语言
2706. 广播电影电视：文化；广播影视；电视广播
2707. 广播电影电视报刊：文献；出版物
2708. 广播电影电视编辑：编辑工作
2709. 广播工作：广播事业
2710. 广播事业：广播工作
2711. 广播卫星：航天器；飞行器；人造卫星；无人航天器
2712. 广播音乐节：艺术节
2713. 广播影视：广播电影电视
2714. 广播影视版权：产权；权利；所有权；知识产权
2715. 广播影视创作：文艺创作
2716. 广播影视节：艺术节

2717. 广播影视节目审查；影视审查
2718. 广播影视摄影；艺术
2719. 广告；宣传品；书刊广告；商业广告；旅游广告；药品广告
2720. 广告业；产业；行业；服务业
2721. 广交会；交易会；对外贸易
2722. 广交朋友；接触；方针；外交方针
2723. 广域网；网络；局域网；计算机网络
2724. 广种薄收；粗放经营
2725. 归档；文书处理
2726. 归国华侨；归侨
2727. 归国侨民；归侨
2728. 归侨；华侨；侨民；居民；归国华侨；归国侨民
2729. 归侨侨眷权益保护法；法律
2730. 规程；规定；规章
2731. 规定；规程；条令；规则；规范；教令；文种；保密规定；财政规定；暂行规定；运输规定；文件种类
2732. 规范；标准；规定；规则；测绘规范；道德规范；规章制度
2733. 规范汉字；文字
2734. 规费；费用
2735. 规格；材料规格；产品规格；礼宾规格；设备规格
2736. 规划；布局；方案；测绘规划；城市规划；城乡规划；村镇规划；发展规划；工程规划；工业布局；供求规划；农业布局；土地使用规划；中期规划；交通规划；信用规划；公路规划；农业规划；区域规划；卫生规划；土地规划；基建规划；总体规划；战备规划；普法规划；森林规划；水利规划；流域规划；科技规划；科研规划；立法规划；综合规划；网络规划；营区规划；行业规划；资源规划；远景规划；道路规划；长期规划；防洪规划；中长期规划；水资源规划；军事立法规划；军队建设规划；农业发展规划；园林绿地规划；国土资源规划；国防建设规划；土地利用规划；城乡工程规划；环卫设施规划；环境保护规划；社会发展规划；科技发展规划；装备科研规划；全社会信用规划；水资源供求规划；武器装备发展规划；武器装备科研规划；城乡公共配套设施规划；城乡地下空间开发规划
2737. 规划管理；计划管理
2738. 规律；法则；工作规律；价值规律；经济规律；基本经济规律
2739. 规模；企业规模；基建规模；流通规模；商品流通规模；城乡基建规模；武器装备发展规模；武器装备建设规模
2740. 规则；规定；规范；规章；守则；细则；交通规则；记账规则；运输规则；金融规则；世界贸易组织规则；国际安全管理规则
2741. 规章；规程；规则；章程；制度；部门规章；财政规章；电信规章；地方政府规章；外事规章；审计规章；市场规章；旅游规章；运输规章；国际电信规章；邮件处理规章
2742. 规章制度；党规；规范
2743. 轨道；周期轨道；轨道运动；地球轨道；太阳轨道；行星轨道
2744. 轨道交通；市政工程
2745. 贵金属；有色金属

2746. 贵金属矿采选业：产业；工业；采掘工业
2747. 贵族：剥削阶级
2748. 桂军：军队
2749. 桂圆：产品；水果；农产品
2750. 锅炉：电站锅炉；工业锅炉；锅炉用煤；燃气锅炉
2751. 锅炉噪声治理：噪声防护
2752. 国道：道路
2753. 国防：城防工事；增殖型国防；消耗型国防
2754. 国防拨款法：法律；国防法
2755. 国防动员：战争动员
2756. 国防法：法律；兵役法；军事法；民防法；国防拨款法；国防法规；军事刑法；人民防空法；军事征用法；军官管理法；国家安全法；国防交通法；国防教育法；国防科技法；国防组织法；军事刑事诉讼法；军事法院组织法；军事设施保护法；国防机密保护法；武装力量组织法；军事检察院组织法；军品进出口管理法；国防工程建设与管理法
2757. 国防法规：军事法规
2758. 国防费：军费；经费；费用；国防预算；国防经费；人防经费；装备购置费；武器装备发展经费
2759. 国防工程：军事工程；民防工程
2760. 国防工程建设：国防建设
2761. 国防工程建设与管理法：法律；国防法
2762. 国防工业：军工；产业；重工业；军工企业；军工生产；国防科技；民用工业；军事工业；兵器工业；军火工业；军需工业；弹药工业
2763. 国防公路：道路
2764. 国防机密保护法：法律；国防法
2765. 国防基础设施建设：国防建设；基本建设
2766. 国防建设：三线；边防建设；城防建设；仓库建设；军队建设；后勤建设；民兵建设；海防建设；空防建设；联勤建设；营区建设；营房建设；国防工程建设；国防基础设施建设；预备役建设；后备力量建设；武器装备建设；武装力量建设；武警部队建设；训练基地建设；军队正规化建设；军队现代化建设；预备役部队建设
2767. 国防交通法：法律；国防法
2768. 国防教育：战备教育；军事教育
2769. 国防教育法：法律；国防法
2770. 国防教育基地：机构；教育机构
2771. 国防教育制度：教育体制
2772. 国防经费：国防费
2773. 国防经济：部门经济；军事经济；战争经济；战时国防经济
2774. 国防科技：国防工业；科学技术；军事科学技术；国防科学技术
2775. 国防科技法：法律；国防法
2776. 国防科学技术：国防科技
2777. 国防科研：军事科研
2778. 国防力量：作战力量；军事力量
2779. 国防林：森林
2780. 国防企业：军工企业
2781. 国防潜力：力量
2782. 国防生产潜力：力量
2783. 国防实力：力量；军事实力；国家国防实力
2784. 国防体育：军事体育

2785. 国防通信：军事通信
2786. 国防通信网：网络
2787. 国防现代化：工业现代化；军队现代化；后勤现代化；四个现代化；科学技术现代化；指挥系统现代化；武器装备现代化
2788. 国防现代化建设方针：军事方针
2789. 国防需求结构：经济结构
2790. 国防预算：国防费；防务预算；军事预算；军费总预算
2791. 国防运输：军事运输
2792. 国防战略：国家战略
2793. 国防政策：军事政策
2794. 国防支出：收支；财政支出
2795. 国防资产：国有资产
2796. 国防组织法：法律；国防法
2797. 国歌：歌曲
2798. 国共合作：国共谈判；两党合作
2799. 国共和谈：国共谈判
2800. 国共谈判：国共合作；国共和谈
2801. 国号问题：国际问题
2802. 国徽：标志；国旗
2803. 国徽法：法律
2804. 国会制：议会制
2805. 国货：本国商品
2806. 国籍：身份；国民；外籍；外国人；外籍华人；国籍法；无国籍；双重国籍
2807. 国籍法：法律；国家法
2808. 国际奥委会：组织；国际组织；体育组织
2809. 国际标准：国家标准；国际规范；IEC 标准；ISO 标准；IEEE 标准；CCITT 建议
2810. 国际承包：对外承包工程；对外工程承包
2811. 国际储备：黄金外汇储备
2812. 国际大气臭氧委员会：国际组织
2813. 国际大气电学委员会：国际组织
2814. 国际大气化学和全球污染委员会：国际组织
2815. 国际动力气象学委员会：国际组织
2816. 国际儿童节：六一儿童节
2817. 国际法：法律；捕获法；中立法；使节法；平时法；战争法；条约法；海商法；海洋法；空中法；空间法；航空法；国际法规；国际公法；国际刑法；国际私法；国际习惯法；国际经济法；国际航空法；国际环境保护法
2818. 国际辐射委员会：国际组织
2819. 国际复兴开发银行：世界银行
2820. 国际高层大气气象学委员会：国际组织
2821. 国际公法：国际法
2822. 国际公司：跨国公司
2823. 国际共产主义运动：国际共运；海协公约；海牙公约；国际核协定；日内瓦公约；国际人权公约；制止非法劫持飞机公约；国际海上人命安全公约
2824. 国际共运：国际共产主义运动
2825. 国际关系：外交；对外关系；外交关系；外交工作；中外关系；国际交流；中朝关系；中俄关系；中法关系；中美关系；中日关系；中印关系；中英关系；中越关系；战略伙伴关系
2826. 国际规范：国际标准
2827. 国际海上人命安全公约：国际共产

主义运动
2828. 国际海事组织：联合国专门机构
2829. 国际海域：公海
2830. 国际行星大气及其演变委员会：国际组织
2831. 国际航空法：国际法
2832. 国际航线：水路运输
2833. 国际合作：援助；经济全球化
2834. 国际核协定：国际共产主义运动
2835. 国际红十字组织：国际组织
2836. 国际互联网：因特网
2837. 国际环境保护法：国际法
2838. 国际会议：北非会议；中东会议；亚非会议；外长会议；首脑会议；APEC会议；彼得堡万国行船会；乌拉圭回合；世界气象大会；世界性国际会议；区域性国际会议
2839. 国际机构：国际组织
2840. 国际极地气象学委员会：国际组织
2841. 国际技术交流：国际交流
2842. 国际技术贸易：国际贸易
2843. 国际监督：国际制裁
2844. 国际交流：对外交流；国际关系；国际技术交流；国际学术交流
2845. 国际交往：对外交往；国际援助
2846. 国际经济法：国际法
2847. 国际经济合作组织：国际经济组织
2848. 国际经济问题：渔业问题；粮食问题；能源问题；饥荒问题；国际问题；农产品问题；贷款问题；纺织品问题
2849. 国际经济组织：欧佩克；国际组织；区域性组织；世界贸易组织；国际经济合作组织
2850. 国际救济：国际援助
2851. 国际军事问题：战俘问题；国际问题；核武器问题；裁军问题；撤军问题；销毁核武器问题；限制核武器问题
2852. 国际军事组织：国际组织
2853. 国际劳动妇女节：节假日；三八妇女节
2854. 国际劳务市场：国际市场
2855. 国际联合会：国际联盟
2856. 国际联盟：国联；独联体；国际组织；国际联合会
2857. 国际贸易：对外贸易；国内贸易；世界贸易；中间贸易；协定贸易；无形贸易；有形贸易；国际技术贸易
2858. 国际民航组织：联合国专门机构
2859. 国际难民组织：国际组织
2860. 国际气候变化委员会：国际组织
2861. 国际气象学和大气物理学协会：国际组织
2862. 国际清偿力：国际收支
2863. 国际清算银行：国际组织
2864. 国际人权公约：国际共产主义运动
2865. 国际市场：外销；国内市场；市场竞争；世界市场；国际劳务市场
2866. 国际收支：支付差额；国际清偿力；国际收支平衡
2867. 国际收支危机：金融危机
2868. 国际私法：法律；贸易法；冲突法；国际法；海事国际私法
2869. 国际体育联合会：体育组织；国际组织
2870. 国际体育运动理事会：体育组织；国际组织
2871. 国际通信：电信
2872. 国际统一战线：三大法宝；爱国统

一战线；三个世界理论
2873. 国际投资：对外投资
2874. 国际问题：排华；边界问题；反殖问题；国号问题；南北对话；人权问题；人质问题；民族问题；种族问题；难民问题；领土问题；大陆架问题；地区性问题；国际经济问题；国际军事问题；南极洲问题；领海权问题；外层空间问题；民族殖民地问题
2875. 国际物流业：行业
2876. 国际习惯法：国际法
2877. 国际象棋：体育运动
2878. 国际刑法：国际法
2879. 国际刑警：国际刑警组织
2880. 国际刑警组织：国际组织
2881. 国际形势：国内形势
2882. 国际学术交流：国际交流
2883. 国际邮政：邮政
2884. 国际原子能机构：联合国；国际组织
2885. 国际援助：国际交往；国际救济
2886. 国际云物理学委员会：国际组织
2887. 国际制裁：争议；国际监督
2888. 国际主义：爱国主义；指导思想；无产阶级国际主义
2889. 国际主义教育：思想教育；爱国主义教育；思想政治教育
2890. 国际组织：联合国；成员国；国际机构；国际联盟；南方中心；国际奥委会；国际经济组织；国际军事组织；国际难民组织；国际清算银行；国际刑警组织；国际辐射委员会；国际红十字组织；国际体育联合会；国际原子能机构；国际大气臭氧委员会；国际大气电学委员会；国际气候变化委员会；国际体育运动理事会；国际云物理学委员会；国际动力气象学委员会；国际极地气象学委员会；国际高层大气气象学委员会；国际行星大气及其演变委员会；国际气象学和大气物理学协会；国际大气化学和全球污染委员会；区域性组织；联合国组织；七十七国集团；世界旅游组织；世界经济论坛；专业性国际组织；世界性国际组织；世界能源理事会；伊斯兰会议组织；区域性国际组织；政府间发展组织
2891. 国家：成员国；出口国；被占领国；发达国家；常任理事国；发展中国家；替代国；进口国；国家机器；目标国家；西方国家；入盟候选国；欧盟联系国；最不发达国家；联合国非常任理事国
2892. 国家安全法：国防法
2893. 国家安全工作：公安工作
2894. 国家安全机关：国家机构；公安机关
2895. 国家标准：部颁标准；国际标准；军用标准；国家体育锻炼标准
2896. 国家大数据战略：经济建设
2897. 国家定价：价格；法定价格；计划价格
2898. 国家法：宪法；国籍法
2899. 国家副主席：党和国家领导人
2900. 国家干预：政府补贴；国家调节；资本主义国有化
2901. 国家工作人员：国家公务员
2902. 国家公务员：国家工作人员

2903. 国家关系恶化：驱逐出境；断交
2904. 国家关系改善：建交；恢复外交关系
2905. 国家关系正常化：恢复外交关系
2906. 国家行政机关：公安机关
2907. 国家机构：国务院；公安机关；国家机关；中央军委；国家主席；政府机关；检察机关；国家安全机关；人民代表大会；全国人民代表大会；国家审判机关；国家权力机关；国家检察机关；国家领导机构
2908. 国家机关：国家机构；审判机关
2909. 国家机器：暴力；军队；监狱；警察；法院
2910. 国家检察机关：审判机关；司法机关；国家机构
2911. 国家决算：会计；总决算；决算分析；决算报表；国家预算
2912. 国家领导机构：国家机构
2913. 国家赔偿法：行政法
2914. 国家权力机关：人大；立法机关；国家机构；人民代表大会
2915. 国家审判机关：法院；国家机构
2916. 国家所有林：森林
2917. 国家所有制：国有
2918. 国家体育锻炼标准：国家标准
2919. 国家调节：国家干预；政府补贴
2920. 国家统一分配物资：统配物资
2921. 国家投资：私人投资
2922. 国家形式：共和国；政治制度
2923. 国家银行：中央银行；中国人民银行
2924. 国家预算：总预算；财政决算；财政预算；地方预算；国家决算；中央预算；总预算会计
2925. 国家元首：国王；总统；领导人；国家主席；政府首脑
2926. 国家债券：国库券
2927. 国家债务：国债
2928. 国家战略：发展战略；国防战略；综合安全保障战略
2929. 国家政策：基本国策
2930. 国家制度：专政；国体；一国两制
2931. 国家治理体系和治理能力现代化：执政理念
2932. 国家主席：国家机构；国家元首；党和国家领导人
2933. 国家资金：固定资产
2934. 国家自然科学奖：奖励
2935. 国界：界限
2936. 国界管理：边境管理
2937. 国军：国民党军队
2938. 国库券：公债；地方债券；国家债券
2939. 国库体制：金融体制
2940. 国力：实力；综合国力
2941. 国联：国际联盟
2942. 国民：国籍
2943. 国民财产：固定资产
2944. 国民待遇：外国人；最惠国待遇
2945. 国民党：政党
2946. 国民党军队：蒋军；中国军队；国军
2947. 国民经济和社会发展规划：国民经济计划
2948. 国民经济计划：经济规划；基建计划；投资计划；长期计划；部门计划；财政支出；地区计划；劳动计划；五年计划；经济建设计划；经济发展计划；国民经济和社会发展规划
2949. 国民经济计划指标：质量指标
2950. 国民经济计划指标体系：质量指标
2951. 国民经济净产值：价值指标；国民

所得；国民收入；人均国民收入；邮电业净产值；工业净产值；国民生产净产值
2952. 国民经济综合平衡统计：经济效益统计
2953. 国民经济总产值；社会总产值；农业总产值；国内生产总值；国民生产总值；工业总产值；人均国民生产总值
2954. 国民生产净产值：国民经济净产值
2955. 国民生产总值：国民经济总产值
2956. 国民收入：国民经济净产值
2957. 国民所得：国民经济净产值
2958. 国内纯购进总值：收购
2959. 国内贸易：对内贸易；对外贸易；国际贸易
2960. 国内贸易政策：商业政策
2961. 国内商品纯购进量：收购
2962. 国内生产总值：总产值；国民经济总产值；人均国内生产总值
2963. 国内市场：国际市场；国外市场；市场竞争
2964. 国内税：税种
2965. 国内形势：国际形势；国外形势
2966. 国内政策：独立自主；改革开放；港澳政策；经济政策；住房政策；侨务政策；劳动政策；区域政策；土地政策；文艺政策；民族政策；移民政策；统战政策；房地产政策
2967. 国内政治：外交工作
2968. 国旗：国徽；旗帜；国旗法
2969. 国旗法：法律
2970. 国企：国有企业
2971. 国庆：国庆节
2972. 国庆节：节日；国庆日；节假日
2973. 国庆日：国庆节
2974. 国书：换文；外交文书
2975. 国体：国家制度
2976. 国土：国有土地
2977. 国土防空：人民防空
2978. 国土资源：人口资源；土地资源；自然资源
2979. 国土资源管理：土地管理
2980. 国土资源调查：资源调查
2981. 国外旅游：出国旅游
2982. 国外贸易：对外贸易
2983. 国外市场：国内市场
2984. 国外形势：国内形势
2985. 国王：国家元首
2986. 国务会议：最高国务会议
2987. 国务卿：领导人；外交部长
2988. 国务委员：党和国家领导人
2989. 国务院：政府；国家机构
2990. 国营：民营；私营；经营
2991. 国营工业：中央工业；地方工业；国有工业
2992. 国营企业：国有企业；集体企业；全民所有制企业；社会主义国营企业
2993. 国营商业：全民所有制商业
2994. 国优产品：优质产品
2995. 国有：国家所有制
2996. 国有大中型企业：国有企业
2997. 国有工业：国营工业
2998. 国有净资产：国有资产
2999. 国有企业：手工业；国企；个体企业；国营企业；公有制企业；国有大中型企业；全民所有制企业；国有综合物流企业
3000. 国有商业：个体工商业；全民所有制商业

3001. 国有土地：国土
3002. 国有资产：国资；军产；国防资产；国有净资产
3003. 国有资产管理：军队国有资产管理
3004. 国有资产流失案：案件
3005. 国有综合物流企业：国有企业
3006. 国债：公债；内债；债务；财政赤字；地方债券；国家债务；特种国债
3007. 国资：国有资产
3008. 果树机具：农业机械
3009. 果树业：林业；种植业
3010. 过境：出入境
3011. 过境贸易：边境贸易；双边贸易
3012. 过境税：关税
3013. 过磷酸钙：磷肥
3014. 过失犯罪：刑事责任
3015. 过失杀人：杀人罪
3016. 过熟林：森林

H

3017. 哈尼语：民族语言
3018. 哈尼族：少数民族
3019. 哈萨克语：民族语言
3020. 哈萨克族：少数民族
3021. 海岸：地形；海岸带
3022. 海岸带：海岸线
3023. 海岸线：界线；边界；海岸带
3024. 海产：水产
3025. 海产动物养殖：水产养殖
3026. 海产植物养殖：水产养殖
3027. 海岛：岛屿
3028. 海底开发：资源开发
3029. 海防：边防；防务；制海权
3030. 海防部队：边防部队
3031. 海防建设：国防建设
3032. 海关：报关；关检；口岸；走私；中转站；海关法；海关总署；灰色海关；水运贸易量
3033. 海关法：走私；法律；贸易法；行政法
3034. 海基会：基金会
3035. 海监船：船舶
3036. 海禁：法令；通商
3037. 海军：空军；陆军；军种；军兵种
3038. 海军基地：军港；空军基地；军事基地
3039. 海军装备：军事装备
3040. 海况：情况
3041. 海浪：风浪
3042. 海绵城市：生态文明建设
3043. 海难：搜救；海事；海损；灾难；沉船事故；船舶失事；船舶遇难；危险货物运输；海上打捞；海难救助
3044. 海商法：法律；国际法；船舶碰撞；共同海损；海上管制法规
3045. 海上霸权：霸权主义
3046. 海上打捞：海难
3047. 海上法：海洋法
3048. 海上管制法规：海商法
3049. 海上交通安全法：法律
3050. 海事：海难；纠纷
3051. 海水污染：海洋污染
3052. 海水养殖：水产养殖
3053. 海水养殖业：渔业
3054. 海水资源：海洋资源
3055. 海损：海难；损失
3056. 海外公司：跨国公司；跨国经营
3057. 海外贸易：对外贸易
3058. 海外企业：跨国公司
3059. 海外侨胞：华侨
3060. 海外投资：对外投资
3061. 海湾地区问题：中东问题
3062. 海峡两岸关系：对台合作；对台工作
3063. 海协公约：国际共产主义运动
3064. 海牙公约：国际共产主义运动
3065. 海洋：大洋；公海
3066. 海洋保护区：海洋自然保护区
3067. 海洋捕捞业：渔业
3068. 海洋地质：大陆架

3069. 海洋法：领海；法律；国际法；海上法；海洋管理；海洋环境保护法
3070. 海洋管理：海洋法
3071. 海洋化学资源：海洋资源
3072. 海洋环境：海洋环境保护法
3073. 海洋环境保护法：海洋法
3074. 海洋开发：资源开发
3075. 海洋科技：科学技术
3076. 海洋林业区：林区
3077. 海洋区域：海域；海洋专属经济区
3078. 海洋权：权利
3079. 海洋生物资源：海洋资源
3080. 海洋水产：水产品
3081. 海洋污染：水污染；赤潮；富营养化；海水污染；环境污染
3082. 海洋污染监测：水质监测
3083. 海洋学：自然科学
3084. 海洋灾害：自然灾害
3085. 海洋专属经济区：海洋区域
3086. 海洋资源：海水资源；自然资源；海洋化学资源；海洋生物资源
3087. 海洋自然保护区：海洋保护区
3088. 海域：公海；领海；海洋区域
3089. 海运法：航空法；经济法
3090. 海子：湖泊
3091. 害虫：病虫害防治
3092. 害虫防治：病虫害防治
3093. 函：公函；换函；唁函；文种
3094. 函授教育：各类教育；业余教育
3095. 涵洞：桥梁
3096. 寒潮：寒害；霜冻；天气；冷气团；寒潮天气；天气现象；灾害性天气；寒潮天气过程；极地气团入侵
3097. 寒害：雹灾；寒潮；霜冻；气象灾害
3098. 汉医：中医
3099. 汉语：语言；民族语言
3100. 汉字：文字
3101. 汉族：中华民族；少数民族
3102. 旱稻：水稻
3103. 旱地：耕地
3104. 旱情：旱灾
3105. 旱区：地区
3106. 旱田：农田
3107. 旱灾：干旱；旱情；干旱灾害；抗旱救灾；气象灾害；自然灾害
3108. 行情：情况
3109. 行业：商业；物业；仓储业；出版业；典当业；赌博业；服务业；复印业；工商业；广告业；管道运输业；灌溉服务业；国际物流业；废旧物资回收业；公共设施管理业；新闻业；旅游业；交通运输业；商品流通业；环境管理业；社会保障业；社会福利业
3110. 行业标准：部标准；部颁标准
3111. 行业不正之风：纠正行业不正之风
3112. 行业公会：行业协会；社会团体
3113. 行业商会：行业协会
3114. 行业协会：行业公会；行业商会
3115. 航标：标志；航道
3116. 航道：弹药；航标；航线；水道；海洋航道；水路运输；深水航道；通航水道；内河航道；经济航道
3117. 航道标准：专业标准
3118. 航道整治：河道整治
3119. 航海气候区划：航空气候区划
3120. 航海气象：航天气象；航空气象；航海气象学
3121. 航海通信：电信

3122. 航海运动：军事体育；水上运动
3123. 航行权：权利
3124. 航空：民航；航空图；军事航空
3125. 航空发动机：飞机
3126. 航空法：领空；法律；国际法；海运法；国际航空法；民航条例
3127. 航空港：机场
3128. 航空工程：航空工业
3129. 航空工业：航空工程；航天工业；飞机制造业；航空器制造业
3130. 航空技术：航天技术
3131. 航空炮：武器
3132. 航空气候区划：航海气候区划
3133. 航空气象：飞行气象；航海气象；航天气象；民航气象；航空气象学
3134. 航空器：飞机
3135. 航空器制造业：航空工业
3136. 航空通信：电信
3137. 航空运动：军事体育；体育运动
3138. 航空运输：民航；目的港；空中运输
3139. 航空运输业：交通运输业
3140. 航空站：机场
3141. 航天：飞行；奔月飞行；航天学；航天环境；军事航天；载人航天飞行
3142. 航天工业：宇航业；航空工业；航天器制造业
3143. 航天技术：航空技术；宇航技术；空间技术；航天器回收技术；航天器返回技术
3144. 航天气象：航海气象；航空气象
3145. 航天器：广播卫星
3146. 航天器发射：运载火箭；卫星发射
3147. 航天器返回技术：航天技术
3148. 航天器回收技术：航天技术
3149. 航天器制造业：航天工业
3150. 航天通信：电信；卫星通信
3151. 航线：航道；水道；国际航线；海上航线；水路运输；战斗航线
3152. 航运：水路运输
3153. 航运区：区域
3154. 好干部"五条标准"：政治建设
3155. 号外：报纸
3156. 号召书：书信；倡议书
3157. 禾谷类作物：小麦；水稻；农作物；粮食作物
3158. 合并：兼并；企业合并；机构合并
3159. 合成工业：橡胶工业；塑料工业；化学工业；化学纤维工业
3160. 合成军队通信：军事通信
3161. 合法收入：非法收入
3162. 合法组织：反动组织；非法组织
3163. 合格率：产品质量
3164. 合格品：产品质量
3165. 合伙企业：合伙制企业
3166. 合伙制企业：合伙企业
3167. 合金钢：低合金钢；高合金钢
3168. 合同：期权；违约；合约；契约；保险合同；贷款合同；合同制；合同法；意向书；聘任制；信托合同；劳动合同；科技合同；科研合同；租赁合同；经济合同；贸易合同
3169. 合同法：民法；法律；技术合同法；经济合同法
3170. 合同工：工人；临时工；劳动者；试用人员；职工构成
3171. 合同工制度：劳动政策；劳动制度
3172. 合同管理：合同制
3173. 合同货币：贸易合同
3174. 合同纠纷：经济纠纷；合同纠纷

案件
3175. 合同制：预购；制度；合同管理；经济合同；科研合同制；劳动合同制度
3176. 合约：合同
3177. 合资：中外合资；投资方式
3178. 合资建设：基建投资
3179. 合资企业：三资企业
3180. 合作：配合；多党合作；国共合作；国际合作；横向联系；两党合作；中外合作；劳务合作；区域合作；双边合作；开发合作；科技合作；经济合作；经贸合作；经济技术合作
3181. 合作经济：集体经济
3182. 合作拍片：中外合作拍片
3183. 合作企业：三资企业
3184. 合作商店：商贩
3185. 合作社：供销社；经济组织；信用合作社
3186. 合作社商业：农村商业
3187. 合作小组：商贩
3188. 合作研制：科技合作
3189. 合作医疗：医疗服务制度；农村合作医疗
3190. 和平：战争；世界和平
3191. 和平共处：外交方针
3192. 和平共处五项原则：外交方针；对外政策
3193. 和平统一促进会：社会团体
3194. 和平统一祖国方针：统战方针；对台方针
3195. 和平演变：政治渗透；反和平演变；资产阶级自由化
3196. 和平政策：对外政策
3197. 和平中立政策：对外政策
3198. 和约：条约
3199. 河道砂石资源：自然资源
3200. 河道整治：理滩；航道整治；治河措施
3201. 河湖污染监测：水质监测
3202. 河口：河流
3203. 河流：河口；内河；运河
3204. 河流污染：水污染；水系污染；环境污染
3205. 河长制：生态文明建设
3206. 核爆炸：核试验
3207. 核爆炸试验：核试验
3208. 核爆炸污染：放射性污染
3209. 核查：核查工作
3210. 核冲突：核战争
3211. 核电：核电站；核动力
3212. 核电站：发电厂；发电站；核工程；地下核电站；核反应堆；核热电厂；水力发电站；原子能电站；原子能发电站
3213. 核电站环境影响：放射性污染
3214. 核定：核准；核算
3215. 核动力：核电
3216. 核对：公文校核
3217. 核讹诈政策：对外政策
3218. 核反应：核试验
3219. 核反应堆：核电站
3220. 核工：核工业
3221. 核工程：核电站；核工业
3222. 核工业：核工程；能源工业；核工业企业；原子能工业
3223. 核减：核算
3224. 核能：原子能
3225. 核能源：原子能
3226. 核热电厂：核电站

3227. 核试验：核爆炸；核反应；核爆炸试验；热核爆炸
3228. 核税标准：税收管理
3229. 核算：核定；核减；清算；报刊核算；会计核算；清资核算；经济核算；统一核算；金融核算
3230. 核桃：产品；水果；农产品
3231. 核污染：放射性污染
3232. 核武器：氢弹；核战争；中子弹；原子弹；常规武器；大规模杀伤性武器；原子武器；原子航弹；核武器防护；战术核武器；战略核武器
3233. 核武器问题：国际军事问题
3234. 核战略：军事战略
3235. 核战争：放射战；核冲突；核武器；按钮战争；常规战争；导弹核战争；原子战争；热核战争；火箭核战争；化生放战争
3236. 核准：核定；审核；批准
3237. 贺词：贺信；贺电；文种
3238. 贺辞：贺电；贺信
3239. 贺电：电报；贺词；贺辞
3240. 贺信：贺词；贺辞；书信
3241. 赫哲族：少数民族
3242. 黑傣语：民族语言
3243. 黑客：红客
3244. 黑色金属：钢铁
3245. 黑色金属矿采选业：工业
3246. 黑社会：犯罪集团；黑社会组织
3247. 黑社会组织：敌对势力；非法组织
3248. 黑市：市场管理
3249. 黑市价格：市场价格
3250. 横向兼并：企业兼并
3251. 横向联合：企业合并
3252. 横向联系：合作
3253. 弘扬中华优秀传统文化：文化建设
3254. 红白事理事会：社会团体
3255. 红二方面军：红军
3256. 红军：军队；八路军；红二方面军；新四军；陕北红军；中国军队；红一方面军；红四方面军；中国工农红军；中国人民解放军
3257. 红客：黑客
3258. 红利：利息；利润
3259. 红壤：土壤
3260. 红四方面军：红军
3261. 红一方面军：红军
3262. 宏观控制：宏观调控
3263. 宏观调控：宏观控制；稳定物价
3264. 洪峰：洪水
3265. 洪涝灾害：水灾
3266. 洪水：防洪；防汛；洪峰；水灾
3267. 洪灾：水灾
3268. 后备力量建设：民兵建设；国防建设
3269. 后备役：预备役
3270. 后方：前方；前线
3271. 后方基地：补给基地；军事基地；基带解调设备
3272. 后方勤务：后勤
3273. 后勤：勤务；后方勤务；军事后勤；武警后勤
3274. 后勤法规：军事法规
3275. 后勤工作：军事工作；军队后勤工作；机关后勤工作
3276. 后勤机关：军队后勤机关
3277. 后勤建设：国防建设；军队建设
3278. 后勤体制：管理体制；军队体制
3279. 后勤现代化：国防现代化
3280. 后勤指挥：军队指挥

3281. 后勤装备：军事装备
3282. 候补党员：预备党员
3283. 候补委员：中央候补委员
3284. 候审：审判；审理
3285. 候选人：换届；选举
3286. 胡萝卜：蔬菜
3287. 湖泊：茶卡；海子；盐湖；水资源
3288. 湖泊污染：水污染
3289. 湖区：山区
3290. 互换性：性能
3291. 互惠：最惠国待遇
3292. 互惠待遇：最惠国待遇
3293. 互联网：因特网；计算机网络；计算机互联网
3294. 互联网思维：经济建设
3295. 互相监督：十六字方针
3296. 户籍：册籍；户口
3297. 户籍登记：户籍管理
3298. 户籍管理：户籍登记；临时户口；民政工作；户口管理；户口登记条例
3299. 户口：户籍；人口；临时户口
3300. 户口登记条例：户籍管理
3301. 户口管理：户籍管理
3302. 护理：医疗
3303. 护理费：费用
3304. 护林防火：森林防火；航空护林防火
3305. 护士：医务人员
3306. 护照：证件；外交文件
3307. 花祭：宗教节日
3308. 花柳病：性病
3309. 花生：油料作物
3310. 花坛：环境美化
3311. 花样游泳：水上运动
3312. 划拨土地：划拨用地；土地征用
3313. 划拨用地：划拨土地
3314. 划船：水上运动
3315. 划船运动：水上运动
3316. 划界：边界条约
3317. 划区征集：征兵
3318. 划艇运动：水上运动
3319. 划转：管理；资金管理
3320. 华北野战军：中国人民解放军
3321. 华工：工人
3322. 华侨：归侨；侨务；侨民；侨眷；侨胞；海外侨胞；华侨组织；美籍华人；华侨领袖；外国侨民；外籍华人
3323. 华侨工商业：民族商业
3324. 华侨工作：侨眷
3325. 华侨捐赠：华侨投资；华侨资助
3326. 华侨农场：企业
3327. 华侨企业：华侨投资
3328. 华侨社团：侨联；社会团体
3329. 华侨事务：侨务
3330. 华侨投资：华侨捐赠；华侨企业
3331. 华侨投资企业：侨资企业；三资企业
3332. 华侨问题：排华
3333. 华侨政策：侨务政策
3334. 华侨资助：华侨捐赠
3335. 华人：外籍华人
3336. 华人社团：社会团体
3337. 华洋贸易：对外贸易
3338. 滑水：水上运动
3339. 滑水板：水上运动
3340. 滑翔机：飞机
3341. 化肥：肥料；复合肥料；化学肥料
3342. 化工：化学工业
3343. 化工厂：工业企业

3344. 化生放战争；核战争
3345. 化纤工业；化学纤维工业
3346. 化学；分析化学；高分子化学；煤化学；有机化学；物理化学；生物化学；石油化学；自然科学
3347. 化学肥料；磷肥；锰肥；镁肥；氨肥；氮肥；化肥；复合肥料；高效肥料；浓缩肥料；液化肥料；钼肥；低浓度化肥；高浓度化肥；高效肥料；钾肥；微量元素肥料
3348. 化学工业；盐化工；重工业；化工；玻璃工业；发酵工业；合成工业；制药工业；塑料工业；无机化工；有机化工；染料工业；橡胶工业；油漆工业；颜料工业；化学制品业；煤干馏工业；化学纤维工业；石油化学工业；化学原料制造业
3349. 化学化；电气化；自动化
3350. 化学武器；毒剂武器；生物武器；防化学武器；大规模杀伤性武器；化学武器防护
3351. 化学纤维工业；合成工业；化纤工业；化学工业；化学纤维制造业
3352. 化学纤维制造业；化学纤维工业
3353. 化学原料制造业；工业；化学工业
3354. 化学制品业；工业；化学工业；塑料制品工业；日用化学制品工业
3355. 化验；检验
3356. 化妆品监督；质量监督
3357. 画廊；文化设施
3358. 环保工程；除尘工程；防沙工程；防护林工程；环境保护工程；污水处理工程；退耕还林还草工程；天然林资源保护工程；环北京地区防沙治沙工程
3359. 环北京地区防沙治沙工程；环保工程
3360. 环城绿带林地；园林
3361. 环地天文观测站；科学卫星
3362. 环节；流通环节
3363. 环境；城市环境；地理环境；国际环境；海洋环境；总环境；水环境；环境理论；人类环境；企业环境；全球环境；军事环境；区域环境；投资环境；旅游环境；生态环境；生活环境；矿山环境；社区环境；竞争环境；经济环境；自然环境；软件环境
3364. 环境保护；噪声防护；水土保持；污染防治；环境污染；环境监测；环境质量；植被保护；水源保护；自然保护；臭氧层保护；环境保护法；环境保护工作；生态环境保护；矿山环境保护
3365. 环境保护法；法律；海洋环境保护法；环境保护法规；自然资源保护法
3366. 环境保护工程；环保工程
3367. 环境标准；噪声；环境影响；环境监测；环境评价；环境质量；噪声标准；排放标准；水质标准；环境指数；监测标准；大气质量标准；空气质量标准；污染物排放标准
3368. 环境管理业；行业
3369. 环境监测；大气监测；环境保护；环境标准；环境评价；噪声监测；酸雨监测；放射性监测；环境监测站；污染源监测；环境监测系统；环境质量监测；空气污染监测
3370. 环境美化；绿化；花坛；环境治理
3371. 环境评价；环境标准；环境监测

3372. 环境破坏：沙漠化；水土流失；环境影响；环境污染；臭氧层破坏

3373. 环境卫生：环卫；水卫生；城市卫生；大气卫生；粪便污染；公共卫生；劳动卫生；垃圾处理；农村卫生；阵地卫生；居民区卫生；旅游区卫生；营区环境卫生

3374. 环境污染：污染源；水污染；公害；城市污染；大气污染；废物排放；废物污染；工业污染；海洋污染；河流污染；环境保护；环境破坏；污染事故；污染防治；环境质量；噪声污染；空气污染；食物污染；地下水污染；放射性污染；固体废物污染；工业废气污染；工业废物污染；矿山环境污染

3375. 环境影响：环境标准；环境破坏；温度影响；湿度影响；生物影响

3376. 环境噪声：噪声污染

3377. 环境指数：环境标准

3378. 环境质量：水质；环境保护；环境标准；环境污染；污染防治；环境质量监测

3379. 环境质量监测：水质监测；环境监测

3380. 环境治理：环境美化；三废治理

3381. 环卫：环境卫生

3382. 缓征：征兵

3383. 换乘站：车站

3384. 换届：选举；候选人

3385. 换文：国书；协定；照会；外交文书；外交文件

3386. 患者：病人

3387. 荒草地：荒地

3388. 荒地：耕地；荒坡；荒山；土地；荒草地；裸土地；未利用地

3389. 荒坡：荒地

3390. 荒情：情况

3391. 荒山：荒地；山地

3392. 黄豆：大豆

3393. 黄瓜：蔬菜

3394. 黄花菜：蔬菜

3395. 黄金：白银；有色金属；黄金储备；黄金市场

3396. 黄金储备：外汇储备；金融储备

3397. 黄金市场：金融市场

3398. 黄金市场管理：金融市场管理

3399. 黄金外汇储备：国际储备

3400. 黄麻：农作物；麻类作物

3401. 黄色书刊：违禁书刊；淫秽出版物

3402. 蝗灾：病虫害

3403. 挥霍浪费：铺张浪费

3404. 恢复：恢复外交关系

3405. 恢复党籍：开除党籍；落实政策

3406. 恢复党内职务：撤销党内职务

3407. 恢复行政职务：撤销行政职务

3408. 恢复名誉：平反；落实政策

3409. 恢复外交关系：断交；复交；国家关系改善；国家关系正常化

3410. 恢复职务：落实政策

3411. 回归祖国：澳门回归；香港回归

3412. 回国探亲：出国探亲

3413. 回教：伊斯兰教

3414. 回乡证：证件

3415. 回忆录：生平；散文；传记；革命回忆录；叙事散文

3416. 回族：少数民族

3417. 洄游：渔场

3418. 毁林：放火毁林；毁林开荒；乱砍乱伐；乱砍滥伐；违法犯罪行为

3419. 汇报：报告
3420. 汇编：汇集；出版物
3421. 汇差：差额
3422. 汇兑：侨汇
3423. 汇兑比率：汇率
3424. 汇集：汇编；会集
3425. 汇价：汇率
3426. 汇率：比率；汇价；汇兑比率；汇率政策；金融政策；货币汇价；人民币汇率
3427. 汇总：统计
3428. 会费：费用
3429. 会集：汇集
3430. 会见：会晤；接见
3431. 会审：审理；审查
3432. 会谈：会晤；协商；谈判；边防会谈；双边会谈；技术洽谈；汪辜会谈
3433. 会务：事务；会务工作
3434. 会务工作：会议；会议费
3435. 会晤：会见；会谈
3436. 会议：例会；鉴定；报告会；表彰会；茶话会；发布会；办公会议；部务会议；部长会议；常委会议；常务会议；处务会议；代表大会；代表会议；党的会议；党组会议；工作会议；国际会议；国务会议；会务工作；非正式会议；高级研修会；电视电话会议；国务院常务会议；全国人民代表大会；会议法；厅务会；听证会；局务会；座谈会；总结会；招待会；招标会；洽谈会；现场会；研讨会；讨论会；鉴定会；专题会议；作战会议；全体会议；军事会议；可视会议；咨询会议；学术会议；审判大会；室务会议；市委会议；市长会议；扩大会议；支部会议；政协会议；省委会议；省长会议；科技会议；纪念大会；网络会议；联席会议；预备会议；主席团会议；书记处会议；召集人会议；委员会会议；委员长会议；新闻发布会；秘书长会议；经验交流会；中央军委会议；民主协商会议；人民代表大会；宣传工作会议；组织工作会议；经济工作会议；计划工作会议；中央政治局会议；县（市、区）长会；委员会主席会议；自治区主席会议；中央政治局扩大会议；中国人民政治协商会议
3437. 会议材料：会议资料
3438. 会议参考资料：会议资料
3439. 会议法：法律
3440. 会议费：费用；会务工作
3441. 会议记录：会议资料
3442. 会议纪要：文种；会议录；会议精神；座谈会纪要
3443. 会议精神：会议纪要
3444. 会议录：会议纪要；会议资料
3445. 会议文件：会议资料
3446. 会议主席团：主席团会议
3447. 会议资料：会议录；会议材料；会议记录；会议文件；会议参考资料
3448. 贿赂：行贿；罪名；行贿受贿；贪污受贿
3449. 贿赂案：案件
3450. 贿赂罪：行贿罪
3451. 婚姻：结婚；军婚；婚姻法；军人婚姻；涉外婚姻；涉港澳台华侨婚姻
3452. 婚姻法：民法；法律；继承法
3453. 混合农业：农业综合发展

3454. 豁免权：权力；外交特权
3455. 活动区：区域
3456. 火车头：机车
3457. 火电厂：火电站
3458. 火电站：火电厂
3459. 火箭：飞行器；多级火箭；运载火箭
3460. 火箭军：国防和军队建设
3461. 火警：火灾
3462. 火炬计划：高科技；星火计划；科技规划；高新技术产业；高技术发展计划
3463. 火灾：消防；火警；灾害；自然灾害；森林大火；森林火灾；石油火灾
3464. 火葬：丧葬
3465. 货币：港元；假钞；通货；台币；纸币；钱币；期票；外币；残损币；古钱币；发行分库；合同货币；人民币；硬通货；货币升值；货币币值；货币销毁；基础货币
3466. 货币保值：货币升值；货币贬值
3467. 货币币值：价值
3468. 货币贬值：货币保值；外汇倾销；货币升值；货币膨胀；通货膨胀
3469. 货币兑换：外币收兑
3470. 货币发行：发行库；发行纸币；货币回笼；金融发行
3471. 货币改革：币制改革；金融改革
3472. 货币供应：货币回笼
3473. 货币购买力：币值
3474. 货币管理：财政管理；现金管理；货币销毁；货币回笼；钱币管理；金融管理；经济管理；货币流通管理；货币纸张管理

3475. 货币回笼：管理；货币发行；货币供应；货币管理；货币投放
3476. 货币汇价：汇率
3477. 货币流通：商品流通；货币运动；货币通流；外币流通
3478. 货币流通管理：货币管理
3479. 货币膨胀：货币贬值
3480. 货币升值：货币保值；货币贬值
3481. 货币市场：资本市场；金融市场；短期资本市场；欧洲货币市场
3482. 货币通流：货币流通
3483. 货币投放：货币回笼
3484. 货币危机：金融危机
3485. 货币销毁：货币管理
3486. 货币信用危机：金融危机
3487. 货币运动：货币流通
3488. 货币政策：金融政策
3489. 货币纸张管理：货币管理
3490. 货币制度：金融制度
3491. 货损赔偿：经济赔偿
3492. 货物：物资；二手货；大件货物；进口货
3493. 货物运输：货运；商品运输；物资运输
3494. 货物运送：商品运输
3495. 货源：收购；商品脱销；货源组织
3496. 货运：货物运输
3497. 货运量：筑路；吞吐量；周转量；运材量；运输量
3498. 货运站：车站
3499. 货栈：场所
3500. 获得感：执政理念
3501. 获奖产品：优质产品

J

3502. 饥荒问题：春荒；国际经济问题
3503. 机场：设施；飞机场；航空港；航空站；机场管理；空军基地；军用机场；民用机场
3504. 机场净空：机场净空区管理
3505. 机车：列车；火车头；电力机车；内燃机车；蒸汽机车；铁路车辆
3506. 机床：数控机床；金属切削机床；金属加工机械
3507. 机床工业：机械工业
3508. 机床质量标准：质量标准
3509. 机电排灌：灌溉
3510. 机动性：性能
3511. 机构：协会；机关；大使馆；代办处；股东会；光荣院；领事馆；办公机构；办事机构；保险机构；边防机构；常设机构；出版机构；处级机构；慈善机构；代表机构；动员机构；发行机构；分支机构；工业机构；管理机构；国家机构；后勤机构；国防教育机构；国防教育基地；关税合作理事会；专案组；事务所；接待站；检查站；理事会；监事会；组织机构；中介机构；中央军委；临时机构；仲裁机构；信息机构；信访机构；内设机构；咨询机构；商业机构；审计机构；宣传机构；情报机构；执法机构；支前机构；教育机构；文化机构；新闻机构；科研机构；科级机构；纪检机构；评审机构；金融机构；领导机构；驻外机构；卫生机构；司局级机构；职工持股会；专利代理机构；专案审查机构；人防组织机构；医药卫生机构；社会福利机构；职业培训机构；计量检定机构
3512. 机构撤销：留守处；机构合并；机构设置；机构调整；精简机构
3513. 机构改革：机构合并；机构设置；机构调整
3514. 机构合并：机构撤销；机构改革；机构设置；机构调整
3515. 机构设置：机构撤销；机构改革；机构合并；机构调整
3516. 机构调整：机构撤销；机构改革；机构合并；机构设置；精简机构
3517. 机关：机构；安全机关；党政机关；公安机关；公开机关；关押监狱；后勤机关；国家权力机关；军事机关；军队机关；司法机关；执法机关；执行机关；政治机关；监察机关；间谍机关；隐蔽机关；赔偿义务机关
3518. 机关报：报纸
3519. 机关工作：保密工作；档案工作；信访工作；接待工作；机要工作；秘书工作；文书处理；办公室工作；办公厅工作；机关工作制度
3520. 机关工作革命化：精兵简政
3521. 机关工作制度：作息制度；办公制

度；保密规定；公文处理办法；文书工作制度
3522. 机关人员：党的机关工作者
3523. 机关事务管理：行政管理
3524. 机会主义：修正主义；右倾机会主义；"左"倾机会主义
3525. 机密：保密；秘密；保密规定
3526. 机密文电：电报
3527. 机票：票证
3528. 机器人：机械
3529. 机务：事务
3530. 机械：泵；设备；机器人；包装机械；动力机械；工程机械；灌溉机械；化工机械；环保机械；罐头加工机械；机械手；农业机械；制图机械；制药机械；建筑机械；排灌机械；木工机械；林业机械；水工机械；渔业机械；石油机械；矿山机械；装卸机械；起重机械；输送机械；运输机械；重型机械；铸造机械；轻工业机械；金属加工机械
3531. 机械厂：工厂
3532. 机械工业：重工业；机床工业；汽车工业；仪器仪表工业；摩托车制造业；自行车制造业；专用设备制造业；通用设备制造业
3533. 机械化：电气化；自动化；半机械化；农业机械化
3534. 机械设备：零部件
3535. 机型：型号
3536. 机要：保密；机要保密
3537. 机要部门：机要室；工作部门；机要机构
3538. 机要工作：机关工作
3539. 机要机构：机要部门
3540. 机要室：工作部门；机要部门
3541. 机要通信：保密通信
3542. 机载设备：零部件
3543. 机制：报酬机制；财政机制；动员机制；工资总量决定机制；审判机制；市场机制；执法机制；激励机制；用工机制；竞争机制；经营机制；运行机制
3544. 鸡肉：肉类；食品
3545. 积案：案件
3546. 积累：累积；公共积累
3547. 积累资金：集资；储蓄
3548. 积压产品：积压物资
3549. 积压品：积压物资
3550. 积压物：积压物资
3551. 积压物资：积压品；积压产品；库存物资
3552. 基本国策：国家政策
3553. 基本建设：基建；营建；道路建设；电信建设；水利建设；基建投资；农田水利；国防基础设施建设；农田基本建设；基础设施建设
3554. 基本建设投资：基建投资
3555. 基本建设项目：基建项目
3556. 基本经济规律：价值规律
3557. 基本路线：一个中心两个基本点
3558. 基本矛盾：根本矛盾
3559. 基本农田保护：基本农田保护制度
3560. 基本统计：普查
3561. 基层党委：党的基层组织
3562. 基层党组织：党的基层组织
3563. 基础：经济基础
3564. 基础工业：重工业
3565. 基础教育：初等教育；各级教育；中等教育；启蒙教育；普通教育；

识字教育
3566. 基础结构：经济结构
3567. 基础科学：基础理论
3568. 基础理论：基础科学；学术研究
3569. 基础设施：公用基础设施；旅游基础设施；流通基础设施；空间数据基础设施
3570. 基础设施建设：基本建设；国防基础设施建设
3571. 基础研究：应用研究
3572. 基带解调设备：后方基地
3573. 基地：导弹基地；钢铁基地；工业基地；海军基地；后方基地；空军基地；煤炭基地；军事基地；渔业基地；科研基地
3574. 基督教：圣经；新教；正教；宗教；东正教；天主教；耶稣教
3575. 基建：基本建设
3576. 基建拨款：基建投资
3577. 基建贷款：基建投资
3578. 基建费：费用
3579. 基建工程：道路工程；基建项目；在建工程；邮电工程；邮电附加费
3580. 基建管理：建设周期；城乡基建管理；基建审批权限
3581. 基建规划：基建计划
3582. 基建规模：城乡基建规模
3583. 基建机构：基建体制
3584. 基建计划：基建规划；基建投资；国民经济计划；基建投资计划
3585. 基建审批权限：基建管理
3586. 基建体制：基建机构；城乡基建体制
3587. 基建投资：拨改贷；合资建设；基本建设；基建拨款；基建贷款；基建计划；基建支出；建设基金；城乡基建投资；基本建设投资；非生产性建设投资；压缩基建投资；基建投资效果；生产性建设投资
3588. 基建投资计划：基建计划
3589. 基建项目：基建工程；城乡基建项目；基本建设项目；军队基建项目
3590. 基建支出：基建投资
3591. 基金：保险基金；出版基金；发行基金；福利基金；国防基金；后备基金；货币基金；积累基金；基金会；资金来源；专用基金；住房基金；信托基金；信贷基金；养老基金；折旧基金；教育基金；消费基金；科技基金；预算基金；再就业基金；市场开拓基金；库区建设基金；社会保障基金；科学研究基金；结构调整基金；能源交通基金；社会基本养老统筹基金
3592. 基金会：海基会；残疾人基金会；社会团体
3593. 基诺族：少数民族
3594. 基数：货币基数
3595. 基因工程：生物工程
3596. 缉毒：毒品；贩毒；戒毒；缉拿；毒品走私
3597. 缉拿：缉毒；缉私
3598. 缉私：贩私；缉拿；走私；反走私；打击走私
3599. 稽查：征稽；公务稽查
3600. 羁押：逮捕；拘留；强制措施
3601. 极地：地区
3602. 极地船：船舶
3603. 极地气团入侵：寒潮
3604. 极限运动：体育运动

3605. 急件：文件
3606. 急救中心：医院
3607. 疾病：肝炎；聋哑；性病；艾滋病；传染病；地方病；动物疾病；非传染性疾病；慢性病；气象病；流行病；职业病
3608. 疾病控制中心：防疫
3609. 疾病统计：卫生统计
3610. 集材量：数量
3611. 集成电路：功能块；电子电路；光集成电路；半导体集成电路；大规模集成电路；数字集成电路；小规模集成电路
3612. 集会：游行；示威；结社
3613. 集会游行示威法：法律
3614. 集贸：集市贸易
3615. 集贸市场：集市贸易；农产品市场
3616. 集市贸易：庙会；商业；集贸；集贸市场；农村商业；城市集市贸易；农村集市贸易
3617. 集市贸易价格：议价；市场价格
3618. 集体：部落；团体
3619. 集体福利：社会福利
3620. 集体经济：个体经济；合作经济；社会主义集体经济
3621. 集体领导：分工负责；领导体制
3622. 集体企业：手工业；个体企业；国营企业；小型企业；乡镇企业；公有制企业；城镇集体企业；集体所有制企业
3623. 集体商业：个体工商业
3624. 集体所有林：森林
3625. 集体所有制：公有制；个体所有制；全民所有制；生产队所有制；人民公社所有制；生产大队所有制；社会主义集体所有制；农村人民公社所有制；社会主义劳动群众集体所有制
3626. 集体所有制企业：集体企业
3627. 集体消费：社会福利
3628. 集体主义：个人主义
3629. 集体主义教育：思想教育；思想政治教育
3630. 集团：团体；达赖集团；反党集团；犯罪集团；政变集团；统治集团
3631. 集团企业：企业集团
3632. 集约经营：粗放经营；精耕细作；农业集约化；集约式经营
3633. 集约式经营：集约经营
3634. 集中：民主
3635. 集中供气：供应
3636. 集中指挥：作战指挥
3637. 集资：筹资；外资；投资；募资；筹集资金；积累资金
3638. 集资管理：资金管理
3639. 挤占挪用资金：挪用公款；违规资金
3640. 给养：武器；食品
3641. 计划：安排；方案；财务计划；产品计划；地区计划；短期计划；发行计划；发展计划；飞行计划；分配计划；改革计划；工程计划；工业计划；工作计划；国家计划；航行计划；基建计划；滚动式计划；中期计划；人口计划；价格计划；军事计划；劳动计划；商品计划；审计计划；应变计划；推广计划；物资计划；生产计划；直接计划；科技计划；科研计划；经济计划；装备计划；试验计划；资助计划；

运输计划；金融计划；长期计划；间接计划；指令性计划；指导性计划；世界气候计划；企业资源计划；星球大战计划

3642. 计划单列市：城市
3643. 计划工作会议：经济工作会议
3644. 计划管理：定额管理；规划管理；企业管理；经济关系；经济管理；指令性指标；指令性计划；指导性指标；指导性计划；计划管理体制
3645. 计划价格：议价；法定价格；国家定价；统一价格
3646. 计划经济：商品经济；市场经济；社会主义经济；生产无政府状态
3647. 计划控制数：数量；计划指标
3648. 计划内分配：计划内供应；计划外分配
3649. 计划内供应：计划内分配；计划外供应
3650. 计划内投资：计划外投资
3651. 计划内物资：计划外物资
3652. 计划内项目：计划外项目
3653. 计划平衡：计划指标
3654. 计划商店：统购；统销
3655. 计划商品：统购；统销
3656. 计划生育：节育；避孕；出生率；人口控制；人口计划；人口问题；节制生育；优生优育；人口规划
3657. 计划生育政策：人口政策
3658. 计划收购：统购；购买
3659. 计划调整：计划协调；信贷计划；信贷计划调整
3660. 计划外分配：计划内分配
3661. 计划外供应：计划内供应
3662. 计划外投资：计划内投资
3663. 计划外物资：计划物资；计划内物资
3664. 计划外项目：计划项目；计划内项目
3665. 计划完成情况：计划完成数；计划执行情况
3666. 计划完成数：数量；计划完成情况；计划执行情况
3667. 计划物资：计划外物资
3668. 计划项目：计划外项目
3669. 计划销售：统销
3670. 计划协调：计划调整
3671. 计划执行：计划执行情况
3672. 计划执行情况：计划完成数；计划完成情况
3673. 计划指标：计划平衡；统计指标；计划控制数
3674. 计件工资：工资制度；计时工资
3675. 计量：测量；燃气计量；长度计量
3676. 计量标准：计量器具；角度计量标准
3677. 计量测试：计量检定
3678. 计量工作：计量管理
3679. 计量管理：计量工作；计量监督管理
3680. 计量监督管理：计量管理
3681. 计量检定：计量测试
3682. 计量器具：计量标准
3683. 计时工资：工资制度；计件工资
3684. 计税办法：税制
3685. 计算机：电脑；处理机；电子计算机；工业计算机；电子数字计算机；外部设备；微型计算机
3686. 计算机安全：计算机病毒
3687. 计算机病毒：网络安全；计算机

安全
3688. 计算机工业：电子计算机工业
3689. 计算机科学：自然科学
3690. 计算机通信：电信
3691. 计算机通信网：计算机网络
3692. 计算机网：计算机网络
3693. 计算机网络：外网；局域网；信息网络；城域网；广域网；互联网；数据通信网；计算机系列；计算机系统；计算机通信网
3694. 计算机系列：计算机网络
3695. 计算机系统：计算机网络
3696. 计算机应用：办公自动化
3697. 计提：预备费
3698. 计息：利息
3699. 计息期：期限
3700. 记大过：行政处分
3701. 记工：劳动报酬
3702. 记过：处分；行政处分；行政记过；纪律处分
3703. 记录：实录；速记；传真记录；地震记录；电话记录；议事录；通讯录；原始记录；气象记录；水文记录；谈话记录
3704. 记账式：方式
3705. 记者：特派员
3706. 记者招待会：新闻公报；新闻报道；新闻采访
3707. 纪检：检查；党纪检查；纪律检查
3708. 纪检干部：党政干部
3709. 纪检工作：党纪检查工作；纪律检查工作；军队纪检工作
3710. 纪检机构：纪检组
3711. 纪检委：纪委
3712. 纪检组：纪检机构
3713. 纪录片：影片
3714. 纪律：党纪；制度；军纪；政纪；警纪；办案纪律；保密纪律；财经纪律；财政纪律；党的纪律；工作纪律；人事纪律；劳动纪律；外事纪律；宣传纪律；组织纪律；群众纪律；金融纪律
3715. 纪律处分：警告；降级；撤职；记过；党纪处分；行政处分；纪律教育；团纪处分；开除军籍；开除团籍；开除学籍；政纪处分；留职察看
3716. 纪律检查：纪检
3717. 纪律检查工作：纪检工作
3718. 纪律教育：纪律处分
3719. 纪念碑：烈士纪念碑；纪念建筑物；纪念性建筑
3720. 纪念大会：会议
3721. 纪念馆：纪念堂；烈士纪念碑；纪念建筑物；纪念性建筑
3722. 纪念活动：诞辰纪念
3723. 纪念建筑物：烈士陵园；纪念碑；纪念馆
3724. 纪念品：锦旗；纪念物
3725. 纪念日：节假日；七一建党纪念日
3726. 纪念堂：纪念馆
3727. 纪念物：物品；纪念品
3728. 纪念性建筑：纪念碑；纪念馆
3729. 纪委：纪检委
3730. 纪要：文种；会谈纪要；会议纪要
3731. 技改：技术改造
3732. 技改项目：技术改造项目
3733. 技工：工人；技术能手
3734. 技贸结合：技术贸易结合
3735. 技能：能力；业务能力；技术能力
3736. 技师：工人；职称

3737. 技术；产业技术；超导技术；储煤技术；高新技术；工程技术；工业技术；供热技术；管理技术；国外技术；航空技术；航天技术；激光技术；非专利技术；计算机技术；档案保护技术；辅助生殖技术；生产要素；科学技术；三联技术；专业技术；信息技术；先进技术；军事技术；农业技术；决策技术；医学技术；应用技术；控制技术；燃气技术；生产技术；相关技术；立法技术；缺门技术；网络技术；考古技术；节水技术；运动技术；通信技术；遥感技术；自动化技术；信息保密技术；天然气输配技术
3738. 技术保密：科技保密
3739. 技术标准：方法标准；技术规程；技术规范；振动标准；物流技术标准；军用通信技术标准
3740. 技术出口：技术引进
3741. 技术创新：技术改造
3742. 技术创新战略：发展战略
3743. 技术措施项目：技术改造
3744. 技术档案：科技档案
3745. 技术服务：科技服务
3746. 技术服务业：科技服务；科技服务业
3747. 技术改造：技改；技术创新；企业改造；技术引进；技术革命；技术革新；挖潜改造；技术措施项目；渔业技术改造
3748. 技术改造项目：技改项目
3749. 技术革命：产业革命；技术改造；技术革新；科技革命；农业技术革命
3750. 技术革新：技术改造；技术革命；革新改造挖潜；挖潜改造革新；生产技术改进
3751. 技术革新管理：科技管理
3752. 技术管理：科技管理
3753. 技术规程：技术标准
3754. 技术规范：技术标准
3755. 技术合作：技术协作；科技合作
3756. 技术监督：技术论证；技术评价
3757. 技术鉴定：技术论证；技术评价；技术评估；技术鉴定书
3758. 技术交流：技术协作；科技交流
3759. 技术交易：技术贸易
3760. 技术教育：职业技术教育
3761. 技术进口：技术引进
3762. 技术经济指标：技术指标
3763. 技术决策：技术论证
3764. 技术开发：科技开发；高新技术开发；高新技术产业开发区
3765. 技术课：课程
3766. 技术论证：技术监督；技术鉴定；技术决策
3767. 技术贸易：技术交易；技术市场；国际技术贸易
3768. 技术贸易结合：技贸结合
3769. 技术密集型产业：知识密集型产业
3770. 技术能力：技能
3771. 技术能手：技工
3772. 技术培训：专业技术培训
3773. 技术评估：技术鉴定
3774. 技术评价：技术监督；技术鉴定
3775. 技术洽谈：会谈
3776. 技术商品：技术引进
3777. 技术商品化：技术市场；技术转让
3778. 技术设计：工程设计；设计评审
3779. 技术市场：技术贸易；技术致富；

科技致富；科技市场；技术商品化；科学技术市场；科技成果交易；科技成果交易会
3780. 技术推广：专利转让；技术咨询；科技交流
3781. 技术文档：技术文件
3782. 技术文件：技术文档
3783. 技术协作：技术合作；技术交流；科技合作
3784. 技术信息：科技信息
3785. 技术训练：专业训练；军事训练
3786. 技术研究：科研
3787. 技术要求：技术指标
3788. 技术引进：技术出口；技术改造；技术进口；技术商品；技术援助；科技交流；设备引进；引进技术
3789. 技术援助：技术引进；技术转让；科技合作；科技服务；经济援助；开发援助；对外技术援助；科学技术合作
3790. 技术责任制：管理制度；岗位责任制；经济责任制
3791. 技术政策：科技政策
3792. 技术指标：技术要求；技术经济指标；经济技术指标
3793. 技术致富：技术市场
3794. 技术转让：技术援助；专利转让；知识产权；科技交流；科技发明；技术商品化；许可证贸易；技术转让制度；技术转让合同；技术转让政策
3795. 技术转让政策：科技政策
3796. 技术咨询：技术推广；科技咨询
3797. 技术资料：科技档案
3798. 技术作物：经济作物
3799. 季度计划：短期计划
3800. 季节差价：购销差价；批零差价；商品差价
3801. 剂量：药物
3802. 迹地：林地
3803. 继承：发展
3804. 继承法：民法；法律；婚姻法
3805. 继续教育：各类教育；继续医学教育
3806. 继续医学教育：继续教育
3807. 寄生虫病：传染病
3808. 寄售：销售
3809. 寄宿生：大学生
3810. 加成征收：征税办法
3811. 加工：生产；制造；机械加工；再加工；冷藏加工；商业加工；木材加工；来料加工；石油加工；进料加工；金银加工；食品加工；农产品加工
3812. 加工工业：轻工业；木材加工工业
3813. 加密机：通信设备
3814. 加密通信：保密通信
3815. 加热：工艺
3816. 加速器：科研设备
3817. 加息：利率调整
3818. 家畜：畜禽；耕畜；牲畜
3819. 家畜保险：农业保险
3820. 家电：家用电器
3821. 家电工业：电器工业
3822. 家教：家庭教育
3823. 家具工业：家具制造业
3824. 家具制造业：轻工业；家具工业
3825. 家谱：图书
3826. 家禽：畜禽
3827. 家禽饲养业：畜牧业

3828. 家属：侨眷；军属；烈属；病故干警家属；牺牲干警家属
3829. 家庭：亲属；家庭财产
3830. 家庭副业：农业
3831. 家庭教育：家教；各类教育；子女教育；社会教育
3832. 家庭联产承包责任制：包产到户；管理制度
3833. 家庭美德：道德
3834. 家庭美德建设：家族美德建设；精神文明建设
3835. 家庭用车：车辆
3836. 家庭装修公司：建筑安装企业
3837. 家用电器：微波炉；洗衣机；空调器；家电；电冰箱；电风扇；电烙铁；电熨斗；厨房设备；日用电器
3838. 家用轿车：汽车
3839. 家族美德建设：家庭美德建设
3840. 嘉奖：奖励
3841. 夹具：工具
3842. 假币：假钞
3843. 假钞：货币；假币；伪钞；违法货币
3844. 假错案：冤假错案
3845. 假公济私：不正之风；以权谋私
3846. 假冒商标案：案件
3847. 假冒伪劣产品：次品；产地证明书
3848. 假人试验：交通事故
3849. 假日经济：休假
3850. 假释：释放；监外执行
3851. 假药：违法药品
3852. 价格：报价；差价；地价；电价；高价；物资；调价；物价；买价；卖价；平价；水价；油价；牌价；票价；议价；出厂价；浮动价；保护价格；不变价格；成本价格；出口价格；到岸价格；法定价格；服务价格；购销差价；股票价格；固定价格；国家定价；计划价格；计税价格；厂内结算价；工业品价格；交货价；仲裁价；优待价；批发价；收购价；自由价；调拨价；零售价；商品价格；垄断价格；完税价格；市场价格；收购价格；现行价格；生产价格；离岸价格；运输价格；金银价格；销售价格；调拨价格；零售价格；农产品价格；指令性价格；指导性价格；物资供应价格
3853. 价格补贴：粮价补贴；煤价补贴；物价补贴；副食品价格补贴
3854. 价格冻结：物价管理
3855. 价格法：经济法
3856. 价格改革：物价改革
3857. 价格杠杆：经济杠杆
3858. 价格核定：定价；物价管理
3859. 价格水平：物价水平
3860. 价格体系改革：物价改革
3861. 价格条件：贸易合同；贸易谈判
3862. 价格政策：物价政策；经济政策
3863. 价值：劳动；个别价值；国际价值；货币币值；市场价值；社会价值；剩余价值
3864. 价值法则：价值规律
3865. 价值规律：等价交换；价值法则；经济规律；基本经济规律
3866. 价值指标：国民经济净产值
3867. 架构：体制
3868. 尖端技术：高新技术
3869. 奸细：间谍
3870. 坚持两手方针：政治方针
3871. 间谍：颠覆；谍报；奸细；内奸；

特务；反间谍；谍报人员；工业间谍；间谍机关；间谍活动；间谍系统；间谍组织；双重间谍；商业间谍；科技间谍；间谍情报机构
3872. 间接贸易：对外贸易；中间贸易；直接贸易；转口贸易
3873. 间接税：印花税；增值税；消费税
3874. 间接投资：对外投资
3875. 艰苦奋斗：作风
3876. 监测：环境监测；卫生监测；水质监测
3877. 监测标准：环境标准
3878. 监察：督察；监督；城管监察；行政监察；环保监察；纪检监察；防范性监察；监察制度；事中监察；事前监察；企业监察；土地监察；市容监察；执法监察；效能监察；水利监察；水政监察；综合监察；同步性监察；劳动保护监察
3879. 监察工作：纪检监察工作
3880. 监察主体：主体
3881. 监督：督察；监察；监造；党内监督；法律监督；干部监督；行政监督；稽核监督；计量监督；技术监督；监督制度；依法监督；卫生监督；审计监督；执法监督；民主监督；经济监督；统计监督；群众监督；舆论监督；药品监督；质量监督；金融监督；食品监督；信贷监督；刑事诉讼监督
3882. 监督改造：刑罚；监督劳动
3883. 监督工作：法律监督工作
3884. 监督劳动：刑罚；监督改造
3885. 监督权：权力；管理权
3886. 监督执纪"四种形态"：反腐倡廉
3887. 监督制度：审判监督制度
3888. 监管：管理；金融监管
3889. 监控：控制
3890. 监理：交通监理
3891. 监事会：机构；理事会
3892. 监视：强制措施
3893. 监外执行：假释
3894. 监狱：看守所；关押监狱；国家机器；监狱制度；女犯监狱；男犯监狱；刑罚执行机关
3895. 监狱工作：法制工作
3896. 监狱管理：狱政；监狱制度；狱政管理；司法行政管理
3897. 监狱制度：监狱管理
3898. 监造：监督
3899. 兼并；购并；合并；重组；垂直兼并；横向兼并；企业兼并
3900. 兼容性：性能
3901. 兼营：经营
3902. 茧；蚕茧
3903. 检查：查检；抽查；复查；纪检；检讨；试验；体检；尸检；自查；邮检；安全检查；案件检查；保密检查；边防检查；边界联检；财务检查；电缆查漏；行政检查；会计检查；专项检查；列车检查；制度检查；卫生检查；定期检查；执法检查；新闻检查；物价检查；监督检查；税务检查；统计检查；质量检查；金融检查；食品检查
3904. 检查站：机构
3905. 检察：监所检察；检察机关；铁路运输检察
3906. 检察工作：法院工作；起诉工作；司法工作；申诉检察工作

3907. 检察机关；检察院；国家机构；国家检察机关
3908. 检察技术信息；科技信息
3909. 检察权；权力
3910. 检察院；法院；检察机关
3911. 检举；报案；控告；举报；揭发
3912. 检索词；主题词
3913. 检索工具书；目录
3914. 检讨；检查；批评；党内检讨
3915. 检验；报验；查验；共验；化验；免验；样品；试验；年检；自验；预验；包装检验；船舶检验；工厂检验；商品检验；军代表检验；装船前检验
3916. 检疫；防疫；消毒；船舶检疫；动物检疫；防疫机构；防疫人员；飞机检疫；港口检疫；国境检疫；货物检疫；传染病监测；传染病控制；传染病预防；集装箱检疫；卫生防疫；检疫审批；检疫设备；卫生检疫；人员检疫；入境检疫；引种检疫；植物检疫；商品卫生检疫
3917. 减负；经济政策；减轻负担；减轻企业负担；减轻农民负担
3918. 减免；税收减免
3919. 减免税；税种
3920. 减轻负担；减负
3921. 减轻农民负担；减负；农村经济政策
3922. 减轻企业负担；减负
3923. 减税；税务管理；税收减免
3924. 减刑；劳改；提前释放；刑事政策
3925. 减员；离休；离职；退休；退职
3926. 减灾；防灾减灾
3927. 剪刀差；差额
3928. 简报；快报；文种
3929. 简历；履历
3930. 简政放权；精兵简政
3931. 碱金属；有色金属
3932. 碱土金属；有色金属
3933. 建材；建筑材料
3934. 建材工业；建筑业；重工业；木材加工业；建筑材料工业
3935. 建国以来党的若干历史问题的决议；重大事件
3936. 建交；断交；建立；国家关系改善；外交承认；外交关系；建立外交关系
3937. 建军节；节假日；八一建军节
3938. 建立；建交
3939. 建立外交关系；建交
3940. 建设；草原建设；城乡建设；党的建设；队伍建设；法制建设；房屋建设；工程建设；国防建设；环卫建设；基本建设；极地建设；电子政务建设；国防工程建设；国防基础设施建设；业务建设；交通建设；企业建设；住宅建设；作风建设；制度建设；区域营建；园林建设；小康建设；廉政建设；思想建设；战备建设；战略建设；政权建设；文化建设；文明建设；林业建设；民航建设；牧场建设；特区建设；社区建设；科研建设；空管建设；组织建设；经济建设；网络建设；配套建设；重复建设；重点建设；现代化建设；社会主义建设；试用手段建设；试用设备建设；领导班子建设；装备试验场地建设
3941. 建设方针；自力更生；经济建设方针

3942. 建设基金：基建投资
3943. 建设社会主义文化强国：文化建设
3944. 建设现代化经济体系：经济建设
3945. 建设银行：专业银行
3946. 建设用地：土地；土地利用；独立工矿用地；管道运输用地；居民点用地；交通运输用地；水利设施用地
3947. 建设中国特色社会主义新长征之路：执政理念
3948. 建设周期：基建管理
3949. 建议；倡议；异议；意见；提议；人大建议；建议撤销党外职务
3950. 建议撤销党外职务：撤销行政职务
3951. 建议书：倡议书；项目建议书
3952. 建筑；古桥；古塔；故宫；古建筑；厂房建筑；防震建筑；工业建筑；行政建筑；建筑物；住宅建筑；军事建筑；农业建筑；农村建房；商业建筑；园林建筑；园林建设；宗教建筑；文化建筑；水利建筑；违章建筑
3953. 建筑安装企业：建筑业；家庭装修公司
3954. 建筑标准：专业标准；工程建设标准；建筑质量标准；建筑面积标准
3955. 建筑材料：木材；水泥；钢材；建材
3956. 建筑材料工业：建材工业
3957. 建筑工业：建筑业
3958. 建筑经济：部门经济
3959. 建筑面积标准：建筑标准
3960. 建筑设计：工程设计
3961. 建筑市场：工程招标
3962. 建筑税：城市维护建设税
3963. 建筑物：校舍；房屋；馆所；渠道；办公楼；构筑物；结构物；人防工程；纪念建筑物；水工建筑物
3964. 建筑业：产业；营造业；建材工业；建筑工业；建筑安装企业
3965. 建筑质量标准：建筑标准
3966. 健康保险：人身保险
3967. 健康教育：医学教育
3968. 健康中国战略：社会建设
3969. 健美运动：体育运动
3970. 健全党和国家监督体系：反腐倡廉
3971. 健身运动：气功；体育运动；全民健身运动
3972. 舰船：船舶
3973. 舰船工业：船舶工业
3974. 鉴定；会议；鉴定会；部门鉴定；成果鉴定；档案鉴定；干部鉴定；国家鉴定；纪检鉴定；技术鉴定；事故鉴定；品种鉴定；性能鉴定；文物鉴定；样品鉴定；森林鉴定；金银鉴定
3975. 鉴定会：会议
3976. 将领：军官
3977. 疆界：边界
3978. 疆域：边境
3979. 讲好中国故事：文化建设
3980. 讲话；发言；演说；祝词；文种；讲话稿；重要讲话
3981. 讲经讲道：宗教活动
3982. 讲学；交流；学术交流
3983. 奖惩；惩罚；奖励；干部奖惩
3984. 奖金；奖品；奖励费；奖学金；物质奖励；诺贝尔奖奖金
3985. 奖金税：个人所得税
3986. 奖励；办法；表彰；嘉奖；奖惩；奖品；授勋；授奖；评奖；请功；

奖赏；立功；发明奖；撤销奖励；国家自然科学奖；图书奖；文学奖；新闻奖；艺术奖；奖励制度；奖励证书；荣誉称号；物质奖励；诺贝尔奖；科技成果奖；科技进步奖
3987. 奖励费：费用；奖金
3988. 奖励制度：人事制度；科技奖励制度
3989. 奖品：奖金；奖励；勋章
3990. 奖券：有价证券
3991. 奖赏：奖励
3992. 奖售：收购
3993. 奖售价：收购价
3994. 奖学金：奖金；助学金
3995. 奖章：标志；勋章
3996. 蒋军：国民党军队
3997. 降低：提高
3998. 降低警衔：降衔
3999. 降级：降衔；行政处分；纪律处分
4000. 降价：物价管理
4001. 降水：暴雨
4002. 降水量：数量
4003. 降衔：降级；降职；行政处分；降低警衔
4004. 降雨保险：农业保险
4005. 降职：降衔；行政处分
4006. 交换：分配；交易；对外交换；房屋交换；染色体；交换关系；交换过程；信息交换；票据交换；通信交换；邮件交换；邮品交换
4007. 交换机：电话交换机
4008. 交货：贸易合同
4009. 交货价：价格
4010. 交际：接待
4011. 交警：警察

4012. 交流：电流；观摩；讲学；引进；产品交流；对外交流；干部交流；国际交流；商品交流；学术交流；教育交流；文化交流；物资交流；科技交流；经济交流；经验交流
4013. 交涉：谈判
4014. 交税：纳税
4015. 交通：运输；城市交通；公共交通；轨道交通；国防交通；机要交通；交通运输；军事交通；旅游交通
4016. 交通安全：交通信号；交通规则；水上巡航；运输安全；交通运输安全
4017. 交通法规：交通管理法规；空中交通法规
4018. 交通工作：交通管理
4019. 交通管理：交通工作；运输管理；交通管理法规
4020. 交通管理法规：交通法规
4021. 交通规则：交通安全
4022. 交通监理：车辆监控；车辆监理；交通监视
4023. 交通监视：交通监理
4024. 交通事故：违章；追尾；假人试验；交通违章；铁路事故；道口交通事故；交通运输安全；交通运输事故
4025. 交通枢纽：车站
4026. 交通违章：交通事故
4027. 交通信号：交通安全
4028. 交通银行：专业银行
4029. 交通运输安全：交通安全；交通事故
4030. 交通运输经济：部门经济
4031. 交通运输设备制造业：工业
4032. 交通运输事故：交通事故
4033. 交通运输业：产业；行业；道路运

输业；管道运输业；航空运输业；水上运输业；铁路运输业；城市公共交通业

4034. 交通运输用地；建设用地
4035. 交易；交换；买卖；产权交易；股票交易；合约交易；房地产交易；交易会；认购即付；商品交易；土地交易；期货交易；物资交易；现金交易；网上交易；金融交易
4036. 交易磋商；贸易谈判
4037. 交易合同；贸易合同
4038. 交易会；展销；订货；广交会
4039. 交易所；金融机构；商业中心
4040. 交易中心；商业中心
4041. 交战；作战；战斗
4042. 茭白；蔬菜
4043. 胶液作物；经济作物
4044. 教材；教学；出版物；补充教材；翻译教材；高等院校教材；教科书；统编教材；自编教材；视听教材
4045. 教导；学校行政
4046. 教法；佛教
4047. 教会；宗教团体
4048. 教科书；图书；教材
4049. 教练员；运动员；体育工作者
4050. 教令；规定
4051. 教派；派别
4052. 教师；师资；教员；老师；大学教师；家庭教师；兼职教师；老教师；人民教师；教学人员；中学教师；优秀教师；客座教师；小学教师；幼儿教师；民办教师；特级教师；科任教师；青年教师；教育工作者；少数民族教师
4053. 教师队伍；师资队伍；教师队伍建设
4054. 教师队伍建设；师资队伍建设
4055. 教师节；节日；节假日
4056. 教师培训；师资培训
4057. 教师质量；教学质量
4058. 教唆犯；同案犯
4059. 教堂；宗教建筑
4060. 教条主义；主观唯心主义
4061. 教学；办学；教材
4062. 教学法；方法；电化教育；教学方法
4063. 教学方法；教学法
4064. 教学工作；教育工作
4065. 教学内容；课程
4066. 教学人员；教师
4067. 教学质量；教师质量；教育质量
4068. 教育；体育；保密教育；成人教育；初等教育；党员教育；电化教育；法制教育；干部教育；高等教育；各级教育；各类教育；管理教育；国防教育；函授教育；婚前教育；基础教育；家庭教育；健康教育；师范教育；学生分数表；广播电视教育；职业技术教育；教育工作；教育方针；专业教育；义务教育；体育教育；军事教育；军队教育；卫生教育；宣传教育；应试教育；政治教育；民兵教育；理论教育；社会教育；科学教育；素质教育；职责教育；自我教育；艺术教育；院校教育；中等教育；医学教育；品德教育；学前教育；特殊教育；政工队伍教育
4069. 教育法；法律
4070. 教育方针；办学方针；教育宗旨；

德智体全面发展；抗大教育方针
4071. 教育改革：教育体制改革
4072. 教育工作：德育工作；教学工作；教育事业；文化普及；学生工作；扫盲工作
4073. 教育工作者：教师；民办教师
4074. 教育机构：国防教育机构；国防教育基地
4075. 教育基金：助学金
4076. 教育计划：学校行政
4077. 教育节目：电化教育
4078. 教育界：阶层
4079. 教育经费：研究生经费；教育事业费
4080. 教育科学研究：教育科研
4081. 教育科研：教育科学研究；社会科学研究
4082. 教育事业：教育工作
4083. 教育事业费：教育经费
4084. 教育体制：学位制；教育制度；国防教育制度
4085. 教育体制改革：教育改革；中等教育结构改革
4086. 教育兴农：农业政策
4087. 教育学院：高等院校
4088. 教育制度：教育体制
4089. 教育质量：教学质量
4090. 教育宗旨：教育方针
4091. 教谕：文教
4092. 教员：教师
4093. 教长：伊斯兰教
4094. 阶层：阶级；商界；政界；教育界；体育界；宗教界；文化界；科技界；民族上层；知识分子
4095. 阶级：阶层；中农；下中农；剥削阶级；城市贫民；地主阶级；工人阶级；无产阶级；阶级性；私有制；资产阶级
4096. 阶级冲突：阶级斗争
4097. 阶级斗争：阶级冲突；政治运动；路线斗争；政治斗争；武装斗争
4098. 阶级教育：思想政治教育
4099. 阶级路线：政治路线；群众路线；群众运动
4100. 阶级性：性质
4101. 接触：广交朋友
4102. 接待：交际；接见；礼宾规格；接待来访
4103. 接待工作：机关工作
4104. 接待站：机构
4105. 接见：拜会；会见；接待
4106. 接收：转发
4107. 接受采访：公务活动
4108. 接受当事人宴请送礼：请客送礼
4109. 揭发：检举
4110. 揭幕：公务活动
4111. 街道工业：五小工业；地方工业
4112. 街道工作：社区服务；社区管理
4113. 节假日：节日；元旦；春节；国庆节；纪念日；教师节；建军节；旅游节；国际劳动妇女节；宗教节日；民族节日；五一劳动节；五四青年节；六一儿童节
4114. 节假日活动：节日活动
4115. 节假日口号：节日口号
4116. 节略：备忘录
4117. 节能：节约
4118. 节日：春节；元旦；国庆节；教师节；节假日；八一建军节；宗教节日；三八妇女节；五四青年节

4119. 节日活动：节假日活动
4120. 节日口号：节假日口号
4121. 节水：节约；节水技术；节水措施；节约用水
4122. 节水农业：节水型农业
4123. 节水型农业：节水农业
4124. 节育：计划生育
4125. 节约：节能；节水；增产；浪费；消费；节支；增产节约
4126. 节约用地：土地管理
4127. 节约用水：节水
4128. 节支：节约
4129. 节制生育：计划生育
4130. 劫持：绑架；人质；抢劫；劫机；劫船；劫持人质；恐怖活动；违法犯罪行为
4131. 劫船：劫持
4132. 劫机：劫持
4133. 劫机事件：反劫机；非法事件；制止非法劫持飞机公约
4134. 结构调整：经济结构调整
4135. 结构物：建筑物
4136. 结构相对数：指标
4137. 结合：产销结合；工贸结合；技贸结合；军民结合；农贸结合；农林牧结合；农科教结合；科研与生产结合
4138. 结核病：传染病
4139. 结汇：外汇交易；外汇管理
4140. 结婚：婚姻
4141. 结晶：结晶水
4142. 结论：审查结论；审计结论
4143. 结社：集会；社团章程；社团管理
4144. 结算：预算
4145. 结算改革：金融改革
4146. 结算纪律：财经纪律
4147. 结算制度：决算
4148. 结算中心：金融机构
4149. 结余：盈余；财政结余
4150. 截流：截水工程
4151. 截水工程：截流；水利工程
4152. 解放军：军队；中国人民解放军
4153. 解放军"五大军种"：国防和军队建设
4154. 解放军院校：军队院校
4155. 解放思想：创新；个人崇拜；实事求是
4156. 解放战争：革命战争；正义战争；民族解放战争
4157. 解困：企业解困
4158. 解聘：辞退；管理；聘任；人事管理
4159. 解释：法律解释
4160. 介绍贿赂罪：罪名
4161. 戒备：战备
4162. 戒毒：缉毒；吸毒；禁毒
4163. 戒严：军管；戒严法；紧急状态
4164. 戒严法：法律
4165. 芥菜：蔬菜
4166. 界务：边界谈判
4167. 界限：地界；国界；界线
4168. 界线：边界；界限；海岸线
4169. 借贷：贷款；信贷
4170. 借款：贷款
4171. 借调：人事管理
4172. 金：黄金
4173. 金额：余额；全额；总额；押金；成交额；保险金额；净增额；利息额；贸易额；资本额；销售额；零售额；受贿数额；注册金额；贪污

数额；违纪金额；违规金额；损失浪费金额
4174. 金融；财政；银铺；信贷；国际金融；房地产金融；金融法
4175. 金融储备：黄金储备；外汇储备
4176. 金融兑付：贴现
4177. 金融发行：股票发行；货币发行
4178. 金融法；保险法；财政法；信托法；信贷法；租赁法；融资法；证券法；银行法；金融法规；外汇管理法；银行结算法
4179. 金融法治：依法治理
4180. 金融改革：货币改革；结算改革；外汇改革；联行改革
4181. 金融工作：银行工作；经济工作
4182. 金融公司：金融企业；金融机构
4183. 金融管理：货币管理；金融管制；外汇管理；投资管理；证券管理；资本管理；资金管理；金银管理；信用合作管理
4184. 金融管理体制：金融体制
4185. 金融管制：金融管理
4186. 金融机构：银行；储蓄所；当商行；交易所；结算中心；金融公司；清算中心；融资中心；国有金融机构；非银行金融机构；信用合作社；票据交换所
4187. 金融计划：信贷计划；投资计划
4188. 金融监管：管理
4189. 金融交易：金融市场；外汇交易；证券交易
4190. 金融结构：投资结构；经济结构
4191. 金融企业：金融公司
4192. 金融审计：银行审计；资金审计；地方金融审计
4193. 金融市场：股票市场；黄金市场；货币市场；金融交易；债券市场；外汇市场；期货市场；证券市场；贴现市场；资本市场；商品市场
4194. 金融市场管理：保险市场管理；股票市场管理；黄金市场管理；债券市场管理；外汇市场管理；资本市场管理；资金市场管理；钱币市场管理
4195. 金融体制：国库体制；外汇体制；联行体制；金融管理体制
4196. 金融投资：投资银行
4197. 金融危机：货币危机；信用危机；银行危机；经济危机；国际收支危机；货币信用危机
4198. 金融业：产业；保险业；证券业；银行业
4199. 金融业务：保险业务
4200. 金融债券：地方债券；企业债券
4201. 金融政策：汇率；保险政策；财政政策；货币政策；信贷政策；利率政策；外汇政策；投资政策；经济政策
4202. 金融制度：货币制度；审计制度
4203. 金属：有色金属
4204. 金属材料：钢材
4205. 金属工业：冶金工业
4206. 金属加工机械：机床
4207. 金属制品工业：金属制品业
4208. 金属制品业：金属制品工业
4209. 金银：白银
4210. 金银管理：金融管理；金银业务；金银制度；金银管理体制
4211. 金银业务：金银管理
4212. 金银制度：金银管理

4213. 金字工程；三金工程
4214. 津贴；补贴；工资；地区津贴；岗位津贴；津贴标准；特殊津贴；职务津贴
4215. 紧急状态；宵禁；戒严
4216. 紧缩；通货紧缩
4217. 紧缩机构；精简机构
4218. 锦旗；纪念品
4219. 进步；改造
4220. 进步人士；民主人士
4221. 进步战争；革命战争
4222. 进出口；进口
4223. 进出口贸易；对外贸易
4224. 进出口商品检验法；商法
4225. 进出口税；关税
4226. 进出口许可证制度；进口；进口许可；贸易制度；贸易壁垒；进口许可证；非关税壁垒
4227. 进出口银行；专业银行
4228. 进攻；防御；进攻作战
4229. 进口；出口；引进；输入；复进口；进出口；对外贸易；进出口许可证制度；进口税；再进口；进口贸易；进口配额；进口限制；军品进口；平行进口；石油进口；进口许可证
4230. 进口岸；通商口岸
4231. 进口国；国家
4232. 进口国检验；商品检验
4233. 进口环节税；关税
4234. 进口货；货物
4235. 进口贸易；对外贸易
4236. 进口税；关税；出口退税
4237. 进口许可；对外贸易管制；进出口许可证制度
4238. 进口许可证；进出口许可证制度
4239. 进料加工；以进养出
4240. 进入新时代"三个意味着"；执政理念
4241. 进修；培训；学习；出国进修
4242. 进展；发展
4243. 近产近销；地产地销
4244. 近代战争；现代战争
4245. 晋升；罢免；黜陟；人事管理
4246. 晋升制度；人事制度
4247. 晋职；定职
4248. 靳辅；治河
4249. 禁毒；毒品；戒毒；吸毒；禁止；禁烟；毒品犯罪
4250. 禁伐禁猎区；自然保护区
4251. 禁伐区；自然保护区
4252. 禁猎期；时期
4253. 禁猎区；自然保护区
4254. 禁区；军事禁区
4255. 禁烟；禁毒
4256. 禁渔区；保护区
4257. 禁止；禁毒
4258. 京津冀协同发展；经济建设
4259. 京族；少数民族
4260. 经典；佛教
4261. 经费；党费；费用；资金；军费；安置费；差旅费；国防费；行政费；代管经费；工作经费；行政经费；教育经费；事业费；专项经费；军援经费；科技经费；科研经费；外事活动费
4262. 经费管理；财务管理
4263. 经费来源；财源
4264. 经济；优抚；部门经济；财会经济；单一经济；地区经济；个体经济；工业经济；规模经济；国防经济；

国民经济；国有经济；混合经济；集体经济；计划经济；技术经济；假日经济；商品生产；商业经济；粗放型经济；公有制经济；股份制经济；集约型经济；出口导向型经济；进口替代型经济；经济贸易；世界经济；区域经济；台湾经济；商品经济；外资经济；市场经济；庭院经济；民族经济；泡沫经济；消费经济；生态经济；知识经济；私营经济；联营经济；自然经济；外向型经济；殖民地经济；社会主义经济

4265. 经济案件：经济纠纷；经济犯罪案件
4266. 经济处罚：经济处分
4267. 经济处分：经济处罚
4268. 经济地理：部门经济
4269. 经济动态：经济形势；经济预测
4270. 经济斗争：政治斗争
4271. 经济发达地区：经济区
4272. 经济发展计划：国民经济计划
4273. 经济发展水平：经济发展速度
4274. 经济发展速度：经济发展水平；农业发展速度
4275. 经济法；法律；草原法；担保法；电力法；海运法；价格法；企业法；农业法；外贸法；林业法；煤炭法；破产法；统计法；贸易法；通商法；预算法；标准化法；产品质量法；反不正当竞争法；经济法规；台湾同胞投资保护法
4276. 经济法则：经济规律
4277. 经济犯罪：刑事犯罪
4278. 经济犯罪案件：经济案件
4279. 经济方针：两个根本性转变
4280. 经济分析：经济效益
4281. 经济改革：企业改革；物价改革；经济体制改革
4282. 经济杠杆：财政杠杆；价格杠杆；利率杠杆；经济手段；经济调节
4283. 经济工作：财经工作；金融工作
4284. 经济工作会议：计划工作会议
4285. 经济关系：比例关系；财务管理；财政管理；分配关系；工业管理；计划管理；买卖关系；科研管理；企业管理；劳动管理；商业管理；物资管理；生产管理；经营管理；资源管理
4286. 经济管理：财经管理；财务管理；财务监督；财务检查；财务整顿；财政管理；财政监督；定额管理；工业管理；货币管理；计划管理；市场调节；科研管理；农业管理；商业管理；收入管理；林业管理；渔业管理；物价管理；税务管理；经营管理；营销管理；资产管理；企业管理；劳动管理；物资管理；生产管理；资源管理；目标管理；税收管理；税务检查；物资分配；物资供应；质量管理；质量检查；指导性计划；指导性指标；指令性指标；股票市场管理；固定资产管理；全面质量管理；水汽质量管理
4287. 经济规划：国民经济计划
4288. 经济规律：价值规律；经济法则；基本经济规律；特殊经济规律
4289. 经济合同：合同制；贸易合同；经济合同法
4290. 经济合同法：法律；涉外经济合

同法
4291. 经济合作：南南合作；经济援助
4292. 经济核算：成本核算；经营核算；国民经济核算
4293. 经济环境：投资环境
4294. 经济基础：上层建筑；生产关系
4295. 经济计划：国民经济计划；经济建设计划
4296. 经济技术开发区：经济协作区；经济开发区；高新技术产业开发区
4297. 经济监督：财务监督；财政监督；行政监督；会计监督；信贷监督；物价监督
4298. 经济建设：软着陆；经济建设方针
4299. 经济建设计划：经济计划；国民经济计划
4300. 经济结构：基础结构；金融结构；二元经济结构；国防经济结构；国防需求结构；国民经济结构；社会经济结构
4301. 经济纠纷：合同纠纷；经济案件；民事纠纷；房地产权纠纷；经济纠纷案件；涉外经济纠纷
4302. 经济开发区：经济开放区；经济技术开发区；高新技术产业开发区
4303. 经济开放区：经济区；经济开发区；沿海开放城市
4304. 经济扩张：经济渗透
4305. 经济来源：财源
4306. 经济理论：政治理论；国防经济理论；政治经济学
4307. 经济联合：横向经济联合
4308. 经济联合体：农村经济联合体
4309. 经济林：森林；用材林；特用经济林；特种经济林
4310. 经济领域：政治领域
4311. 经济贸易：经贸
4312. 经济赔偿：货损赔偿
4313. 经济区：区域；林区；牧区；棉区；保税区；开发区；工业园区；经济开放区；经济发达地区；高新技术产业区；经济区划；经济区域；经济特区；经济协作区
4314. 经济区划：区域规划；区域划分；部门经济区划
4315. 经济全球化：国际合作
4316. 经济审判：行政审判；经济审判庭；民事经济审判
4317. 经济审判庭：审判机关
4318. 经济渗透：经济扩张；经济争夺；经济援助；资本输出
4319. 经济实体：企业
4320. 经济适用房：住房；房屋
4321. 经济手段：经济杠杆
4322. 经济特区：经济区；对外开放；开放城市；开放政策
4323. 经济体改：经济体制改革
4324. 经济体制：公司制；股份制；政治体制；商业体制；投资体制；流通体制；税务体制；股份合作制；经济体制改革；市场经济体制
4325. 经济体制改革：厂矿下放；经济改革；经济体改；城市体制改革；农村体制改革；城市体制改革
4326. 经济调节：经济杠杆
4327. 经济危机：失业；萧条；金融危机；企业破产；危机输出
4328. 经济问题：贷款问题
4329. 经济效果：经济效益
4330. 经济效益：费效分析；经济分析；

经济效果；社会效益；科研效益；
企业效益；贷款经济效益

4331. 经济效益统计：国民经济综合平衡统计

4332. 经济协定：贸易协定

4333. 经济协作区；经济区；大经济区；经济技术开发区

4334. 经济形势：萧条；经济动态；物价稳定；经济预测；工业景气调查

4335. 经济学：工业经济学；社会科学；政治经济学；邮电经济学

4336. 经济预测：经济动态；经济形势

4337. 经济援助：发展援助；技术援助；经济渗透；经济合作

4338. 经济责任制：管理制度；技术责任制；经营责任制；责权利结合；技术经济责任制；联产承包经济责任制

4339. 经济增长点：增长点

4340. 经济诈骗：诈骗罪

4341. 经济战略：长期计划

4342. 经济争夺：倾销；经济渗透

4343. 经济政策：减负；财政政策；产业政策；福利政策；工业政策；购销政策；关税政策；国内政策；价格政策；金融政策；利用侨资；利用外资；农业政策；商业政策；开放政策；林业政策；渔业政策；能源政策；贸易政策；运输政策；畜牧业政策；对外经济政策；对外贸易政策；邮电业政策；农村经济政策；物资进口政策

4344. 经济制裁：法律制裁

4345. 经济组织：联合体；合作社；国际经济组织；非国有经济组织

4346. 经济作物：烟草；农作物；工艺作物；技术作物；胶液作物；油料作物；纤维作物；染料作物；烟草作物；糖料作物；药用作物；鞣料作物；饮料作物；香料作物

4347. 经历：履历

4348. 经贸：经济贸易

4349. 经贸合作：区域合作

4350. 经商：经营

4351. 经销：销售

4352. 经验：总结；工作经验；国外经验；经验介绍；经验总结

4353. 经验交流会：会议

4354. 经验主义：主观唯心主义

4355. 经营：国营；兼营；经商；民营；私营；联营；草原经营；传统经营；粗放经营；多种经营；个体经营；合资经营；合作经营；集约经营；经营体制；经营方针；经营范围；企业经营；农资专营；指定经营；木材经营；森林经营；水产经营；特许经营；种子经营；综合经营；自主经营；落后经营；跨国经营；连锁经营；邮品经营

4356. 经营范围：经营管理

4357. 经营方式：贩运

4358. 经营管理：成本管理；经济关系；经济管理；生产管理；科技经费；经营范围；民主理财；经营管理技术

4359. 经营管理体制：自负盈亏

4360. 经营核算：经济核算

4361. 经营活动：营业

4362. 经营权：决策；权利；决策权；经营许可证

4363. 经营体制：农村双层经营体制

4364. 经营许可证：经营权

4365. 经营责任制：经济责任制
4366. 粳稻：水稻
4367. 精兵简政：简政放权；施政方针；机关工作革命化
4368. 精耕细作：集约经营
4369. 精简：精简会议；精简文件；精简机构
4370. 精简编制：精简机构
4371. 精简机构：机构撤销；机构调整；紧缩机构；精简编制；员额裁减
4372. 精减人员：人事管理
4373. 精神财富：文化遗产
4374. 精神鼓励：表扬；物质奖励；精神奖励
4375. 精神奖励：精神鼓励
4376. 精神文明：物质文明；精神污染
4377. 精神文明建设：军民共建；精神污染；家庭美德建设；清除精神污染；物质文明建设；思想道德建设；社会公德建设；职业道德建设；三个文明建设；五讲四美三热爱
4378. 精神污染：精神文明；反对精神污染；精神文明建设；清除精神污染
4379. 精神之"钙"：政治建设
4380. 精准扶贫：社会建设
4381. 井灌：灌溉
4382. 井水污染：地下水污染
4383. 景观：风景；古迹；三峡；风景名胜
4384. 景颇语：民族语言
4385. 景颇族：少数民族
4386. 景气计划：投资计划
4387. 警察：交警；刑警；巡警；武警；民警；边防警察；防暴警察；港航警察；国家机器；户籍警察；缉私警察；人民警察；司法警察；外事警察；森林警察；治安警察；消防警察；铁路警察
4388. 警察队伍管理：军队管理
4389. 警察种类：军兵种
4390. 警车：车辆
4391. 警风：作风
4392. 警服：军服
4393. 警告：党纪处分；行政处分；行政警告；纪律处分；治安处罚
4394. 警官：干部；军官
4395. 警纪：纪律
4396. 警纪处分：行政处分
4397. 警戒：警卫
4398. 警民关系：军民关系
4399. 警士：警卫
4400. 警卫：保镖；保卫；警戒；警士；治安；保安人员；警卫勤务；军营警卫；随身警卫；首长警卫
4401. 警卫工作：保卫工作
4402. 警务：事务
4403. 警衔：军衔；专业技术警衔
4404. 径赛：田径运动
4405. 净化政治生态：政治建设
4406. 净增额：金额
4407. 竞技体操：竞技运动；体操运动
4408. 竞技运动：武术；竞技体操；体育运动；重竞技运动
4409. 竞赛：比赛；劳动竞赛；知识竞赛
4410. 竞选：普选；选举
4411. 竞争：垄断；公平竞争；国际竞争；部门间竞争；部门内竞争；自由竞争；市场竞争
4412. 竞争力：能力；产品竞争力；国际竞争力；市场竞争力

4413. 竞争上岗制度；劳动制度
4414. 纠纷；冲突；海事；争议；边界纠纷；产权纠纷；计量纠纷；经济纠纷；海事侵权纠纷；债务纠纷；军地纠纷；劳务纠纷；区域纠纷；医疗纠纷；土地纠纷；山林纠纷；民事纠纷；民族纠纷；水事纠纷
4415. 纠风办；办公室
4416. 纠风工作；不正之风
4417. 纠正；纠正不正之风
4418. 纠正不正之风；端正党风
4419. 九三学社；民主党派
4420. 九五计划；五年计划
4421. 九一三事件；重大事件；林彪反革命事件
4422. 韭菜；蔬菜
4423. 酒会；宴会
4424. 酒类；烟酒；饮料
4425. 酒税；消费税
4426. 旧货市场；商品市场
4427. 旧政权档案；历史档案
4428. 旧址；故居
4429. 救护车；汽车
4430. 救火；消防
4431. 救济；优抚；难民；国际救济；送温暖；困难补助；民政工作；救灾救济；社会救济；贸易救济
4432. 救生船；船舶
4433. 救灾；抗灾；以工代赈；救灾贷款；救灾部队；自然灾害；抢险救灾；生产自救；抗旱救灾；抗洪救灾；抗震救灾
4434. 救灾款；救灾物资
4435. 救灾物资；救灾款；空投救灾物资
4436. 救助安全；客运
4437. 救助管理；治安管理
4438. 就业；待业；失业；再就业
4439. 就业安置；人员安置
4440. 就业率；失业率
4441. 就业人数；数量
4442. 就业政策；劳动政策
4443. 拘禁；拘留
4444. 拘留；处罚；逮捕；羁押；拘禁；行政拘留；强制措施；拘留制度；治安拘留；刑事拘留；民事拘留
4445. 拘役；主刑
4446. 居留权；权利；外国人；政治避难
4447. 居民；归侨；侨民；澳门居民；边境居民；城市居民；城乡居民；城镇居民；大陆居民；农村居民；台湾居民；社区居民；香港居民
4448. 居民点用地；建设用地
4449. 居民区卫生；环境卫生
4450. 居民所得税；个人所得税
4451. 居民委员会；居委会；村民委员会
4452. 居士；佛教
4453. 居委会；居民委员会
4454. 居住区；住房；社区；区域
4455. 局部动员；战争动员
4456. 局势；动乱；战局；台湾局势；政治局势
4457. 局务会；会议
4458. 局限性；性质
4459. 局域网；专网；城域网；广域网；企业网；内部网；校园网；计算机网络
4460. 举报；检举
4461. 巨额财产来源不明罪；罪名
4462. 拒捕；逮捕
4463. 拒贿；行贿；廉政

4464. 拒礼：廉政
4465. 俱乐部：业余文化；工人俱乐部；海员俱乐部；国际海员俱乐部；娱乐场所；文化机构；业余文化生活
4466. 剧本：文学作品
4467. 剧团：文艺团体
4468. 剧院：舞台
4469. 据点：阵地
4470. 飓风：台风
4471. 捐款：募捐；捐赠活动
4472. 捐税：税收
4473. 捐赠：华侨捐赠
4474. 捐赠活动：募捐；捐款
4475. 决策：决心；决议；经营权；宏观决策；集体决策；技术决策；后勤保障决策；政府决策
4476. 决策权：权力；经营权
4477. 决定：定案；文种；处分决定；审计决定
4478. 决分：收入分配
4479. 决算：预算；会计；财政决算；地方决算；工程决算；国防决算；国家决算；会计决算；结算制度；总决算；决算分析；决算报表；竣工决算；预算会计
4480. 决算报表：国家决算
4481. 决算分析：国家决算
4482. 决心：决策；决心书
4483. 决议：决策；文种；党的十一届三中全会的决议；建国以来党的若干历史问题的决议；决议案
4484. 绝密：秘密
4485. 军备：战备；军备政策
4486. 军兵种：军种；空军；陆军；海军；警察种类
4487. 军兵种通信：军事通信
4488. 军产：国有资产
4489. 军代表：军管；军管会；军管小组；军事代表
4490. 军地关系：军政关系
4491. 军地纠纷：军民团结
4492. 军队：部队；敌军；桂军；红军；军事；友军；外军；驻军；边防军；解放军；国家机器；合成军队；国民党军队；中国人民解放军；志愿军；新四军；正规军；武装力量；外国军队
4493. 军队编制：军队建制
4494. 军队财务：财务工作
4495. 军队的三个"根本性转变"：国防和军队建设
4496. 军队发展史：军史
4497. 军队干部：军官；文职干部
4498. 军队工作：军事工作；军队后勤工作
4499. 军队管理：军队指挥；警察队伍管理；军队管理制度；军队管理现代化
4500. 军队后勤：联勤；部队后勤；军种后勤；外军后勤；军事后勤
4501. 军队后勤工作：军队工作
4502. 军队后勤机关：军队机关；军队政治；军队政治机关
4503. 军队机关：军队后勤机关；军队政治机关
4504. 军队纪律：军纪
4505. 军队建设：部队建设；国防建设；后勤建设；武器装备建设；训练基地建设；武装力量建设；军队正规化建设；军队现代化建设
4506. 军队建制：军队编制；军队体制

4507. 军队抢险救灾指挥：军队指挥
4508. 军队群工部门：工作部门
4509. 军队三大民主：民主作风
4510. 军队审计：装备审计
4511. 军队生产粮：粮食
4512. 军队史：军史
4513. 军队体制：后勤体制；军队建制
4514. 军队现代化：国防现代化
4515. 军队现代化建设：国防建设；军队建设
4516. 军队院校：军校；高等学校；军事院校；解放军院校；中国人民解放军院校
4517. 军队正规化建设：国防建设；军队建设
4518. 军队政治：军队后勤机关
4519. 军队政治部门：军队政治机关
4520. 军队政治机关：政治处；政治部；军队机关；军队政治部门；军队后勤机关
4521. 军队指挥：后勤指挥；军队管理；作战指挥；空中指挥；军队抢险救灾指挥
4522. 军队装备：军事装备
4523. 军队总人数：数量
4524. 军费：经费；城防费；国防费；行政经费；军事预算；装备购置费
4525. 军费总预算：国防预算
4526. 军服：警服；军装；军需；海军服；空军服；陆军服；特种军服；制式服装
4527. 军港：港口；海军基地
4528. 军工：国防工业
4529. 军工产品：军品；工业产品
4530. 军工产品贸易：军品贸易
4531. 军工企业：国防工业；国防企业；私营军工企业；军工企业管理法规
4532. 军工生产：国防工业
4533. 军官：将领；警官；军人；军队干部；文职干部；外事军官；军官管理法；受审查军官
4534. 军官管理法：军事法；国防法
4535. 军管：管制；戒严；军代表；军管小组；军事管制
4536. 军管会：军代表
4537. 军管小组：军代表
4538. 军国主义：帝国主义；法西斯主义
4539. 军婚：婚姻；军人婚姻
4540. 军火工业：兵器工业；国防工业
4541. 军籍：身份
4542. 军纪：纪律；军队纪律
4543. 军交勤务：军事交通
4544. 军警民联防：军民联防
4545. 军力：兵力
4546. 军粮：粮食
4547. 军龄：工龄；年数
4548. 军令：命令
4549. 军贸：军援；对外贸易；军贸法规；军事贸易；军品贸易
4550. 军民共建：群众工作；精神文明建设；军民共建精神文明
4551. 军民关系：警民关系；军政关系；军民团结；拥军爱民；社会关系
4552. 军民兼容：军民结合
4553. 军民结合：军民兼容
4554. 军民联防：军警民联防；军民联合防卫
4555. 军民联合防卫：军民联防
4556. 军民融合发展：国防和军队建设
4557. 军民团结：军地纠纷；军民关系

4558. 军品：产品；军工产品
4559. 军品储备：军用物资储备
4560. 军品结构：产品结构
4561. 军品进出口管理法：军事法；国防法
4562. 军品贸易：军贸；军工产品贸易
4563. 军人：兵；军官；战士；志愿兵；残疾军人；复员军人
4564. 军人婚姻：军婚
4565. 军人家属：军属
4566. 军人职称：军衔
4567. 军史：党史；历史；军队史；军队发展史；军事史；武装力量史
4568. 军事：军队；作战；驻防；军事部署
4569. 军事百科研究：军事科研
4570. 军事部门：军事机关
4571. 军事部署：作战方案
4572. 军事采购：装备
4573. 军事储备：战备储备
4574. 军事代表：军代表
4575. 军事当局：军事机关
4576. 军事地理理论：军事理论
4577. 军事斗争：武装斗争
4578. 军事斗争准备：战备
4579. 军事法：国防法；军官管理法；军品进出口管理法；军事法规；军事立法；军事法律；军事刑法；军事征用法；军事刑事诉讼法；军事法院组织法；军事设施保护法；军事检察院组织法
4580. 军事法废止：军事立法
4581. 军事法规：国防法规；后勤法规；军事法制；军事立法；军事法令；作战法规
4582. 军事法令：军事法规
4583. 军事法审定：军事立法
4584. 军事法庭：军事法院；特别法庭；军事检察院；军事审判庭；军事审判院
4585. 军事法修改：军事立法
4586. 军事法院：军事法庭
4587. 军事法院组织法：国防法
4588. 军事法制：军事法规
4589. 军事方针：军事路线；作战方针；国防现代化建设方针
4590. 军事工程：国防工程
4591. 军事工业：国防工业
4592. 军事工作：后勤工作；军队工作；侦察工作；军务工作；训练工作
4593. 军事管制：军管
4594. 军事行动：作战
4595. 军事行政：行政管理
4596. 军事后勤：军队后勤
4597. 军事后勤理论：军事理论
4598. 军事机关：军事部门；军事当局；中央军委；指挥机关
4599. 军事基地：导弹基地；海军基地；后方基地；军事社区；军事禁区；军事设施；战备工程；战略基地；空军基地；战略后方基地
4600. 军事计划：作战计划
4601. 军事检察院：军事法庭
4602. 军事检察院组织法：国防法；军事法
4603. 军事交通：军交勤务；军事运输
4604. 军事教育：国防教育；军事训练；战备教育；战区教育
4605. 军事禁区：地区；军事基地
4606. 军事经济：国防经济

4607. 军事科学；军事学；战役学；兵学；军事学术；军事理论；社会科学
4608. 军事科学技术：国防科技
4609. 军事科学研究：军事科研
4610. 军事科学研究工作：军事科研
4611. 军事科研；国防科研；军事百科研究；军事科学研究；军事科学研究工作；军事科研工作；军事学术研究；武器装备科研
4612. 军事理论；军事科学；军事学术；军事思想；军事著作；军事论述；战役理论；战术理论；战略理论；指挥理论；军事地理理论；军事后勤理论；军事理论研究；马列主义军事理论
4613. 军事力量：国防力量
4614. 军事立法；军事法；军事法规；军事司法；军事法废止；军事法审定；军事法修改；军事立法程序；军事立法规划；军事立法解释
4615. 军事路线；军事方针；毛泽东军事路线；无产阶级军事路线；毛泽东战争指导路线
4616. 军事论述：军事理论
4617. 军事贸易：军贸
4618. 军事片：影片
4619. 军事气象：军事气象学
4620. 军事情报：谍报活动
4621. 军事设施；军事基地；战备工程；军事运输设施；军事设施保护法
4622. 军事设施保护法：国防法；军事法
4623. 军事社区：军事基地
4624. 军事审判庭：军事法庭
4625. 军事审判院：军事法庭
4626. 军事实力：国防实力

4627. 军事史：军史
4628. 军事水文保障：军事训练
4629. 军事司法；军事立法；军事司法工作
4630. 军事思想；军事理论；军事原则；军事学术；军事思想研究；毛泽东军事思想
4631. 军事体育；野营；军体；国防体育；航海运动；航空运动；部队体育；军体活动；军事体育运动
4632. 军事条约：协定
4633. 军事通信；报知通信；国防通信；人防通信；侦察通信；战区通信；战场通信；战役通信；战斗通信；战略通信；野战通信；边海防通信；军兵种通信；合成军队通信；军事通信联络
4634. 军事刑法：国防法；军事法
4635. 军事刑事诉讼法：国防法；军事法
4636. 军事学：军事科学
4637. 军事学术；军事科学；军事理论；军事思想；军事学术研究
4638. 军事学术研究：军事科研
4639. 军事训练；军训；部队训练；技术训练；军事教育；军事演习；学生军训；战役训练；战术训练；民兵训练；共同科目训练；军事水文保障；正规化训练；预备役训练
4640. 军事演习；军事训练；人防演习；战备演习
4641. 军事医学：现代医药学
4642. 军事邮政：军邮
4643. 军事预算：军费；国防预算
4644. 军事原则；动员原则；军事思想；军事制度

4645. 军事援助：军援；对外军事援助
4646. 军事院校：高等院校；军队院校
4647. 军事运输：军运；国防运输；军事交通；战备运输；战役输送；铁路抢运；作战运输；战时运输
4648. 军事运输设施：军事设施
4649. 军事战略：核战略；全球战略；威慑战略；新时期军事战略
4650. 军事征用法：国防法；军事法
4651. 军事政策：国防政策
4652. 军事制度：军制；军事原则
4653. 军事著作：军事理论
4654. 军事装备：部队装备；防化装备；海军装备；后勤装备；军队装备；军用装备；武器装备；武警装备；空军装备；陆军装备；二炮专用装备
4655. 军属：家属；慰问；烈属；军人家属；随军家属
4656. 军体：军事体育
4657. 军体活动：军事体育
4658. 军务：军制
4659. 军务工作：军事工作
4660. 军衔：警衔；军人职称；军衔制度
4661. 军校：军队院校
4662. 军械工业：兵器工业
4663. 军械装备：武器
4664. 军需：军服；需求
4665. 军需工业：国防工业
4666. 军需品储备：军用物资储备
4667. 军需物资：军用物资
4668. 军训：军事训练
4669. 军用标准：国家标准；弹药配备标准；装备编配标准；军用通信技术标准
4670. 军用机场：空军基地
4671. 军用舰船：船舶
4672. 军用通信：军邮
4673. 军用通信技术标准：军用标准
4674. 军用文书：命令
4675. 军用物资：军需物资；战略物资；作战物资；战备物资
4676. 军用物资储备：粮食储备；战略储备；军品储备；军需品储备；作战物资储备；战争物资储备；武器装备储备；武装装备储备
4677. 军用装备：军事装备
4678. 军邮：邮政；通信；军事邮政；军用通信；兵种军邮勤务
4679. 军援：军贸；援助；军事援助
4680. 军运：军事运输
4681. 军政关系：军地关系；军民关系；社会关系
4682. 军制：兵制；军务；制度；国家军制；军事制度；军制研究
4683. 军种：海军；空军；陆军；军兵种
4684. 军种后勤：军队后勤
4685. 军装：军服
4686. 君主立宪制：政治制度；共和制
4687. 菌苗：药物
4688. 竣工：工程验收
4689. 竣工验收：工程验收

K

4690. 开办：办学
4691. 开办费：费用
4692. 开埠通商：对外贸易；通商口岸
4693. 开除党籍：退党；处分；党纪处分；恢复党籍；清除出党
4694. 开除公职：处分；除名；行政处分；开除军籍
4695. 开除军籍：处分；除名；行政处分；纪律处分；开除公职
4696. 开除团籍：纪律处分
4697. 开除学籍：纪律处分
4698. 开发：草原开发；产品开发；扶贫开发；海洋开发；技术开发；房地产开发；旅游资源开发；高新技术产业开发区；人才开发；山区开发；智力开发；水利开发；油田开发；科技开发；综合开发；能源开发；西部开发；资源开发；软件开发；中西部开发；新产品开发
4699. 开发区：经济区；经济开发区
4700. 开发银行：投资银行
4701. 开发援助：技术援助
4702. 开放：改革；改革开放；开放单位；临时开放；开放档案；门户开放
4703. 开放城市：开放区；经济特区；开放地区
4704. 开放单位：开放区
4705. 开放档案：档案利用
4706. 开放地区：开放城市
4707. 开放历史档案：档案利用
4708. 开放区：区域；开放城市；开放单位；经济开放区
4709. 开放政策：经济特区；经济政策
4710. 开罗宣言：台湾问题
4711. 开幕词：文种；闭幕词；开幕式
4712. 开幕式：仪式；开幕词
4713. 开斋节：宗教节日
4714. 刊物：期刊
4715. 勘测：勘察
4716. 勘查：勘察
4717. 勘察：测量；勘测；勘查；调查；地质勘察；勘察设计；现场勘查；综合勘察；战场工程勘察
4718. 看守所：监狱
4719. 康复中心：医院
4720. 抗差：抗税
4721. 抗腐拒变：反腐倡廉
4722. 抗旱：保墒；灌溉；抗灾；农田水利；抗旱救灾
4723. 抗旱救灾：旱灾；抢险救灾
4724. 抗洪：抗洪救灾
4725. 抗洪救灾：抗涝救灾；抢险救灾
4726. 抗涝救灾：抗洪救灾
4727. 抗日战争：中日关系；反侵略战争
4728. 抗税：抗差；偷税；逃税；违法犯罪行为
4729. 抗诉：上诉；诉讼；抗诉案件
4730. 抗议：强烈抗议
4731. 抗灾：救灾；抗旱
4732. 抗战教育：思想政治教育

4733. 抗震救灾：地震应急；地震灾害；抢险救灾
4734. 考察：调查；出国考察；干部考察；公务活动；政务考察；现场考察；科学考察；综合考察
4735. 考察报告：调查报告
4736. 考察船：船舶
4737. 考察站：科研机构
4738. 考古：工业考古；航空考古；考古技术；人类考古；农业考古；田野考古
4739. 考古队：科研机构
4740. 考古技术：文物保护
4741. 考古学：社会科学
4742. 考古研究：社会科学研究
4743. 考核：考评；考试；工作考核；绩效考核；考核内容；考核制度；考核办法
4744. 考核制度：人事制度
4745. 考据学：历史学
4746. 考评：考核
4747. 考勤：劳动管理；劳动纪律
4748. 考试：笔试；测验；高考；考核；中考；口试；闭卷考试；开卷考试；入学考试；录用考试；水平考试；自学考试；资格考试
4749. 烤烟：烟叶；烟草；工业原料；烤烟叶
4750. 柯尔克孜语：民族语言
4751. 柯尔克孜族：少数民族
4752. 科技：科学技术
4753. 科技保密：技术保密
4754. 科技产品：科技成果
4755. 科技成果：成果管理；成果推广；成果转让；科技产品；科技发明；科研成果；科学技术成果
4756. 科技成果奖：奖励；科技进步奖
4757. 科技成果交易：技术市场
4758. 科技成果交易会：技术市场
4759. 科技成果商品化：科技致富；科技成果转让
4760. 科技成果转让：科技成果商品化
4761. 科技档案：技术档案；技术资料；科研档案；科学技术档案
4762. 科技动员：战争动员
4763. 科技发明：专利；技术转让；科技成果；科学技术发明
4764. 科技发展规划：科技计划
4765. 科技法：法律；科技政策
4766. 科技方针：科研方针；科学技术面向经济
4767. 科技扶贫：科技下乡；科技兴农
4768. 科技服务：技术服务；技术援助；技术服务业；科技服务合同
4769. 科技服务业：技术服务业
4770. 科技干部：专业技术干部
4771. 科技革命：技术革命
4772. 科技工作：科学工作；科普工作；科研工作
4773. 科技工作者：科技人员
4774. 科技馆：科普工作；文化机构
4775. 科技管理：成果管理；技术管理；科研管理；技术革新管理；科技计划管理；科技项目管理
4776. 科技规划：高科技；火炬计划；科研规划；星火计划；科学技术规划
4777. 科技合同：保险合同
4778. 科技合作：合作研制；技术合作；技术协作；技术援助；科技协作；科学技术合作

4779. 科技基金：科技经费；科技开发基金
4780. 科技计划：发展规划；攻关计划；科研计划；攀登计划；星火计划；燎原计划；科技发展规划；高技术发展计划；尤里卡计划；科技计划管理
4781. 科技计划管理：科技管理；科技项目管理
4782. 科技交流：技术交流；技术推广；技术引进；技术转让
4783. 科技界：阶层
4784. 科技进步奖：奖励；科技成果奖；国家科技进步奖；军队科技进步奖；科学技术进步奖
4785. 科技经费：经营管理；科技基金
4786. 科技开发：技术开发；新技术开发；应用技术开发
4787. 科技开发基金：科技基金
4788. 科技领域：科研领域
4789. 科技情报：科技信息
4790. 科技情报政策：科技政策
4791. 科技人才：专业人才；科技人员；农业科技人才
4792. 科技人员：科技人才；科研人员；科技工作者；工程技术人员；农业科技人员
4793. 科技人员流动：人才交流；人员合理流动
4794. 科技市场：技术市场
4795. 科技体制改革：科学技术体制改革
4796. 科技投入：科技投资
4797. 科技投资：科技投入
4798. 科技下乡：科技扶贫
4799. 科技项目：科技项目管理
4800. 科技项目管理：科技管理；科技计划管理
4801. 科技协定：科学技术协定
4802. 科技协作：科技合作
4803. 科技信息：技术信息；科技情报；检察技术信息；科学技术信息
4804. 科技兴林：林业政策
4805. 科技兴牧：科教兴牧；畜牧业政策
4806. 科技兴农：科技扶贫；科技致富；科教兴农；农业政策
4807. 科技政策：科法；技术政策；科学技术；技术转让政策；科技情报政策；高技术发展政策；科学技术政策；科学技术方针
4808. 科技知识：科学知识
4809. 科技致富：技术市场；科技兴农；科技成果商品化
4810. 科技咨询：技术咨询
4811. 科教片：影片
4812. 科教兴国：科教兴国战略
4813. 科教兴国战略：发展战略
4814. 科教兴牧：科技兴牧
4815. 科教兴农：科技兴农
4816. 科目：学科；种类
4817. 科普：科学普及
4818. 科普工作：科技馆；科技工作；科学普及
4819. 科学：光学；哲学；古代文学；古典文学；固体力学；管理科学；行为科学；基础科学；军事科学；医药学；科学学；软科学；应用科学；社会科学；自然科学
4820. 科学工作：科技工作；科学事业
4821. 科学会堂：设施
4822. 科学技术：科技；高科技；国防科

技；海洋科技；科技政策；农业科技；医学科技；民族科技；现代科学技术

4823. 科学技术成果：科技成果
4824. 科学技术档案：科技档案
4825. 科学技术发明：科技发明
4826. 科学技术方针：科技政策
4827. 科学技术规划：科技规划
4828. 科学技术合作：技术援助；科技合作
4829. 科学技术进步奖：科技进步奖
4830. 科学技术面向经济：科技方针
4831. 科学技术体制改革：科技体制改革
4832. 科学技术现代化：农业现代化；四个现代化；工业现代化；国防现代化
4833. 科学技术协定：科技协定
4834. 科学技术信息：科技信息
4835. 科学技术政策：科技政策
4836. 科学家：专家；高级知识分子
4837. 科学普及：科普；科普工作
4838. 科学社会主义：马克思主义；科学社会主义理论；马克思主义三个组成部分
4839. 科学事业：科学工作
4840. 科学卫星：天文卫星；人造卫星；环地天文观测站
4841. 科学文化教育：各类教育
4842. 科学研究：科研；体育科研
4843. 科学研究费：科研经费
4844. 科学研究机构：科研机构
4845. 科学院：科研机构
4846. 科学知识：科技知识
4847. 科研：国防科研；技术研究；军事科研；科学研究；高技术研究；学术研究；科研成果；体育科研；农业科研；医学科研；软科学研究；社会科学研究
4848. 科研保障机构：科研机构
4849. 科研材料费：科研经费
4850. 科研成果：科技成果
4851. 科研单位：科研机构
4852. 科研档案：科技档案
4853. 科研定型费：科研经费
4854. 科研方针：科技方针
4855. 科研费：科研经费
4856. 科研工作：科技工作
4857. 科研管理：经济关系；经济管理；科技管理；科研经费；学术管理；科研管理学；科研管理法规；科研计划管理；科研项目管理
4858. 科研规划：发展规划；科技规划；科研计划；装备科研规划
4859. 科研机构：天文台；研究室；研究所；研究院；设计院；考察站；考古队；科学院；科研单位；研究机构；军事科研机构；科学研究机构；科研保障机构；农业科研机构；民办科研机构
4860. 科研基地：高技术基地
4861. 科研计划：发展纲要；发展计划；科技计划；科研规划；科研任务；研制计划；医学科研计划；人类基因组计划；全球大气研究计划
4862. 科研计划管理：科研管理
4863. 科研建设：武器装备科研建设
4864. 科研鉴定费：科研经费
4865. 科研经费：科研费；科研管理；科研项目；科学研究费；科研材料费；科研定型费；科研鉴定费；样机样品费；学术研究费；科研业务费；

科研协作费；科研论证费；科研设备费；科研试制费；科研试验费
4866. 科研课题：科研项目
4867. 科研领域：科技领域
4868. 科研论证费：科研经费
4869. 科研人员：科技人员
4870. 科研任务：科研计划；科研项目
4871. 科研设备：加速器；正负电子对撞机
4872. 科研设备费：科研经费
4873. 科研试验费：科研经费
4874. 科研试制费：科研经费
4875. 科研项目：科研经费；科研课题；科研任务；课题选择；军事科研项目；武器装备科研项目
4876. 科研项目管理：科研管理
4877. 科研效益：经济效益
4878. 科研协作费：科研经费
4879. 科研业务费：科研经费
4880. 科研装备：农业科研装备
4881. 可比价格：不变价格
4882. 可靠性：性能
4883. 可靠性管理：企业管理
4884. 可控性：性能
4885. 可燃性：性能
4886. 可视会议：电视电话会议
4887. 可视会议电话工程：电信工程
4888. 可用性：性能
4889. 克隆：生物工程
4890. 克什米尔问题：亚洲问题
4891. 恪尽职守：廉政
4892. 客车：车辆
4893. 客观性：性质
4894. 客货港：港口
4895. 客流：旅客
4896. 客运；春运；暑运；运输；救助安全；客运量；旅客运输；旅客吞吐量
4897. 客运量：周转量
4898. 客运站：车站
4899. 课程；党课；技术课；教学内容；课程类型
4900. 课题选择：科研项目
4901. 课外教育：各类教育
4902. 课业负担：学生负担
4903. 垦荒；农垦；围垦
4904. 空防；防空；防务；人防
4905. 空防建设：国防建设
4906. 空管：空中管制
4907. 空间：外层空间
4908. 空间法：国际法
4909. 空间技术：航天技术
4910. 空间通信：卫星通信；无线电通信
4911. 空间无线电通信：卫星通信
4912. 空军：海军；军种；陆军；军兵种
4913. 空军基地：机场；海军基地；军事基地；军用机场
4914. 空军装备：军事装备
4915. 空难：灾难
4916. 空气污染：酸性雨；烟污染；大气污染；废气污染；环境污染
4917. 空气污染监测：环境监测
4918. 空气质量：大气质量
4919. 空气质量标准：环境标准
4920. 空调器：家用电器
4921. 空运：航空运输
4922. 空中法：国际法
4923. 空中管制：空管；飞行管制；空中交通法规；空中交通管制
4924. 空中交通法规：空中管制
4925. 空中交通管制：空中管制

4926. 空中运输：航空运输
4927. 空中指挥：军队指挥
4928. 恐怖活动：暗杀；绑架；劫持；非法活动；恐怖组织；反恐怖活动
4929. 恐怖集团：恐怖主义
4930. 恐怖主义：人质；恐怖集团
4931. 恐怖组织：非法组织；恐怖活动
4932. 控告：检举；公民控告；申诉控告
4933. 控购：控制
4934. 控股：控制
4935. 控制：监控；控购；控股；调控；遥控；宏观控制；军备控制；传染病控制；人口控制；信贷控制；温度控制；自动控制；质量控制；用水总量控制
4936. 控制区：区域
4937. 口岸：海关；电子口岸；出入境管理；通商口岸
4938. 口号：标语；宣传；节假日口号；宣传品；宣传口号
4939. 口径：宣传口径
4940. 口粮：粮食
4941. 口试：考试
4942. 口语：语言
4943. 扣留：扣押；强制措施
4944. 扣押：扣留；强制措施
4945. 库存物资：积压物资；物资储备
4946. 库房：仓库；房屋
4947. 库区：区域
4948. 跨国公司：多国公司；国际公司；海外公司；海外企业；垄断企业；外资公司；跨国经营；跨国集团
4949. 跨国集团：跨国公司
4950. 跨国经营：海外公司；跨国公司；外资公司

4951. 跨流域引水：南水北调
4952. 快报：报刊；简报；快讯；信息快报
4953. 快速公路：高速公路
4954. 快讯：快报
4955. 会计：簿记；决算；财务会计；电算会计；工业会计；国家决算；国库会计；会计员；会计法；会计决算；会计制度；会计工作；会计科目；会计规程；会计核算；农业会计；商业会计；征解会计；银行会计；预算会计
4956. 会计差错率：会计工作
4957. 会计电算化：电算会计
4958. 会计法：财政法
4959. 会计工作：财经工作；财务工作；会计差错率
4960. 会计监督：经济监督
4961. 会计检查：财务监督；财经纪律
4962. 会计人员：财会人员
4963. 会计审计：财务审计
4964. 会计师：财会人员
4965. 会计员：财会人员
4966. 会计制度：财经制度；出纳制度
4967. 款项：拨款；税款
4968. 矿藏：矿产；矿产资源
4969. 矿产：地矿；富矿；矿藏；矿山；矿床；贫矿；矿产品；矿产区域；矿业产值；矿产开采；矿产文件；矿产储量；矿产储量管理；矿产勘查管理；矿产开发管理；矿产资源形势
4970. 矿产品：石油
4971. 矿产资源：矿藏；煤炭资源；石油资源；自然资源；金属矿产资源；

非金属矿产资源；非油气矿产资源；共伴生矿产资源；油页岩资源；水气矿产资源；油气矿产资源；能源矿产资源；支柱性矿产资源
4972. 矿产资源调查：资源调查
4973. 矿床：矿产
4974. 矿工：工人
4975. 矿井：主立井
4976. 矿山：厂矿；矿产；煤矿
4977. 矿山开发：资源开发
4978. 矿业产值：矿产
4979. 矿业城镇：工业城市
4980. 矿业总产值：工业总产值
4981. 亏损：暗亏；补贴；盈利；潜亏；财政赤字；扭亏增盈；企业亏损；商业利润
4982. 馈赠：赠予
4983. 昆虫：动物
4984. 困难补助：救济
4985. 困难企业：老企业
4986. 扩初设计：工程设计
4987. 扩大会议：中央军委扩大会议；中央政治局扩大会议
4988. 阔叶林：森林

L

4989. 垃圾；废物；城市垃圾；固体废物；垃圾处理
4990. 垃圾处理；城市垃圾；环境卫生
4991. 拉祜语：民族语言
4992. 拉祜族：少数民族
4993. 拉美问题：美洲问题
4994. 辣椒：蔬菜
4995. 来访：访问
4996. 来料加工：以进养出
4997. 来往文书：文件
4998. 来信来访：信访
4999. 来源；税源；干部来源；经济来源；次生灾害源；信息源；污染源；旅游客源
5000. 篮球：球类运动
5001. 滥发奖金实物；滥发钱物；违反财经纪律
5002. 滥发钱物：滥发奖金实物
5003. 滥伐：乱砍滥伐
5004. 滥占耕地：土地管理
5005. 浪费；节约；奢侈浪费；铺张浪费
5006. 劳保：劳动保护
5007. 劳动；价值；生产；雇佣劳动；体力劳动；脑力劳动
5008. 劳动保护；劳保；安全生产；中暑预防；劳动条件
5009. 劳动保险；退休；退职；劳工保险；社会保险
5010. 劳动报酬；记工；工资
5011. 劳动党：政党
5012. 劳动法；法律；工会法；劳动争议；劳动合同；劳动政策
5013. 劳动改造：劳改
5014. 劳动工资计划：劳动计划
5015. 劳动关系：社会关系
5016. 劳动管理；定员；考勤；经济关系；经济管理
5017. 劳动合同；劳动法；劳动争议
5018. 劳动计划；人口计划；劳动工资计划；劳动力调配；职工人数计划；国民经济计划
5019. 劳动纪律；考勤；劳动组织
5020. 劳动教养：劳教
5021. 劳动教育改造所：劳教
5022. 劳动经济：部门经济
5023. 劳动竞赛：比学赶帮超
5024. 劳动力；生产资料；人力资源；农村劳动力
5025. 劳动力价格：工资
5026. 劳动力价值：工资
5027. 劳动力调配：劳动计划
5028. 劳动量：工作量
5029. 劳动模范；劳模；先进个人
5030. 劳动生产率：协作
5031. 劳动时间：工作量
5032. 劳动条件：劳动保护
5033. 劳动卫生：环境卫生
5034. 劳动者；农民；牧民；工人；女工；童工；职工；合同工；老工人；个体劳动者；体力劳动者；脑力劳动者

5035. 劳动者权益保护：法律保护
5036. 劳动争议：劳动法；劳动合同；劳务纠纷
5037. 劳动政策：劳动法；国内政策；就业政策；合同工制度
5038. 劳动制度：合同工制度；竞争上岗制度；职工养老保险制度
5039. 劳动组织：劳动纪律
5040. 劳改：减刑；劳教；刑罚；劳动改造；刑满就业；劳改政策
5041. 劳工保险：劳动保险；人身保险
5042. 劳工经济：社会救济
5043. 劳工救济：社会救济
5044. 劳教：劳改；劳动教养；行政强制措施；劳动教育改造所
5045. 劳模：劳动模范
5046. 劳务：非法劳务
5047. 劳务出国：劳务输出
5048. 劳务合作：劳务输出；对外劳务合作；对台渔工劳务合作
5049. 劳务纠纷：劳动争议
5050. 劳务市场：劳务输出；国际劳务市场
5051. 劳务输出：劳务出国；劳务合作；劳务市场；对外劳务合作
5052. 劳资关系：社会关系
5053. 牢牢掌握意识形态工作领导权：文化建设
5054. 老干部：离休；退休
5055. 老工人：劳动者；老年工人；职工构成
5056. 老龄工作：老龄问题
5057. 老龄问题：老龄工作
5058. 老年：老年人
5059. 老年工人：老工人
5060. 老企业：困难企业
5061. 老区：地区
5062. 老师：教师
5063. 涝灾：防涝；排涝；水灾；气象灾害
5064. 雷达干扰：电子干扰
5065. 垒球：球类运动
5066. 类型：城市类型；农业类型；组织类型
5067. 累积：积累
5068. 冷藏车：汽车
5069. 冷藏电器：电冰箱
5070. 冷害：雹灾；冻害；气象灾害
5071. 冷气团：寒潮
5072. 离港：港口
5073. 离退休费：费用
5074. 离退休人员：离休人员
5075. 离休：退休；减员；老干部；干部离休；人事制度；自然减员
5076. 离休人员：离退休人员
5077. 离职：辞职；退职；减员；自然减员
5078. 梨：水果
5079. 黎族：少数民族
5080. 礼宾：外事活动
5081. 礼宾规格：接待
5082. 礼品：礼物；物品；礼品登记；赠送礼品
5083. 礼物：礼品
5084. 里程：总里程
5085. 理发业：服务业
5086. 理论：学术；原理；学说；方法论；妇运理论；革命理论；工运理论；国防理论；国家理论；环境理论；基础理论；监察理论；教育理论；经济理论；军事理论；国防经济理论；核军备控制理论；主权论；人

权论；信息论；异化论；人口理论；体育理论；哲学理论；宗教理论；战备理论；政党理论；政治理论；文艺理论；民族理论；统战理论；青运理论；政治工作理论；综合国力理论
5087. 理论队伍：工人理论队伍
5088. 理论教育：思想教育
5089. 理论联系实际：党风；主观主义；三大作风；工作作风
5090. 理论研究：军事理论研究；探索性研究；思想理论研究
5091. 理论研讨班：学习班
5092. 理赔：索赔
5093. 理事会：机构；监事会；红白事理事会；关税合作理事会
5094. 理滩：河道整治
5095. 力度：监督力度；监督检查力度
5096. 力量：实力；潜力；国防力量；国防潜力；国防实力；教育力量；科技力量；国防生产潜力；武装力量
5097. 力学：自然科学
5098. 力学性质：强度；弹性
5099. 历史：党史；军史；文史；战史；档案史；发展史；革命史；宗教史；文学史；组织史；艺术史；民族历史；自然科学史
5100. 历史档案：明代档案；民国档案；清代档案；旧政权档案；革命历史档案；满洲国档案；伪满洲国档案；太平天国档案；汪伪政权档案
5101. 历史唯物论：历史唯物主义
5102. 历史唯物主义：唯物史观；历史唯物论；辩证唯物主义；马克思主义哲学

5103. 历史文化名城：古城
5104. 历史学：考据学
5105. 立案：销案；立案标准
5106. 立案调查：调查
5107. 立法：司法；执法；法律制度；国防立法；经济立法；军事立法；立法体制；立法工作；立法机关；立法程序；人才立法；卫生立法；审计立法
5108. 立法程序：军事立法程序
5109. 立法工作：法制工作；人大工作
5110. 立法规划：军事立法规划
5111. 立法机关：司法机关；执法机构；国家权力机关
5112. 立法解释：法律解释；司法解释；军事立法解释
5113. 立法权：权力
5114. 立功：奖励
5115. 立交桥：桥梁；匝道
5116. 立井：竖井井筒
5117. 立卷：文书处理
5118. 利改税：税制
5119. 利率：比率；利息；差别利率；存款利率；贷款利率；法定利率；浮动利率；基准利率；优惠利率；协定利率；市场利率；平均利率；通知利率；利率总水平
5120. 利率杠杆：经济杠杆
5121. 利率管理：利率调整
5122. 利率调整：加息；利率管理
5123. 利率政策：金融政策
5124. 利润：产值；成本；红利；盈利；利息；利润表；剩余价值；税后利润；商业利润
5125. 利润税：所得税

5126. 利息：暗息；低息；定息；罚息；高息；股息；红利；计息；利率；利润；免息；生息；贴息；存款利息；贷款利息；计付利息；计收利息；利息额；债券利息
5127. 利息额：金额
5128. 利用：档案利用；利用侨资；利用外资；土地利用；资源利用
5129. 利用率：比率；档案利用率；设备利用率
5130. 利用侨资：经济政策
5131. 利用外资：经济政策；吸引外资；吸收外资
5132. 例会：会议
5133. 隶属关系：组织关系
5134. 荔枝：水果
5135. 傈僳语：民族语言
5136. 傈僳族：少数民族
5137. 连锁经营：专卖
5138. 莲藕：蔬菜
5139. 联办：办公室
5140. 联播：广播
5141. 联产承包：责任制；联产承包责任制；联产计酬责任制；农业生产责任制
5142. 联产计酬责任制：联产承包
5143. 联防：治安；军民联防
5144. 联行改革：金融改革
5145. 联行体制：金融体制
5146. 联合：经济联合；企业联合
5147. 联合办学：办学形式
5148. 联合公报：联合声明；联合宣言；中美联合公报
5149. 联合国：国际组织；国际原子能机构；联合国专门机构；联合国主要机构
5150. 联合国安全理事会：安理会
5151. 联合国常任理事国：安理会
5152. 联合国非常任理事国：国家
5153. 联合国教科文组织：联合国专门机构
5154. 联合国粮农组织：联合国专门机构
5155. 联合国主要机构：安理会
5156. 联合国专门机构：世界银行；世界卫生组织；世界气象组织；国际海事组织；国际民航组织；联合国粮农组织；联合国教科文组织
5157. 联合国组织：国际组织
5158. 联合企业：工业企业
5159. 联合声明：联合公报
5160. 联合体：经济组织；农村经济联合体
5161. 联合宣言：联合公报
5162. 联合组织：文联；群众组织
5163. 联络工作：军队联络工作
5164. 联勤：军队后勤
5165. 联勤建设：国防建设
5166. 联席会议：党政联席会
5167. 联系群众：党群关系
5168. 联谊会：社会团体
5169. 联营：经营；农工商联营
5170. 廉洁：作风
5171. 廉洁奉公：廉政
5172. 廉洁自律：作风；廉政教育
5173. 廉政：拒贿；拒礼；不正之风；恪尽职守；廉洁奉公；廉政教育；廉政监察；为政清廉
5174. 廉政建设：不正之风；廉政教育；清除腐败
5175. 廉政教育：干部教育；廉洁自律；廉政建设
5176. 良种：选种；种子

5177. 粮价补贴：价格补贴
5178. 粮棉播种面积：棉花播种面积；粮食播种面积
5179. 粮棉收购：购买；粮食收储
5180. 粮食：粗粮；公粮；军粮；口粮；主粮；原粮；细粮；军队生产粮；战备粮
5181. 粮食播种面积：粮棉播种面积
5182. 粮食储备：粮食储存；粮食储藏；粮食预留；粮食收储；物资储备；粮油储备；军用物资储备
5183. 粮食储藏：粮食储备
5184. 粮食储存：粮食储备
5185. 粮食品种：小麦
5186. 粮食企业：商业企业
5187. 粮食企业会计：商业会计
5188. 粮食收储：粮棉收购；粮食储备；粮油收购
5189. 粮食税：直接税
5190. 粮食问题：国际经济问题
5191. 粮食预留：粮食储备
5192. 粮食政策：农业政策
5193. 粮食作物：农作物；豆类作物；薯类作物；禾谷类作物
5194. 粮油出售：粮油销售
5195. 粮油储备：粮食储备；物资储备
5196. 粮油买卖：粮油销售
5197. 粮油生产：粮油收购；粮油销售；农业生产
5198. 粮油收购：购买；粮食收储；粮油生产
5199. 粮油调价：管理
5200. 粮油销售：粮油出售；粮油买卖；粮油生产；粮油征购
5201. 粮油征购：粮油销售
5202. 两岸关系：海峡两岸关系
5203. 两岸贸易：对台贸易
5204. 两岸"三通"：关系
5205. 两岸直航：关系
5206. 两岸直通：关系
5207. 两党关系：党际关系；两党合作
5208. 两党合作：国共合作；两党关系
5209. 两党制：执政党；政治制度
5210. 两个"必须认识到"：执政理念
5211. 两个"凡是"：真理标准；重大事件；关于真理标准问题的讨论
5212. 两个根本性转变：经济方针
5213. 两个文明建设：三个文明建设
5214. 两管五改：农村卫生
5215. 两条腿走路的方针：群众路线；社会主义建设总路线
5216. 两条线管理：财务管理
5217. 两忆三查：土地改革
5218. 两用桥：桥梁
5219. 两用人才：军地两用人才
5220. 量刑：判决；审议程序；数罪并罚
5221. 晾晒烟：烟草
5222. 燎原计划：科技计划
5223. 列车：机车
5224. 列宁主义：革命理论；思想体系；邓小平理论；党的指导思想；毛泽东思想；马克思主义
5225. 列收：收入
5226. 列收列支：收支
5227. 列席：出席
5228. 列支：支出
5229. 烈度：地震烈度
5230. 烈士：追认；革命烈士；荣誉称号
5231. 烈士纪念碑：纪念馆
5232. 烈士家属：烈属

5233. 烈士陵园：陵墓；烈士墓；纪念建筑物
5234. 烈士墓：烈士陵园
5235. 烈属：家属；军属；慰问；烈士家属；拥军优属
5236. 猎枪弹具管理：治安管理
5237. 林：森林
5238. 林彪反党集团：批林批孔运动；林彪反革命集团
5239. 林彪反革命集团：林彪反党集团
5240. 林彪反革命事件：九一三事件
5241. 林产工业：木材工业
5242. 林产品采集业：林业
5243. 林产品加工业：森林工业
5244. 林场：农场；国有林场；集体林场；林业企业
5245. 林带：林区；防护林带
5246. 林地：迹地；风景林地；灌木林地；环城绿带林地；有林地；宜林地；森林地；疏林地；苗圃地；造林地；农用地；未成林造林地
5247. 林地征用：土地征用
5248. 林火：森林火灾
5249. 林火预防：森林防火
5250. 林木采运业：林业
5251. 林木抚育业：林业
5252. 林木种植业：林业
5253. 林木种子：树种
5254. 林木资源：森林资源
5255. 林区：林带；牧区；区域；经济区；地方林区；国有林区；集体林区；海洋林业区；林业区
5256. 林权纠纷：山林纠纷
5257. 林网：防护林带
5258. 林业：农业；果树业；海洋林业；林木采运业；林木抚育业；林木种植业；林产品采集业；林业法；林业经济；农林牧副渔业
5259. 林业法：经济法
5260. 林业管理：采伐管理；经济管理；森林管护
5261. 林业航空：民航
5262. 林业机械：农业机械
5263. 林业建设：苗圃建设
5264. 林业经营：林业政策
5265. 林业企业：林场
5266. 林业区：林区
5267. 林业政策：经济政策；科技兴林；林业经营
5268. 临时代办：外交人员
5269. 临时工：工人；合同工
5270. 临时户口：户籍管理
5271. 临时机构：常设机构
5272. 临战状态：战备状态
5273. 临震预报：地震预报
5274. 磷肥：肥料；过磷酸钙；化学肥料
5275. 陵墓：烈士陵园
5276. 陵园：园林；烈士陵园
5277. 零配件：零部件
5278. 零部件：零件；配件；零配件；机械设备；机载设备；武器装备
5279. 零件：零部件
5280. 零售：批发；选购；售货；销售；报刊零售；零售价；零售额；销售量；批零关系；零售价格；零售商业；零售商店
5281. 零售额：金额；零售量；销售额；社会商品零售额；平均每人商品零售额
5282. 零售价：价格；零售价格

5283. 零售量；零售额
5284. 零售业；商业；批发业
5285. 领导；党的领导；集体领导；组织领导
5286. 领导班子；领导小组；领导班子建设
5287. 领导成员；领导人
5288. 领导干部；党政干部
5289. 领导关系；领导体制
5290. 领导核心；政治建设
5291. 领导机构；委员会；董事会；领导小组；人民武装部
5292. 领导科学；管理科学
5293. 领导人；领袖；主任；主席；书记；县长；委员；市长；省长；酋长；院长；部长；负责人；副部长；副省长；副书记；副主任；副主席；国务卿；监狱长；秘书长；副监狱长；副秘书长；国家元首；行政长官；领导成员；行政监察官；军队领导人员；党和国家领导人；领导人员；政府首脑；特区行政长官
5294. 领导体制；党委制；分工负责；管理体制；集体领导；领导关系
5295. 领导小组；领导班子；领导机构
5296. 领导职数；数量
5297. 领馆；领事馆
5298. 领海；海域；内海；领土；领空；领水；海洋法；十二海里领海
5299. 领海权问题；国际问题
5300. 领空；领海；领土；航空法
5301. 领事；代办；领事馆；外交官；外交使节；领事事务；领事条约；外交人员
5302. 领事馆；机构；领馆；大使馆；代办处；外交机构；外交代表机构

5303. 领水；领海
5304. 领土；领海；领空；自卫权；沿岸水域；领土问题
5305. 领土关系；香港问题
5306. 领土问题；边界问题；国际问题；香港问题；南沙群岛问题；西沙群岛问题
5307. 领袖；领导人
5308. 领域；学科；经济领域；科研领域；政治领域；流通领域
5309. 令；命令
5310. 留成；留存；留存收益
5311. 留存；留成
5312. 留存收益；留成
5313. 留党察看；处分；党纪处分；延长预备期
5314. 留守处；机构撤销
5315. 留学；学习；出国进修；出国留学；出国学习
5316. 留学人员；留学生
5317. 留学生；出国人员；留学人员；出国留学生；公费留学生；外国留学生；自费留学生
5318. 留言；题字；题词
5319. 留职察看；纪律处分
5320. 流动；人才交流
5321. 流动人口；农业人口；暂住人口；自然人流动
5322. 流动商业网；商业网点
5323. 流动资产；固定资产
5324. 流动资金；固定资金；长期资金；工业财务计划；流动资金管理
5325. 流行病；疾病
5326. 流量；数量
5327. 流氓；罪名

5328. 流速：速度
5329. 流通：流转；货币流通；商品流通；物资流通
5330. 流通税：税种
5331. 流通体制：经济体制；粮食流通体制；农村流通体制
5332. 流通业结构：产业结构
5333. 流域：水系；区域；大流域；小流域
5334. 流域规划：水利规划
5335. 流转：流通
5336. 流转税：税种；关税；增值税；消费税；营业税
5337. 硫酸铵：氮肥
5338. 六个精准：社会建设
5339. 六合彩：彩票
5340. 六一儿童节：节假日；国际儿童节
5341. 聋儿：残疾儿童
5342. 聋哑：疾病
5343. 聋哑教育：特殊教育
5344. 聋哑学校：特殊教育
5345. 垄断：竞争
5346. 垄断企业：跨国公司
5347. 搂草机：农业机械
5348. 漏税：避税；补税；偷税；违法行为
5349. 庐山会议：中央政治局扩大会议
5350. 陆架：大陆架
5351. 陆军：海军；军种；空军；军兵种
5352. 陆军装备：军事装备
5353. 陆棚：大陆架
5354. 录播：广播
5355. 录用：聘任
5356. 路线：方针；政策；党的路线；干部路线；工作路线；基本路线；建军路线；阶级路线；军事路线；社会主义建设总路线；总路线；外交路线；思想路线；政治路线；组织路线；群众路线；肃反路线
5357. 路线斗争：党内斗争；阶级斗争；政治斗争
5358. 路线教育：政治教育；基本路线教育；思想政治教育
5359. 乱砍滥伐：毁林；违法犯罪行为
5360. 乱砍乱伐：毁林
5361. 乱收费乱摊派乱罚款：三乱
5362. 乱挖滥采：违法犯罪行为
5363. 乱涨价：物价管理
5364. 掠夺性战争：侵略战争
5365. 伦理学：哲学
5366. 轮渡：码头
5367. 轮战：作战
5368. 论坛：东盟地区论坛；东亚—拉美论坛；南太平洋论坛
5369. 论文：文献；学术著作
5370. 论文集：出版物
5371. 论证：科研论证
5372. 萝卜：蔬菜
5373. 逻辑：哲学
5374. 裸土地：荒地
5375. 珞巴族：少数民族
5376. 落实干部政策：落实政策
5377. 落实私房政策：私房改造；落实政策
5378. 落实政策：平反；恢复党籍；恢复名誉；恢复职务；冤假错案；落实干部政策；落实私房政策
5379. 旅馆：宾馆
5380. 旅馆业：服务业
5381. 旅行：旅游
5382. 旅行社：旅游企业
5383. 旅行社标识：标志
5384. 旅客：客流

5385. 旅客吞吐量；客运
5386. 旅游；旅行；出境游；边境旅游；城市旅游；出国旅游；度假旅游；观光旅游；国内旅游；海滨旅游；会议旅游；假日旅游；奖励旅游；入境旅游；山水旅游；涉外旅游；特种旅游；生态旅游；体育健身游；民俗风情游
5387. 旅游车船；旅游交通；旅游服务
5388. 旅游城市；城市旅游
5389. 旅游船；船舶
5390. 旅游点；旅游区；旅游资源；旅游景点；旅游度假村
5391. 旅游定点企业；旅游企业
5392. 旅游度假村；旅游区；旅游点
5393. 旅游服务；旅游业；旅游车船；旅游商品
5394. 旅游服务企业；旅游企业
5395. 旅游服务组织；旅游企业
5396. 旅游管理；旅游规章；旅游项目
5397. 旅游规章；旅游管理
5398. 旅游交通；旅游业；旅游车船
5399. 旅游节；节假日
5400. 旅游景点；旅游区；旅游点
5401. 旅游客源；来源
5402. 旅游企业；旅行社；旅游定点企业；旅游服务企业；旅游服务组织；漂流经营企业
5403. 旅游区；区域；旅游点；游览区；旅游景点；风景名胜区；海洋旅游区；旅游度假村；游览胜地；旅游资源
5404. 旅游区卫生；环境卫生
5405. 旅游商品；旅游服务；旅游市场；旅游用品；旅游消费品
5406. 旅游市场；旅游商品
5407. 旅游团队；团体
5408. 旅游项目；旅游管理
5409. 旅游消费品；旅游商品
5410. 旅游业；产业；行业；旅游服务；旅游交通；国际旅游业
5411. 旅游用品；旅游商品
5412. 旅游资源；旅游点；旅游区；风景名胜区
5413. 履行合同失职被骗罪；罪名
5414. 履历；简历；经历；生平
5415. 律师；辩护人；辩护制度；法律顾问；法律工作者；律师法
5416. 律师法；管理法
5417. 律师制度；辩护制度
5418. 绿党；政党
5419. 绿地；绿化
5420. 绿肥作物；农作物
5421. 绿化；草坪；绿地；种草；城市绿化；城乡造林；道路绿化；国土绿化；环境美化；风景区绿化；工矿区绿化；居住区绿化；城乡绿化建设；园林建设；农村绿化；区域绿化；营区绿化
5422. 绿化费；费用
5423. 绿色；颜色；光学性质
5424. 绿色发展；生态文明建设
5425. 绿色化；生态文明建设
5426. 绿色农业；有机农业

M

5427. 麻风村：医院
5428. 麻类作物：黄麻
5429. 麻醉剂：药物
5430. 马克：外币
5431. 马克思主义：思想体系；革命理论；列宁主义；邓小平理论；毛泽东思想；党的指导思想；科学社会主义
5432. 马克思主义三个组成部分：科学社会主义
5433. 马克思主义哲学：历史唯物主义
5434. 马克思主义政党：工人阶级政党
5435. 马拉松跑：田径运动
5436. 马列主义毛泽东思想教育：思想政治教育
5437. 马铃薯：蔬菜
5438. 马术：体育运动
5439. 码头：港口；轮渡；多点系泊设备
5440. 买价：价格
5441. 买卖：交易
5442. 买卖关系：经济关系
5443. 麦：小麦
5444. 卖场：场所；市场
5445. 卖价：出口；价格
5446. 卖主：商贩
5447. 脉码调制通信：无线电通信；电信
5448. 满语：民族语言
5449. 满洲国档案：历史档案
5450. 满族：少数民族
5451. 慢性病：瘤疾；疾病；非传染性疾病
5452. 杧果：水果
5453. 盲聋哑教育：特殊教育
5454. 盲人：残疾人
5455. 盲人读物：出版物
5456. 盲人教育：特殊教育
5457. 盲人学校：特殊教育
5458. 盲文：文字
5459. 毛南族：少数民族
5460. 毛难族：毛南族
5461. 毛南语：民族语言
5462. 毛泽东思想：思想体系；革命理论；列宁主义；邓小平理论；马克思主义；新民主主义；党的指导思想；农村包围城市；枪杆子里面出政权
5463. 毛泽东战争指导路线：军事路线
5464. 矛盾：敌我矛盾；基本矛盾；主要矛盾；人民内部矛盾
5465. 锚地：泊位
5466. 冒险运动：体育运动
5467. 贸易：关贸；商业；通商；农贸；版权贸易；边界贸易；边境贸易；对外贸易；对销贸易；服务贸易；工商贸易；国际贸易；国内贸易；集市贸易；记账贸易；技术贸易；加工贸易；经济贸易；两岸贸易；旅游贸易；农村集市贸易；总贸易；一般贸易；专门贸易；易货贸易；期货贸易；民族贸易；物资贸易；现场贸易；网上贸易；许可证贸易
5468. 贸易壁垒：市场准入；贸易歧视；

进出口许可证制度

5469. 贸易差额：贸易值；贸易平衡
5470. 贸易额：金额
5471. 贸易法：海关法；经济法；国际私法
5472. 贸易管制：对外贸易管制
5473. 贸易合同：交货；保险合同；价格条件；交易合同；经济合同；合同货币；贸易谈判；贸易合约；贸易契约
5474. 贸易合约：贸易合同
5475. 贸易伙伴：物资贸易伙伴
5476. 贸易经济：商业经济
5477. 贸易平衡：贸易差额
5478. 贸易歧视：保护关税；保护贸易；贸易壁垒
5479. 贸易契约：贸易合同
5480. 贸易区：区域；自由贸易区
5481. 贸易市场：农产品市场
5482. 贸易谈判：价格条件；交易磋商；贸易合同；乌拉圭回合
5483. 贸易体制：外贸体制；对外贸易国家专营制
5484. 贸易协定：补偿贸易；多边贸易；经济协定；协定贸易；双边贸易；易货贸易；转口贸易；外交文件；贸易议定书；世界贸易组织；自由贸易协定；贸易与支付协定
5485. 贸易议定书：贸易协定
5486. 贸易与支付协定：贸易协定
5487. 贸易章程：通商
5488. 贸易政策：经济政策；对外贸易政策
5489. 贸易值：贸易差额
5490. 贸易制度：进出口许可证制度
5491. 贸易中心：商业中心

5492. 没收财产：附加刑；财产处理；敌产处理；没收物款；逆产处理；犯罪分子财产；没收赃款赃物
5493. 没收物款：没收财产
5494. 没收赃款赃物：没收财产
5495. 煤干馏：工艺
5496. 煤干馏工业：化学工业
5497. 煤价补贴：价格补贴
5498. 煤焦油：燃料；油料
5499. 煤矿：矿山
5500. 煤气：燃料；气体；天然气；液化石油气
5501. 煤炭法：经济法
5502. 煤炭工业：煤炭生产；煤炭系统；石油工业；燃料工业；能源工业；煤炭开采业；煤炭洗选业
5503. 煤炭基地：工业基地；燃料基地
5504. 煤炭开采业：煤炭工业
5505. 煤炭生产：煤炭工业
5506. 煤炭洗选业：煤炭工业
5507. 煤炭系统：煤炭工业
5508. 煤炭资源：矿产资源
5509. 煤田气：天然气
5510. 酶工程：生物工程
5511. 美国对华政策：中美关系
5512. 美籍华人：华侨
5513. 美蒋"共同防御条约"：台湾问题
5514. 美丽中国：生态文明建设
5515. 美容业：服务业
5516. 美售台武器问题：台湾问题
5517. 美术：艺术；舞台；造型艺术
5518. 美术馆：文化馆；文化机构
5519. 美术片：影片
5520. 美术市场：文化市场
5521. 美术展：展览

5522. 美学：哲学
5523. 美元：外币
5524. 美洲国家组织：区域性组织
5525. 美洲开发银行：区域性组织
5526. 美洲问题：拉美问题；地区性问题
5527. 镁肥：化学肥料
5528. 门巴族：少数民族
5529. 门户开放：自由贸易
5530. 门票：票证
5531. 门市部：商店
5532. 蒙藏事物：民族工作
5533. 蒙古族：少数民族
5534. 蒙古语：民族语言
5535. 锰肥：化学肥料
5536. 迷信活动：封建迷信活动
5537. 猕猴桃：水果
5538. 米袋子：米袋子工程
5539. 米袋子工程：政府工程；菜篮子工程
5540. 秘密：机密；绝密；密级；保密规定；国家秘密；军事秘密；秘密级
5541. 秘书：行政职务；机要秘书
5542. 秘书处：秘书工作
5543. 秘书工作：秘书处；机关工作
5544. 密度：比重
5545. 密级：保密；秘密
5546. 密集区：区域
5547. 密码：代码；保密编码
5548. 密码电报：通信
5549. 密码设备：密码装置
5550. 密码研究：翻译
5551. 密码装置：密码设备
5552. 密切联系群众：特权；党风；脱离群众；三大作风；党群关系；关心群众生活
5553. 密语：语言
5554. 棉布：纺织品；棉织物
5555. 棉纺：棉纱
5556. 棉花：皮棉；农作物；纤维作物
5557. 棉花播种面积：粮棉播种面积
5558. 棉花加工：农副产品加工
5559. 棉花生产：农业生产
5560. 棉农：农民
5561. 棉区：区域；农业区；经济区
5562. 棉纱：棉纺；纱线；棉织物；纺织品
5563. 棉织物：棉布；棉纱
5564. 棉织业：纺织工业
5565. 免耕：水土保持
5566. 免税：税收减免
5567. 免税土地：税收减免
5568. 免诉：起诉
5569. 免息：利息
5570. 免验：检验
5571. 免役：服役
5572. 免疫接种：防疫工作
5573. 免予起诉书：法律文书
5574. 免征：征兵
5575. 免征额：税收减免
5576. 免职：任免；干部任免
5577. 面积：播种面积；耕地面积；更新面积；灌溉面积；过火面积；绿地面积；造林面积
5578. 苗圃地：林地
5579. 苗圃建设：林业建设
5580. 苗语：民族语言
5581. 苗族：少数民族
5582. 庙会：集市贸易；宗教活动
5583. 灭火：防火；消防
5584. 灭火器：消防器材

5585. 民办教师：教育工作者
5586. 民办学校：私人办学
5587. 民兵：边防民兵；海防民兵；群众武装；武装力量
5588. 民兵工作：民兵制度；民兵建设
5589. 民兵建设：国防建设；民兵工作；后备力量建设；预备役部队建设
5590. 民兵训练：军事训练
5591. 民兵制度：民兵工作
5592. 民法：法律；商法；合同法；婚姻法；继承法；仲裁法；债权法；收养法；破产法；民事诉讼法；权益保障法；知识产权法
5593. 民防：人防；城防建设；人民防空；群众防卫
5594. 民防法：国防法
5595. 民防工程：国防工程；民防工事
5596. 民防工事：民防工程
5597. 民工：农民；农民工
5598. 民国档案：历史档案
5599. 民航：航空；航空运输；林业航空；民用飞机；民航管理；民用航空；农业航空；民航公安工作；民航安全保卫
5600. 民航气象：航空气象
5601. 民航条例：航空法
5602. 民间信仰：宗教信仰
5603. 民间组织：农民组织；社会团体；群众组织；非法民间组织
5604. 民警：警察
5605. 民品：产品
5606. 民事：民事权利；民事纠纷；民事责任
5607. 民事案件：刑事案件；民事审判；民事纠纷；民事调解
5608. 民事裁判：民事审判
5609. 民事纠纷：经济纠纷；民事案件；民事调解；土地纠纷；山林纠纷
5610. 民事权利：人身权
5611. 民事审判：民事案件；民事裁判；刑事审判
5612. 民事诉讼：刑事诉讼；民事诉讼法
5613. 民事诉讼法：法律；民法；刑事诉讼法
5614. 民事调解：民事案件；民事纠纷
5615. 民事责任：刑事责任
5616. 民俗风情游：旅游
5617. 民修堤埝：水利建设
5618. 民意测验：普查
5619. 民营：国营；经营
5620. 民营企业：私营企业
5621. 民用飞机：民航
5622. 民用工业：轻工业；纺织工业；国防工业
5623. 民用航空：民航
5624. 民运工作：群众工作
5625. 民政：区政；政务
5626. 民政工作：救济；户籍管理；民政事务
5627. 民政事务：民政工作
5628. 民众武装：武装力量
5629. 民主：集中；党内民主；军队三大民主；压制民主；民主集中制；社会主义民主；资产阶级民主
5630. 民主党：政党；共和党
5631. 民主党派：政党；参政党；参政议政；九三学社；民主人士；统一战线；全国台联；中国致公党；中国民主同盟；中国农工民主党；中国民主促进会；中国民主建国会；台

湾民主自治同盟；中国国民党革命委员会
5632. 民主党派工作：民主人士
5633. 民主革命：民族革命；民族民主革命；西藏民主革命；新民主主义革命；资产阶级民主革命
5634. 民主集中制：制度；民主制度；群众路线；党内民主
5635. 民主监督：群众监督；群众评议
5636. 民主理财：经营管理
5637. 民主评议：党员管理；干部评议；群众评议；民主生活会
5638. 民主人士：党外人士；进步人士；民主党派；爱国人士；爱国民主人士；民主党派工作；无党派人士
5639. 民主生活会：民主评议；党的组织生活；批评与自我批评
5640. 民主协商：统战方针；选举制度
5641. 民主制度：民主集中制
5642. 民主作风：压制民主；军队三大民主
5643. 民族；部落；阿昌族；被压迫民族；中华民族
5644. 民族仇恨：民族关系
5645. 民族地区：民族分布；少数民族地区
5646. 民族独立运动：反殖问题；民族解放运动
5647. 民族分布：民族地区
5648. 民族分裂势力：反民族分裂
5649. 民族风俗：民族习俗
5650. 民族干部：少数民族干部
5651. 民族革命：民主革命；民族战争；民族起义
5652. 民族工业：民族商业
5653. 民族工作：蒙藏事物；民族事务；民族关系；民族上层人士；民族区域自治
5654. 民族关系：民族仇恨；民族工作；民族歧视；民族区域自治；民族区域自治问题；社会主义民族关系
5655. 民族教育：民族文化
5656. 民族节日：节假日
5657. 民族解放运动：民族独立运动
5658. 民族解放战争：独立战争；反侵略战争
5659. 民族经济：市场经济；殖民地经济
5660. 民族精神：民族心理
5661. 民族纠纷：部落纠纷；民族问题；民族矛盾
5662. 民族科技：科学技术
5663. 民族理论：民族学
5664. 民族矛盾：民族纠纷
5665. 民族平等：民族政策
5666. 民族歧视：民族关系
5667. 民族起义：民族革命
5668. 民族区域自治：政策；自治乡；自治区；自治县；自治州；民族乡；民族政策；民族自治；民族工作；民族关系
5669. 民族区域自治法：民族自治；法律
5670. 民族区域自治问题：民族关系
5671. 民族商业：民族工业；华侨工商业
5672. 民族上层：阶层
5673. 民族上层人士：民族工作
5674. 民族史志：文献；地方志
5675. 民族事务：民族工作
5676. 民族体育：武术；民族形式体育
5677. 民族统一战线：民族阵线；三大法宝；抗日民族统一战线

5678. 民族团结：民族政策
5679. 民族外事：外事工作
5680. 民族文化：民族教育；民族心理
5681. 民族文字：文学
5682. 民族问题：番例条款；国际问题；民族纠纷；民族主义
5683. 民族习俗：民族风俗
5684. 民族乡：民族区域自治
5685. 民族心理：民族精神；民族文化
5686. 民族形式体育：民族体育
5687. 民族学：民族理论；社会科学
5688. 民族学院：高等院校
5689. 民族遗产：文化遗产
5690. 民族语言：壮语；彝语；怒语；瑶语；维语；仫佬语；土家语；土族语；撒拉语；锡伯语；藏语；傣语；侗语；汉语；满语；蒙古语；苗语；阿昌语；保安语；朝鲜语；东乡语；独龙语；高山语；哈尼语；黑傣语；景颇语；拉祜语；傈僳语；毛南语；哈萨克语；乌力格尔；塔吉克语；塔塔尔语；东部裕固语；柯尔克孜语；广播电视用语；乌孜别克语；少数民族语言
5691. 民族战争：民族革命；正义战争
5692. 民族阵线：民族统一战线
5693. 民族政策：国内政策；民族平等；民族团结；民族自治；民族区域自治
5694. 民族殖民地问题：国际问题
5695. 民族主义：民族问题；大民族主义
5696. 民族自治：民族政策；民族区域自治；民族区域自治法
5697. 敏感物项：项目
5698. 名册：名单
5699. 名单：名册；清单；黑名单；代表名额；会议分组名单
5700. 名额：代表名额
5701. 名牌：名牌产品
5702. 名牌产品：商品；名牌优势；名优产品；名优商品；名牌商品；拳头产品
5703. 名牌商品：名牌产品
5704. 名牌优势：名牌产品
5705. 名胜古迹：风景名胜区
5706. 名优产品：名牌产品；优质产品
5707. 名优商品：名牌产品
5708. 明代档案：历史档案
5709. 明器：古墓葬
5710. 明线：线路
5711. 命案：案件
5712. 命令：法令；公文；军令；指令；手令；通令；文种；处突命令；军用文书；任免令；通缉令；作战命令
5713. 模范：英雄；劳动模范；模范事迹；英雄模范；荣誉称号
5714. 模具：工具
5715. 模拟通信：电信
5716. 模式：大气模式；发展模式；经济模式
5717. 摩托车：车辆
5718. 摩托车制造业：机械工业
5719. 磨具：工具；石油
5720. 母婴保健：妇幼保健
5721. 母语：语言
5722. 木材：材料；成材；原木；建筑材料
5723. 木材工业：林产工业；森林工业；木材加工业
5724. 木材加工：木工；板材加工；产品加工

5725. 木材加工业：森林工业；建材工业；木材工业
5726. 木工：木材加工
5727. 目标：目的；国防目标；军事目标；培养目标；执勤目标
5728. 目标管理：企业管理；经济管理；多目标管理
5729. 目的：目标；意图
5730. 目的港：港口；航空运输
5731. 目录：编目；清单；书目；档案目录；分类目录；机读目录；检索工具书；主题目录；全宗目录；文物图录；资料目录
5732. 仫佬语：民族语言
5733. 仫佬族：少数民族
5734. 沐浴业：服务业
5735. 牧草：饲料；畜牧业
5736. 牧草地：草原
5737. 牧场：草场；农场；畜牧场；畜牧业；畜牧企业；海底牧场；人工牧场
5738. 牧民：游民；劳动者
5739. 牧区：地区；林区；畜牧业；经济区；农业区
5740. 牧业：畜牧业
5741. 牧业税：农业税
5742. 募集：募捐；征集
5743. 募捐：捐款；募集；捐赠活动；有奖募捐；社会活动
5744. 募资：集资
5745. 墓地：坟地；公墓；土地
5746. 墓葬：丧葬；古墓葬
5747. 睦邻政策：对外政策
5748. 穆斯林：伊斯兰教

N

5749. 纳税；补税；交税；征税；照章纳税；银行纳税
5750. 纳税办法：征税办法
5751. 纳税登记：税收管理
5752. 纳税管理：税务管理
5753. 纳税检查：税收管理
5754. 纳税鉴定：税收管理
5755. 纳税申报：税收管理
5756. 纳西族：少数民族
5757. 奶业：食品工业
5758. 耐潮性：性能
5759. 耐辐射性：性能
5760. 耐火性：性能
5761. 耐久性：性能
5762. 耐力：能力
5763. 男女平等：妇女权利
5764. 南北对话：国际问题
5765. 南部非洲发展共同体：区域性组织
5766. 南方共同市场：区域性组织
5767. 南方中心：国际组织
5768. 南瓜：蔬菜
5769. 南极洲问题：国际问题
5770. 南南合作：经济合作
5771. 南沙群岛问题：领土问题
5772. 南水北调；引水；跨流域引水；水资源调度
5773. 南太平洋论坛：区域性组织
5774. 南亚地区合作联盟：区域性组织
5775. 难民；救济；灾民
5776. 难民救济：难民问题
5777. 难民遣返：难民问题
5778. 难民收容：难民问题
5779. 难民问题：国际问题；难民救济；难民遣返；难民收容
5780. 脑力劳动：体力劳动
5781. 脑力劳动和体力劳动差别：工农差别
5782. 脑力劳动体力劳动差别：三大差别；工农差别
5783. 闹事：公共场所闹事；违法行为
5784. 内部刊物：期刊
5785. 内部审计：内核；外部审计
5786. 内部网：局域网；企业网
5787. 内地：沿海
5788. 内地工业：沿海工业
5789. 内阁：政府
5790. 内阁制：总统制；政治制度
5791. 内海：领海
5792. 内河：河流
5793. 内核：内部审计
5794. 内奸：间谍；特务
5795. 内陆捕捞业：渔业
5796. 内陆养殖业：渔业
5797. 内容：工作内容；考核内容
5798. 内线：关系
5799. 内需：需求
5800. 内援：援助
5801. 内债：公债；国债；外债；债务；国内债务
5802. 内政：国内政治

5803. 能力；才能；技能；耐力；实力；资格；购买力；竞争力；财务能力；偿付能力；动员能力；工作能力；净化能力；党的执政能力；国防生产能力；抗腐拒变能力；战斗力；消费力；业务能力；作战能力；指挥能力；支付能力；生产能力；生存能力；设计能力；资金能力；载畜能力；运输能力
5804. 能量储存：水库
5805. 能源；燃料；资源；沼气；核能源；电力能源；风力能源；海洋能源；新能源；热能源；农村能源；水力能源；石油能源
5806. 能源工业；重工业；核工业；煤炭工业；燃料工业；石油工业；天然气工业
5807. 能源经济；部门经济；工业经济
5808. 能源问题：国际经济问题
5809. 能源政策：经济政策
5810. 泥石流：自然灾害
5811. 逆产处理：没收财产
5812. 年表：年谱；大事记
5813. 年代：时间
5814. 年度：时间；月度；会计年度
5815. 年度计划：短期计划
5816. 年画：出版物
5817. 年检：检验
5818. 年历：出版物
5819. 年龄：年数
5820. 年谱：年表；文献；大事记
5821. 年数：党龄；工龄；军龄；年龄；时间；数量
5822. 年薪：工资
5823. 年薪制：工资制度
5824. 年终分配：收入分配
5825. 酿酒工业：发酵工业
5826. 尿素：氮肥
5827. 柠檬：水果
5828. 牛肉：肉类；食品
5829. 牛市：股票市场
5830. 扭亏：扭亏增盈
5831. 扭亏增盈：盘亏；亏损
5832. 农产品；水果；蔬菜；饲料；瓜；茶叶；桂圆；核桃；副产品；水产品；工业产品；农业特产；无公害农产品；转基因农产品
5833. 农产品加工：农副产品加工
5834. 农产品加工机械：农业机械
5835. 农产品加工业：农业
5836. 农产品市场：集贸市场；贸易市场
5837. 农产品收购商业：农村商品
5838. 农产品问题：国际经济问题
5839. 农场；林场；牧场；企业；大型农场；国营农场；华侨农场；集体农场；家庭农场；军垦农场；劳改农场；联营农场；农场管理；中型农场；商业农场；小型农场；校办农场；农业企业
5840. 农场管理：农场经营
5841. 农场经营：农场管理；企业经营
5842. 农村：城市；侨乡；贫困村
5843. 农村包围城市：武装斗争；毛泽东思想
5844. 农村产品结构：农村产业结构
5845. 农村产业结构：农村产品结构
5846. 农村代购代销店：农村商业
5847. 农村电气化：农业现代化
5848. 农村工业：工业经济
5849. 农村工作：村务公开

5850. 农村规划：村镇规划
5851. 农村合作医疗：医疗服务制度
5852. 农村集市贸易：商业；自由市场
5853. 农村建房：建筑；农民建房
5854. 农村教育：社会教育；乡村教育
5855. 农村经济：农业经济
5856. 农村经济政策：农业政策；农业法令；减轻农民负担；农业发展路线；农村人民公社基本政策；农村人民公社分配政策
5857. 农村绿化：乡村绿化
5858. 农村能源：沼气；农业动力；农村水电
5859. 农村人口：农业人口
5860. 农村人民公社分配政策：农村经济政策
5861. 农村人民公社会计：农业会计
5862. 农村人民公社基本政策：农村经济政策
5863. 农村人民公社所有制：集体所有制
5864. 农村商品：农产品收购商业
5865. 农村商业：城市商业；集市贸易；合作社商业；农村代购代销店
5866. 农村社教运动：四清运动
5867. 农村水电：农村能源
5868. 农村体制改革：经济体制改革
5869. 农村卫生：环境卫生；两管五改；爱国卫生运动；乡镇卫生院
5870. 农村专业户：个体户；农民专业户；农民客运专业户
5871. 农副产品：蜂蜜；畜禽产品；农业副产品
5872. 农副产品供应：菜篮子工程
5873. 农副产品加工：饲料加工；棉花加工；农产品加工

5874. 农副产品收购贷款：农业贷款
5875. 农工商联营：农商联营
5876. 农户：农家
5877. 农会：农民组织
5878. 农机：农业机械
5879. 农机具：农业机械
5880. 农家：农户
5881. 农科所：农业科研机构
5882. 农科院：农业科研机构
5883. 农科站：农业科研机构
5884. 农垦：垦荒
5885. 农林牧副渔业：农业；产业；副业；林业；畜牧业
5886. 农林牧结合：农业综合发展
5887. 农贸：贸易
5888. 农贸结合：农业贸易结合
5889. 农民：茶农；棉农；民工；烟农；劳动者；半自耕农；农民阶级
5890. 农民负担：农民收入；减轻农民负担
5891. 农民家庭收支调查：农民收入
5892. 农民建房：农村建房
5893. 农民客运专业户：农村专业户
5894. 农民收入：农民负担；农民家庭收支调查
5895. 农民专业户：农村专业户
5896. 农民组织：贫协；农会；民间组织；群众组织
5897. 农膜：农用薄膜
5898. 农牧结合：农业综合发展
5899. 农轻重关系：产业结构
5900. 农商关系：产销结合；工商关系；商业协作；社会关系
5901. 农商联营：农工商联营
5902. 农田：耕地；旱田；梯田；水田；

基本农田；中低产田
5903. 农田灌溉：农田水利
5904. 农田基本建设：水利建设；治水改土；农田水利；平整土地；改良土壤；农业技术改革；农业基本建设；农业技术革命；农田基本建设机械
5905. 农田基本建设机械：农业机械
5906. 农田排水：农田水利
5907. 农田水利：园田化；灌溉；抗旱；农田灌溉；农田排水；基本建设；农田基本建设
5908. 农药：高毒农药；农药管理法
5909. 农药残留量：数量
5910. 农药供销：商品供应
5911. 农业；副业；林业；畜牧业；创汇农业；高效农业；海洋农业；旱作农业；家庭副业；节水农业；绿色农业；谷物种植业；农产品加工业；农林牧副渔业；种植业；特色农业；生态农业；设施农业
5912. 农业保险：家畜保险；降雨保险；种植业保险；农作物收获保险
5913. 农业布局：规划；农业地理；因地制宜；农业配置；作物布局；生产力布局；农业生产结构；农业生产布局
5914. 农业产业化：农业现代化
5915. 农业贷款：农副产品收购贷款
5916. 农业地理：农业布局
5917. 农业地域类型：农业类型
5918. 农业电气化：农业现代化
5919. 农业动力：农村能源
5920. 农业发展纲要：农业发展规划
5921. 农业发展规划：农业规划；农业发展纲要
5922. 农业发展路线：农业政策；农村经济政策
5923. 农业发展速度：经济发展速度
5924. 农业法：经济法；土地法
5925. 农业法令：农业政策；农村经济政策
5926. 农业方针政策：农业政策
5927. 农业副产品：农副产品
5928. 农业工程：种子工程
5929. 农业管理：副业管理；经济管理；田间管理
5930. 农业规划：农业发展规划
5931. 农业航空：民航
5932. 农业化学化：农业现代化
5933. 农业会计：工业会计；商业会计；农村人民公社会计
5934. 农业机械：拖拉机；松土机；农机；播种机；除草机；搂草机；农机具；收割机；畜牧机械；耕耘机具；灌溉机械；果树机具；林业机械；育苗设备；排灌机械；收获机具；收获机械；栽植机具；桑蚕机具；植保机具；种植机械；耕整地机具；蔬菜收获机；农产品加工机械；农田基本建设机械；农业运输机械；田间管理机械
5935. 农业机械化：农业现代化
5936. 农业基本建设：农田基本建设
5937. 农业集约化：集约经营
5938. 农业技术改革：农田基本建设
5939. 农业技术革命：农田基本建设
5940. 农业技术培训：专业技术培训
5941. 农业经济：部门经济；工业经济；农村经济；商业经济
5942. 农业净产值：农业总产值

5943. 农业科技：科学技术；农业科技队；农业科学技术
5944. 农业科学技术：农业科技
5945. 农业科研机构：农科所；农科院；农科站
5946. 农业类型：农业地域类型
5947. 农业贸易结合：农贸结合
5948. 农业配置：农业布局
5949. 农业企业：农场
5950. 农业气象：农业气象学
5951. 农业气象预报：气象灾害
5952. 农业气象站：气象台站
5953. 农业区：区域；棉区；牧区
5954. 农业人口：流动人口；农村人口；乡村人口；非农业人口；人口职业构成
5955. 农业生产：三夏；粮油生产；棉花生产；饲料生产
5956. 农业生产布局：农业布局
5957. 农业生产结构：农业布局
5958. 农业生产责任制：联产承包
5959. 农业生产资料：中小农具
5960. 农业水利化：农业现代化
5961. 农业税：田赋；契税；税种；公粮；牧业税；渔业税；公粮任务；耕地占用税；农业税收；折征代金；农业特产税
5962. 农业特产：农产品；土特产品
5963. 农业特产税：农业税
5964. 农业统计：部门统计
5965. 农业现代化：工业现代化；农村电气化；农业产业化；农业电气化；农业化学化；农业机械化；农业水利化；四个现代化；科学技术现代化
5966. 农业银行：专业银行
5967. 农业用地：耕地
5968. 农业运输机械：农业机械
5969. 农业灾害：病虫害；自然灾害
5970. 农业债券：债券
5971. 农业政策：副业政策；教育兴农；经济政策；科技兴农；粮食政策；农业法令；商业政策；共同农业政策；农村经济政策；农业发展路线；农业方针政策
5972. 农业专业户：个体户
5973. 农业资源：土地资源；森林资源
5974. 农业综合发展：多种经营；混合农业；农牧结合；农林牧结合
5975. 农业总产值：工业总产值；农业净产值；工农业总产值；国民经济总产值
5976. 农用薄膜：农膜；塑料薄膜
5977. 农用地：土地；耕地；林地
5978. 农资专营：专营权；经营
5979. 农作物：大豆；甘蔗；黄麻；棉花；甜菜；烟草；大田作物；豆类作物；经济作物；粮食作物；绿肥作物；病虫害防治；禾谷类作物；园艺作物；热带作物；薯类作物；饲料作物；油料作物
5980. 农作物收获保险：农业保险
5981. 浓缩肥料：化学肥料
5982. 弄虚作假：浮夸风；不正之风；虚报成绩；骗取荣誉
5983. 奴隶主阶级：剥削阶级
5984. 怒语：民族语言
5985. 怒族：少数民族
5986. 挪用公款：贪污；挤占挪用资金
5987. 挪用公款罪：罪名
5988. 挪用资金：挤占挪用资金

5989. 诺贝尔奖：奖励；诺贝尔奖奖金；诺贝尔文学奖
5990. 诺贝尔文学奖：诺贝尔奖
5991. 糯稻：水稻
5992. 女工：工人；劳动者；职业构成

O

5993. 欧共体：区域性组织
5994. 欧盟：区域性组织
5995. 欧盟联系国：国家
5996. 欧佩克：国际经济组织
5997. 欧元：外币
5998. 欧洲问题：地区性问题

P

5999. 拍卖；矿权拍卖；土地拍卖；文物拍卖；文稿拍卖；使用权拍卖；艺术品拍卖
6000. 排放标准；环境标准
6001. 排灌；灌溉
6002. 排灌机械；农业机械
6003. 排华；反华；国际问题；华侨问题；迫害华侨；驱赶华侨
6004. 排涝；涝灾
6005. 排球；球类运动
6006. 排水工程；水利工程
6007. 排水沟渠；渠道
6008. 牌价；价格
6009. 派别；党派；教派
6010. 派出所；公安机关
6011. 派购；征购；统购；议购；收购
6012. 派购价；收购价
6013. 派遣费；费用
6014. 派性；党性
6015. 攀登计划；科技计划
6016. 盘亏；扭亏增盈
6017. 判决；量刑；仲裁
6018. 判决书；法律文书
6019. 叛变；叛国；叛逃
6020. 叛国；叛变；叛国罪
6021. 叛国投敌；叛徒；反革命罪
6022. 叛国罪；罪名
6023. 叛乱；动乱；骚乱
6024. 叛逃；叛变；外逃；罪名
6025. 叛徒；自首；叛国投敌；投敌叛变
6026. 旁证；证据
6027. 炮舰政策；对外政策
6028. 培训；进修；培养；出国培训；党员培训；定向培训；干部培训；岗前培训；岗位培训；合作培训；技术培训；教师培训；科技人员培训；培训制度；人员培训；职业培训
6029. 培训制度；人事制度
6030. 培养；培训；定向培养；干部培养；人才培养
6031. 培养目标；人才培养
6032. 赔偿；侵权；索赔；保险赔偿；行政赔偿；货损赔偿；经济赔偿；赔偿法；刑事赔偿；邮件赔偿
6033. 赔偿法；法律；国家赔偿法
6034. 赔偿费；费用
6035. 配备；干部配备
6036. 配合；合作
6037. 配件；零部件
6038. 配售；销售
6039. 配送；物资流通
6040. 配置；资源配置
6041. 喷灌；灌溉
6042. 烹调；饮食业
6043. 膨胀；通货膨胀
6044. 批发；零售；选购；销售；批发商业；批发商店；批零关系
6045. 批发价；价格；批发价格
6046. 批发商；个体户
6047. 批发业；商业；零售业

6048. 批复：批件；请示；文种
6049. 批件：批复；批示；文件
6050. 批林批孔运动：政治运动；林彪反党集团
6051. 批零差价：地区差价；购销差价；季节差价；质量差价；商品差价
6052. 批零关系：零售；批发
6053. 批评：检讨
6054. 批评与自我批评：党风；思想作风；三大作风；党内检讨；党内批评；民主生活会
6055. 批示：批件；批注；文件
6056. 批注：批示
6057. 批准：核准；药物批准
6058. 皮革工业：轻工业；服装工业；制革工业；皮革毛皮制品业
6059. 皮革毛皮制品业：皮革工业
6060. 皮棉：棉花
6061. 枇杷：水果
6062. 骗取荣誉：弄虚作假
6063. 骗税：违法犯罪行为
6064. 漂流：水上运动
6065. 漂流经营企业：旅游企业
6066. 票价：价格
6067. 票据：票据法
6068. 票据法：商法；法律
6069. 票据交换所：金融机构
6070. 票证：车票；机票；门票；凭证；福利券
6071. 贫矿：矿产
6072. 贫困村：扶贫；农村；贫困地区
6073. 贫困地区：贫困户；贫困乡；贫困县；扶贫；贫困村
6074. 贫困户：扶贫；贫困地区
6075. 贫困县：区县；贫困地区
6076. 贫困乡：乡镇；贫困地区
6077. 贫协：农民组织
6078. 频率：周期
6079. 品德教育：德育；五爱教育；思想政治教育
6080. 品牌：商标
6081. 品位：质量
6082. 品质：质量
6083. 品质证明书：商品检验
6084. 品种：储备品种；新品种；中药保护品种
6085. 品种差价：质量差价
6086. 聘请：管理；邀请；人事管理
6087. 聘任：管理；解聘；录用；聘用；聘任制；人事管理
6088. 聘任制：合同；人事制度
6089. 聘书：文书；证书
6090. 聘用：管理；聘任；人事管理
6091. 乒乓球：球类运动
6092. 平反：恢复名誉；落实政策；冤假错案；平反冤假错案
6093. 平房：房屋
6094. 平分土地：土地改革
6095. 平衡：计划平衡；物资平衡；生态平衡；综合平衡
6096. 平衡表：综合平衡
6097. 平衡法：综合平衡
6098. 平价：价格
6099. 平均收入：人均收入
6100. 平均主义：分配；大锅饭
6101. 平时法：国际法
6102. 平台：信息平台
6103. 平原：地形；高原；山间平原；沿岸平原
6104. 平整土地：农田基本建设

6105. 评比：检查评比
6106. 评定：评审；评功；质量评定；伤病残评定
6107. 评功：评定
6108. 评估：保险评估；资产评估
6109. 评价：环境评价
6110. 评奖：奖励
6111. 评论：社论；文艺评论
6112. 评判法：方法
6113. 评审：评定
6114. 评委：委员
6115. 评议：民主评议
6116. 苹果：水果
6117. 凭票供应：统销；定量供应
6118. 凭证：票证；证件；信用证；土地证；土地使用证
6119. 凭证式：方式
6120. 迫害华侨：排华
6121. 破案：案件；侦破
6122. 破案率：比率；发案率
6123. 破冰船：船舶
6124. 破产：倒闭；破产法；清资核算；企业破产
6125. 破产法：法律；民法；经济法；债权法；企业破产法
6126. 破坏：环境破坏
6127. 破坏集体生产案：案件
6128. 破坏选举案：案件
6129. 铺张浪费：挥霍浪费；贪污腐化；违反财经纪律
6130. 葡萄：水果
6131. 普查：调查；工业普查；民意测验；基本统计；全面调查；人口普查；土壤普查；资源普查；非全面调查
6132. 普法：普法工作
6133. 普法工作：法制工作；普法教育
6134. 普法教育：普法工作
6135. 普法宣传：法制宣传
6136. 普及：提高
6137. 普及教育：义务教育
6138. 普米族：少数民族
6139. 普通教育：基础教育
6140. 普选：竞选；选举；选举制度

Q

6141. 七千人大会：工作会议；中共中央扩大工作会议
6142. 七十二候：气候
6143. 七十七国集团：国际组织
6144. 七五计划：五年计划
6145. 期货：证券；金融期货；期货交易
6146. 期货交易：外汇交易；期货市场；期货贸易；证券交易
6147. 期货贸易：期货交易
6148. 期货市场：金融市场；期货交易
6149. 期刊：报刊；报纸；刊物；内部刊物
6150. 期票：货币
6151. 期权：合同；权益
6152. 期限：展期；计息期；保密期限；保险期限；存款期限；贷款期限；经营期限；签发日期；试用期
6153. 欺行霸市：市场管理；违法行为
6154. 欺压群众：违反群众纪律
6155. 棋类运动：体育运动
6156. 旗界纠纷：边界问题
6157. 旗帜：标志；船旗；党旗；国旗；团旗
6158. 企财保险：财产保险
6159. 企业：产业；公司；农场；事业；老企业；报关企业；储运企业；畜牧企业；传统企业；村队企业；大型企业；地方企业；风险企业；服装企业；福利企业；钢铁企业；工业企业；供销企业；股份公司；骨干企业；关联企业；国营企业；国有企业；海外企业；华侨农场；集体企业；集团企业；金融企业；经济实体；军工企业；开发企业；科研企业；亏损企业；困难企业；联营企业；粮食企业；劣势企业；林业企业；零售企业；垄断企业；旅游企业；民营企业；民用企业；民族企业；内资企业；农业企业；批发企业；破产企业；标准化企业；高技术企业；公司制企业；公有制企业；股份制企业；合伙制企业；建筑安装企业；连锁经营企业；绿化养护企业；股份合作制企业；外商独资经营企业；企业法；三资企业；中央企业；优势企业；制药企业；制造企业；印刷企业；商业企业；外商企业；外国企业；外贸企业；外资企业；小型企业；校办企业；注册企业；物流企业；物资企业；现代企业；私有企业；运输企业；邮电企业；重点企业；驻外企业；中型企业；乡镇企业；侨资企业；台资企业；私营企业；中小型企业；外向型企业；学习型企业；所投资企业；知识型企业；在外投资企业
6160. 企业标准：工厂标准；工业标准；公司标准；企业管理；企业内控标准
6161. 企业标准化：企业管理

6162. 企业单位；非企业单位
6163. 企业倒闭；企业破产
6164. 企业法；工会法；经济法
6165. 企业改革；经济改革；企业联合；企业转制；企业重组；公司制改革；股份制改革；国有企业改革
6166. 企业改造；关停并转；技术改造
6167. 企业改制；企业转制
6168. 企业购并；企业兼并；资产重组
6169. 企业管理；企业家；厂矿管理；成本管理；定额管理；计划管理；经济关系；经济管理；目标管理；企业标准；企业下放；企业整顿；生产管理；外企管理；质量管理；可靠性管理；工业企业管理；农业企业管理；企业标准化；企业自主权；企业管理体制；商业企业管理
6170. 企业管理制度；厂长负责制；岗位责任制
6171. 企业合并；关停并转；横向联合；企业联合；企业重组；生产积聚；纵向联合；资本集中；企业兼并；生产积累
6172. 企业活力；企业经营
6173. 企业集团；集团企业
6174. 企业家；企业管理
6175. 企业兼并；垂直兼并；横向兼并；企业购并；企业合并；企业联合
6176. 企业解困；企业经营
6177. 企业经营；农场经营；企业活力；企业解困；企业亏损；企业效益；企业破产
6178. 企业精神；企业文化
6179. 企业亏损；关停并转；企业经营；企业效益；企业破产
6180. 企业亏损补贴；财政补贴
6181. 企业联合；企业改革；企业合并；企业兼并
6182. 企业内控标准；企业标准
6183. 企业破产；关停并转；经济危机；企业倒闭；企业经营；企业亏损；企业破产法
6184. 企业审计；财务审计；行政事业审计
6185. 企业网；局域网；内部网；企业专网
6186. 企业文化；企业精神；企业形象
6187. 企业下放；企业管理
6188. 企业效益；经济效益；企业经营；企业亏损
6189. 企业形象；企业文化
6190. 企业债券；金融债券
6191. 企业整顿；关停并转；企业管理
6192. 企业重组；企业改革；企业合并
6193. 企业专网；企业网
6194. 企业转产；关停并转
6195. 企业转制；企业改革；企业改制
6196. 企业自主权；企业管理
6197. 启蒙教育；基础教育；学前教育
6198. 起诉；公诉；免诉；上诉；自诉；诉讼；撤回起诉；免予起诉；诉讼程序
6199. 起诉工作；检察工作
6200. 起诉书；法律文书
6201. 气功；养生；健身运动；中医疗法；中国武术；人体特异功能
6202. 气候；历史气候；七十二候；地质时期气候；天气分析
6203. 气候变化；天气
6204. 气候分区；气候区划

6205. 气候区：区域
6206. 气候区划：气候分区；航海气候区划；航空气候区划；军事气候区划
6207. 气候灾害：气象灾害
6208. 气候展望：天气预报
6209. 气候资源：自然资源
6210. 气体：煤气；沼气；天然气
6211. 气象：天气；水文；草原气象；航海气象；航空气象；航天气象；军事气象；农业气象；气象学；水文气象
6212. 气象保障：气象服务
6213. 气象病：疾病
6214. 气象服务：气象保障
6215. 气象工作：气象事业
6216. 气象观测：气象站
6217. 气象观测站：气象站
6218. 气象气球：气象卫星
6219. 气象设备：百叶箱；高空风观测；无线电探空仪
6220. 气象事业：气象工作；气象业务
6221. 气象塔：气象台站
6222. 气象台：气象站；气象网；气象台站
6223. 气象台站：气象站；气象塔；农业气象站
6224. 气象台站网：网络
6225. 气象通信：电信；专用通信；全球气象电信系统
6226. 气象网：气象台；气象站
6227. 气象卫星：气象气球；卫星观察；人造卫星；地球物理卫星
6228. 气象现象：霜冻
6229. 气象业务：气象事业
6230. 气象预报：天气预报
6231. 气象灾害：预防；水灾；雪害；雪崩；雪灾；雾害；霜冻；雹灾；冰害；冻灾；风害；风灾；寒害；旱灾；涝灾；冷害；气候灾害；天气灾害；自然灾害；农业气象预报
6232. 气象站：观测站；气象台；气象网；气象观测；气象台站；地面气象站；高空气象站；雷达气象站；流动气象站；气象观测站；天气预报；水文气象站；自动气象站
6233. 气象资料加工：资料工作
6234. 弃权：选举权
6235. 弃婴：儿童
6236. 汽车：车辆；大轿车；工程车；救护车；冷藏车；出租汽车；电动汽车；公共汽车；家用轿车；旅游汽车；小轿车；消防车；燃气汽车；越野汽车；载重汽车；无污染汽车
6237. 汽车工业：重工业；机械工业；汽车制造业
6238. 汽车行程：公路运输
6239. 汽车使用税：直接税
6240. 汽车尾气污染：废气污染
6241. 汽车制造业：汽车工业
6242. 汽油：柴油
6243. 汽油税：消费税
6244. 契税：农业税
6245. 契约：合同
6246. 契约法：商法
6247. 器材：材料；窃听器；仪器仪表；作案器材；消防器材；石油器材；运动器械
6248. 洽谈：谈判
6249. 洽谈会：会议
6250. 铅中毒：职业病

6251. 签发日期：期限
6252. 签证；证件；出国手续；旅游签证
6253. 前方；后方；前线
6254. 前景；发展趋势
6255. 前线；后方；前方
6256. 钱币；货币
6257. 钱币管理；货币管理
6258. 钱币市场管理；金融市场管理
6259. 潜亏；亏损
6260. 潜力；力量；国防潜力；国家潜力；科技潜力；国防生产潜力；资源量；生产潜力
6261. 潜水；水上运动
6262. 遣送；收容
6263. 欠款；债务
6264. 欠税豁免；税收减免
6265. 羌族；少数民族
6266. 枪杆子里面出政权；毛泽东思想
6267. 枪械工业；兵器工业
6268. 枪支管理法；弹药
6269. 强度；力学性质；纤维强度
6270. 强奸案；刑事案件
6271. 强奸罪；罪名
6272. 强迫命令；官僚主义；官僚作风
6273. 强权政治；霸权主义
6274. 强热带风暴；台风
6275. 强制保险；法定保险
6276. 强制措施；执法；逮捕；羁押；监视；拘留；扣留；扣押；刑事拘留；行政强制措施
6277. 抢夺案；刑事案件
6278. 抢劫；劫持
6279. 抢劫案；刑事案件
6280. 抢劫罪；罪名
6281. 抢险救灾；抗旱救灾；抗洪救灾；抗震救灾；自然灾害
6282. 敲诈勒索；违法犯罪行为
6283. 侨胞；华侨
6284. 侨汇；汇兑
6285. 侨眷；华侨；家属；侨属；华侨工作；华侨眷属
6286. 侨联；华侨社团；群众组织
6287. 侨民；归侨；华侨；居民；外侨；外国人；外国侨民
6288. 侨属；侨眷
6289. 侨团工作；侨务政策
6290. 侨务；华侨；华侨事务；侨务工作
6291. 侨务工作；侨务政策
6292. 侨务政策；国内政策；华侨政策；侨团工作；侨务工作；侨乡工作
6293. 侨乡；农村
6294. 侨乡工作；侨务政策
6295. 侨乡建设；城乡建设
6296. 侨资企业；华侨投资企业
6297. 桥梁；古桥；涵洞；匝道；城市桥；公路桥；立交桥；两用桥；人行桥；铁路桥
6298. 茄子；蔬菜
6299. 窃密；保密；失密；泄密；非法活动；情报手段；违法犯罪行为；危害国家安全活动
6300. 窃听器；器材
6301. 侵犯党员民主权利；党员权利
6302. 侵略战争；殖民战争；反侵略战争；非正义战争；掠夺性战争；帝国主义战争；资本主义社会战争
6303. 侵权；赔偿；权利
6304. 侵占；所有权
6305. 亲诚惠容；外交和国际关系
6306. 亲属；家庭

6307. 芹菜：蔬菜
6308. 禽病：畜禽疾病
6309. 禽病防治：畜禽
6310. 勤工俭学：半工半读；勤工助学
6311. 勤工助学：勤工俭学
6312. 勤俭办企业：勤俭建国
6313. 勤俭建国：勤俭办企业
6314. 勤务：后勤
6315. 青年：知青；归侨青年；应征青年；役龄青年
6316. 青年联欢节：五四青年节
6317. 青年团代表会议：团代会
6318. 青年运动：学生运动；群众运动；世界青年运动；中国青年运动
6319. 青年组织：学联；共青团；群众组织
6320. 青少年犯罪：少年管教；失足青少年
6321. 青少年教育：少年班；社会教育
6322. 轻工：轻工业
6323. 轻工业：重工业；制糖业；手工业；纺织工业；服装工业；加工工业；民用工业；皮革工业；家具制造业；乐器制造业；工艺品制造业；办公设备制造业；工艺美术制品工业；制盐工业；制糖工业；制鞋工业；印刷工业；印染工业；橡胶工业；烟草工业；纸制品业；羽绒工业；造纸工业；鞋帽工业；食品工业；饮料制造业；文体用品工业
6324. 轻工业产品：烟酒；日用品；服装
6325. 轻工业机械：轻工装备工业
6326. 轻工装备工业：轻工业机械；专用设备制造业
6327. 轻轨：铁路
6328. 轻子：电子
6329. 氢弹：核武器
6330. 倾销：销售；反倾销；反倾销法；反倾销税；经济争夺；危机输出
6331. 清仓核资：清查
6332. 清查：查封；清理；清仓核资
6333. 清除：清除腐败；清除附表；清除精神污染
6334. 清除出党：开除党籍
6335. 清除腐败：廉政建设
6336. 清除精神污染：精神文明建设
6337. 清代档案：历史档案
6338. 清单：名单；目录；申报单
6339. 清关：关税
6340. 清洁车：车辆
6341. 清理：处理；清查；整顿；档案清理
6342. 清理积案：案件处理
6343. 清算：核算
6344. 清算中心：金融机构
6345. 清洗机：洗衣机
6346. 清真教：伊斯兰教
6347. 清真寺：寺庙；伊斯兰教
6348. 清资核算：破产
6349. 情报：谍报；信息；对外情报；公开情报；经济情报；决策情报；军事情报；科技情报；秘密情报；反间谍情报；政治情报
6350. 情报工作：信息工作；情报资料工作
6351. 情报手段：窃密
6352. 情报中心：图书馆
6353. 情报主管部门：管理部门
6354. 情报资料工作：情报工作
6355. 情况：敌情；概况；海况；行情；

荒情；战况；水情；灾情；紧急情况；干部基本情况；计划完成情况；计划执行情况；实施情况
6356. 情况通报：情况摘报
6357. 情况摘报：情况通报
6358. 请办文：文件
6359. 请功：奖励
6360. 请客送礼：不正之风；公款公物请客送礼；接受当事人宴请送礼；违反财经纪律
6361. 请示：批复；指示；文种
6362. 请阅件：文件
6363. 庆典活动：庆祝会；挂像挂旗
6364. 庆祝大会：庆祝会
6365. 庆祝会：祝词；庆典活动；庆祝大会
6366. 酋长：领导人
6367. 球类运动：水球；台球；网球；足球；曲棍球；羽毛球；棒球；篮球；垒球；排球；保龄球；橄榄球；乒乓球；高尔夫球；体育运动
6368. 区划：地震区划；行政区划；经济区划；气候区划
6369. 区划调整：行政区划
6370. 区县：贫困县；行政区划；自治县；自治州
6371. 区域：灌区；库区；林区；流域；棉区；园区；市区；水域；邮区；保护区；捕捞区；度假区；港口区；工业区；航运区；活动区；经济区；居住区；开放区；控制区；旅游区；贸易区；密集区；农业区；气候区；工业园区；海洋区域；经济区域；矿产区域；单独关税区；地震危险区；风景名胜区；养殖区；协作区；商业区；增殖区；实验区；示范区；自然区；蓄洪区
6372. 区域规划：经济区划；区域划分；区域营建
6373. 区域合作：经贸合作
6374. 区域划分：行政区划；经济区划；区域规划
6375. 区域经济地理：地区经济
6376. 区域调整：行政区划
6377. 区域性组织：区域组织；东盟；欧盟；欧共体；国际组织；阿拉伯国家联盟；国际经济组织；美洲国家组织；美洲开发银行；南方共同市场；南太平洋论坛；东盟自由贸易区；南亚地区合作联盟；南部非洲发展共同体；上海合作组织；亚太经合组织；亚洲开发银行；亚太经济合作论坛；西非国家经济共同体
6378. 区域营建：建设；区域规划
6379. 区域政策：国内政策
6380. 区域自治：民族区域自治
6381. 区域组织：区域性组织
6382. 区政：民政
6383. 驱赶华侨：排华
6384. 驱逐出境：刑种；附加刑；国家关系恶化
6385. 趋势：发展趋势；长期趋势
6386. 渠道：灌渠；地下渠道；排水沟渠；引水渠；建筑物；田间工程；输水建筑物
6387. 曲棍球：球类运动
6388. 取缔：查禁取缔
6389. 取水工程：水利工程
6390. 取消：取消录用资格；取消荣誉称号；取消预备党员资格

6391. 取消预备党员资格；党纪处分
6392. 权力；义务；授权；权限；主权；否决权；管理权；管辖权；豁免权；监督权；检察权；决策权；立法权；行政权力；审判权；执行权；审计机关权力
6393. 权利；股权；侵权；义务；人权；债权；水权；特权；辩护权；公民权；管理权；管辖权；海洋权；航行权；经营权；居留权；党员权利；民事权利；民主权利；妇女儿童权利；广播影视版权；股份制土地产权；专营权；使用权；所有权；自主权；选举权；最初谈判权；自营进出口权
6394. 权限；权力；任免权；权限管理；审批权限
6395. 权益；期权；海洋权益；合法权益；妇女儿童权益；所有者权益；消费者权益；少数民族权益
6396. 权益保障法；民法；消费者权益保护法
6397. 全额；金额
6398. 全国人大；全国人代会；全国人民代表大会
6399. 全国人大常委会；人民代表大会制
6400. 全国人大常委会议；全国人民代表大会常务委员会会议
6401. 全国人代会；全国人大
6402. 全国人民代表大会；会议；国家机构；全国人大
6403. 全国人民代表大会常务委员会会议；全国人大常委会议
6404. 全国台联；民主党派
6405. 全国台湾研究会；学术团体
6406. 全国运动会；全运会
6407. 全国政协常委会议；全国政协会议；地方政协常委会议；中国人民政治协商会议全国委员会常务委员会会议
6408. 全国政协会议；地方政协会议；全国政协常委会议；中国人民政治协商会议全国委员会会议
6409. 全国政协主席办公会议；中国人民政治协商会议全国委员会主席办公会议
6410. 全国政协主席会议；政协会议；中国人民政治协商会议全国委员会主席会议
6411. 全集；别集；文集；选集；图书
6412. 全面二孩；社会建设
6413. 全面建成世界一流军队；国防和军队建设
6414. 全面开放新格局；经济建设
6415. 全面调查；普查
6416. 全面增强执政本领；政治建设
6417. 全面质量管理；经济管理；费效分析
6418. 全民健身；体育方针
6419. 全民健身运动；群众体育
6420. 全民皆兵；人民战争
6421. 全民所有制；公有制；个体所有制；集体所有制
6422. 全民所有制企业；国营企业；国有企业
6423. 全民所有制商业；国营商业；国有商业
6424. 全能运动；田径运动
6425. 全球大气研究计划；科研计划
6426. 全球伙伴关系；外交和国际关系

6427. 全球气象电信系统：通信系统；气象通信
6428. 全球战略：军事战略
6429. 全球治理观：外交和国际关系
6430. 全球治理体系变革：外交和国际关系
6431. 全体会议：中央全会；国务院全体会议；中央纪委全会
6432. 全优工程：优质工程
6433. 全运会：运动会；全国运动会
6434. 拳头产品：名牌产品
6435. 缺陷：出生缺陷
6436. 群体：企业群体；消费群体
6437. 群众办学：办学方针
6438. 群众防空组织：群众组织
6439. 群防卫：民防
6440. 群众工作：军民共建；民运工作；双拥工作；军队群众工作
6441. 群众管理：职代会
6442. 群众纪律：三大纪律八项注意
6443. 群众监督：民主监督；群众评议；群众检查
6444. 群众检查：群众监督
6445. 群众路线：阶级路线；群众运动；民主集中制；两条腿走路的方针
6446. 群众评议：干部管理；民主监督；民主评议；群众监督
6447. 群众体育：拔河；大众体育；体育活动；全民健身运动
6448. 群众团体：学联；人民团体；社会团体
6449. 群众文化：群众文艺；业余文化；业余文化生活
6450. 群众文艺：群众文化
6451. 群众武装：民兵；武装力量
6452. 群众运动：妇女运动；工人运动；阶级路线；青年运动；群众路线；政治运动；学生运动；爱国卫生运动
6453. 群众组织：工会；侨联；妇女组织；工会组织；联合组织；民间组织；农民组织；青年组织；东北救亡总会；工人群众组织；群众防空组织；少年儿童组织

R

6454. 燃料：煤气；能源；油料；沼气；单燃料；煤焦油；两用燃料；煤基燃料；清洁燃料；煤合成燃料；煤油混合燃料；煤焦油混合燃料；推进剂；石油化工燃料；柴油

6455. 燃料工业：重工业；电力工业；煤炭工业；能源工业；石油工业；天然气工业

6456. 燃料基地：动力；工业基地；煤炭基地

6457. 燃烧航弹：弹药

6458. 染料：柴油

6459. 染料工业：化学工业

6460. 染料作物：经济作物

6461. 染色体：交换

6462. 让渡利润：商业利润

6463. 热爱本职教育：职业道德教育

6464. 热带风暴：台风

6465. 热带气旋：台风

6466. 热带作物：农作物

6467. 热电冷联产：生产

6468. 热电联供：供应

6469. 热风炉：高炉

6470. 热核爆炸：核试验

6471. 人—机系统：行为科学

6472. 人保：人身保险

6473. 人才：拔尖人才；高级人才；工作人才；管理人才；建设人才；军事人才；科技人才；两用人才；复合型人才；专门人才；物流人才；特殊人才

6474. 人才分流：人才流动

6475. 人才管理：人才使用；人才交流；人才培养

6476. 人才交流：流动；人才管理；人才流动；科技人员流动

6477. 人才结构：知识结构；人员结构

6478. 人才流动：人才分流；人才交流

6479. 人才培训：人才培养

6480. 人才培养：培养目标；人才管理；人才培训；两用人才培养

6481. 人才使用：发现人才；人才管理

6482. 人才引进：引进人才

6483. 人大：地方人大；全国人大；国家权力机关；人代会；人民代表大会；人民代表大会制

6484. 人大常委会议：全国人大常委会议

6485. 人大工作：立法工作

6486. 人代大会：人民代表大会制；人民代表大会

6487. 人代会：人大；人民代表会议

6488. 人道主义：人文主义

6489. 人犯：犯罪嫌疑人

6490. 人防：防空；空防；民防；城市防空；人防法规；人民防空

6491. 人防兵力部署：人民防空

6492. 人防地下建筑物：人防工程

6493. 人防法规：人民防空法

6494. 人防工程：建筑物；防空工程；战备建设；人防工事；战备工程；地

下建筑物；城市防卫工程；人防地下建筑物；人民防空工程
6495. 人防工事：人防工程
6496. 人防工作：人防任务；战备工作；人民防空工作
6497. 人防经费：国防费
6498. 人防任务：人防工作
6499. 人防通信：军事通信
6500. 人防演习：军事演习
6501. 人工降水：人工降雨
6502. 人工降雨：人造云；人工降水；人工影响天气
6503. 人工林：森林；防护林；天然林
6504. 人工牧场：畜牧场
6505. 人工影响天气：人工降雨
6506. 人工造林：防护林
6507. 人行桥：桥梁
6508. 人际关系：干群关系；官兵关系；尊师爱生；社会关系
6509. 人均纯收入：人均收入
6510. 人均国民生产总值：产值；国民经济总产值
6511. 人均国民收入：人均收入；国民经济净产值
6512. 人均国内生产总值：产值
6513. 人均收入：平均收入；人均纯收入；人均国民收入
6514. 人口：户口；常住人口；出生人口；流动人口；农业人口；贫困人口；非农业人口；暂住人口；现有人口
6515. 人口规划：城乡规划；计划生育
6516. 人口计划：计划生育；劳动计划；人口统计
6517. 人口控制：计划生育
6518. 人口普查：标准时点；常住人口；人口政策；暂住人口；现有人口
6519. 人口素质：人口问题
6520. 人口统计：出生率；出生统计；人口计划；人口总数；社会经济统计
6521. 人口问题：计划生育；人口素质；优生优育
6522. 人口增加率：人口增长率
6523. 人口增长率：一胎率；死亡率；人口增加率；人口自然变动
6524. 人口政策：人口普查；计划生育政策
6525. 人口职业构成：农业人口；非农业人口
6526. 人口资源：国土资源
6527. 人口自然变动：人口增长率
6528. 人口总数：数量；常住人口；人口统计；暂住人口
6529. 人类：生物；生态环境
6530. 人类环境：生活环境
6531. 人类基因组计划：科研计划
6532. 人类命运共同体：外交和国际关系
6533. 人力资源：劳动力
6534. 人力资源管理：人事管理
6535. 人民：公民
6536. 人民币：外币；货币
6537. 人民代表大会：国家机构；会议；人大；人代大会；国家权力机关；全国人民代表大会；地方各级人民代表大会；人民代表大会制
6538. 人民代表大会制：人代大会；政治制度；人大；全国人大常委会
6539. 人民代表会议：人代会
6540. 人民防空：人防；城市防空；国土防空；要地防空；野战防空；人防兵力部署

6541. 人民防空法：国防法；人防法规
6542. 人民防空工程：人防工程
6543. 人民防空工作：人防工作
6544. 人民公社所有制：集体所有制
6545. 人民来信来访：信访
6546. 人民来信来访工作：信访工作
6547. 人民民主革命：新民主主义革命
6548. 人民民主专政：无产阶级专政；资产阶级专政
6549. 人民内部矛盾：敌我矛盾；对抗性矛盾；非对抗性矛盾
6550. 人民日报：报纸
6551. 人民团体：群众团体
6552. 人民武装：武装力量
6553. 人民武装部：县大队；人武部；领导机构
6554. 人民战争：全民皆兵；正义战争；反侵略战争
6555. 人民政治协商会议：政协会议
6556. 人权：权利；公民权；持不同政见；国际人权公约；政治避难；种族歧视；世界人权宣言；持不同政见者
6557. 人权论：理论
6558. 人权问题：国际问题
6559. 人身保险：人保；健康保险；劳工保险；人寿保险；终身保险；纯生存保险；简易人身保险；意外伤害保险
6560. 人身权：民事权利；人身自由权
6561. 人身自由权：人身权
6562. 人生观：世界观
6563. 人事：人事工作
6564. 人事安排：人事管理
6565. 人事档案：村民档案；干部档案；专业档案
6566. 人事工作：分流；干部工作
6567. 人事管理：任免；任命；转正；解聘；借调；晋升；聘请；聘任；聘用；干部管理；精减人员；人事安排；三定方案；企业人事管理；人力资源管理；人员合理流动
6568. 人事任免：干部任免
6569. 人事政策：干部政策
6570. 人事制度：退休；离休；聘任制；福利制度；干部制度；奖励制度；晋升制度；考核制度；培训制度；任免制度；休假制度；退休制度；公务员制度
6571. 人寿保险：人身保险
6572. 人体功能：人体特异功能
6573. 人体特异功能：气功；人体功能
6574. 人头税：直接税
6575. 人为干扰：电子干扰
6576. 人文主义：人道主义
6577. 人武：武装力量
6578. 人武部：人民武装部
6579. 人物：典型人物；先进人物
6580. 人选：预备人选
6581. 人员安置：就业安置；台胞安置；复转军人安置
6582. 人员管理：党员管理
6583. 人员合理流动：人事管理；科技人员流动
6584. 人员结构：人才结构
6585. 人员调配：干部调配
6586. 人造石油：原油
6587. 人造卫星：广播卫星；科学卫星；气象卫星
6588. 人造云：人工降雨
6589. 人证：证据

6590. 人质：劫持；恐怖主义
6591. 人质问题：国际问题
6592. 刃具：工具
6593. 认购即付：交易
6594. 认识论：唯心主义；唯物主义；哲学理论
6595. 任免：罢免；免职；任命；干部任免；人事管理；任免令
6596. 任免令：命令
6597. 任免权：权限
6598. 任免制度：人事制度
6599. 任命：任免；人事管理
6600. 任命书：文件
6601. 任人唯贤：干部路线
6602. 任务：边防任务；出国任务；工作任务；公粮任务；稽核任务；技术任务；警卫任务；科研任务；人防任务；急难险重任务；作战任务；审计任务
6603. 任务书：文件
6604. 日程：会议日程
6605. 日蒋"和平条约"：台湾问题
6606. 日内瓦公约：国际共产主义运动
6607. 日用电器：电视机；洗衣机；家用电器
6608. 日用化学制品工业：化学制品业
6609. 日用品：肥皂；轻工业产品
6610. 日元：外币
6611. 荣誉称号：英雄；院士；奖励；烈士；模范；先进集体
6612. 荣誉军人：残疾军人
6613. 容积：容量
6614. 容量：容积；存储容量；游客容量；装机容量
6615. 融资：证券
6616. 融资法：金融法
6617. 融资中心：金融机构
6618. 鞣料作物：经济作物
6619. 肉类：鸡肉；牛肉；猪肉；羊肉；鸭肉；食品；畜产品
6620. 儒教：宗教
6621. 乳品工业：食品工业
6622. 乳制品：食品
6623. 入党：党员标准
6624. 入盟候选国：国家
6625. 入网检测费：费用
6626. 入学考试：招生；升学考试
6627. 软件：指令；计算机软件
6628. 软件业：信息产业
6629. 软科学研究：科研
6630. 软着陆：经济建设
6631. 弱智教育：特殊教育
6632. 弱智人：残疾人

S

6633. 撒拉语：民族语言
6634. 撒拉族：少数民族
6635. 赛车运动：体育运动
6636. 赛会：博览会
6637. 赛艇运动：水上运动
6638. 三八妇女节：节日；国际劳动妇女节；三八国际妇女节
6639. 三八国际妇女节：三八妇女节
6640. 三产：第三产业
6641. 三大差别：城乡差别；工农差别；脑力劳动体力劳动差别
6642. 三大法宝：党的建设；发展党员；武装斗争；统一战线；组织建设；爱国统一战线；国际统一战线；民族统一战线
6643. 三大攻坚战：执政理念
6644. 三大纪律八项注意：政治纪律；群众纪律
6645. 三大作风：党风；干部作风；党的三大作风；理论联系实际；密切联系群众；批评与自我批评
6646. 三定方案：人事管理
6647. 三废治理：环境治理
6648. 三废综合利用：废物综合利用
6649. 三个代表：党的指导思想
6650. 三个牢牢把握：执政理念
6651. 三个确保：政治建设
6652. 三个世界理论：第二世界；第三世界；发展中国家；国际统一战线
6653. 三个维护：国防和军队建设
6654. 三个文明建设：精神文明建设；两个文明建设；物质文明建设
6655. 三角债：债务
6656. 三金工程：金字工程
6657. 三乱：乱收费乱摊派乱罚款；违反财经纪律
6658. 三峡：地形；景观；长江三峡
6659. 三夏：农业生产
6660. 三线：国防建设
6661. 三严三实：作风建设
6662. 三资企业：独资企业；合资企业；合作企业；外商企业；外资企业；港澳台商企业；华侨投资企业；中外合资企业；中外合作经营企业；外商独资经营企业
6663. 散射通信：无线电通信
6664. 散文：通讯；回忆录；文学作品
6665. 桑蚕机具：农业机械
6666. 丧事安排：丧葬
6667. 丧葬：殡葬；地宫；火葬；墓葬；葬法；土葬；水葬；丧事安排
6668. 骚乱：暴乱；动乱；叛乱
6669. 骚乱事件：非法事件
6670. 扫黄：扫黄打非
6671. 扫黄打非：出版管理；出版市场；打击犯罪；治安管理
6672. 扫盲：文盲
6673. 扫盲工作：教育工作
6674. 森林：测定林；成熟林；次生林；单层林；低产林；防护林；灌木林；

6674. (续) 国防林；过熟林；经济林；阔叶林；人工林；个人所有林；国家所有林；集体所有林；天然林；异龄林；用材林；薪炭林；针叶林；森林分布；中幼龄林；特种用途林；速生丰产林
6675. 森林保护：营林；森林管护；植物保护；森林资源保护
6676. 森林大火：火灾
6677. 森林带：森林分布
6678. 森林法：法律；自然资源保护法
6679. 森林防火：消防；护林防火；林火预防；森林火灾；森林灭火
6680. 森林分布：森林带；森林群落；森林覆盖率
6681. 森林覆盖率：森林分布
6682. 森林工业：木材工业；木材加工业；林产品加工业
6683. 森林公园：自然保护区
6684. 森林管护：管理；林业管理；森林保护
6685. 森林火灾：森林防火；森林灭火；森林灾害；山林火灾
6686. 森林灭火：森林防火；森林火灾
6687. 森林群落：森林分布
6688. 森林灾害：森林火灾
6689. 森林资源：林木资源；农业资源；土地资源；自然资源
6690. 森林资源保护：森林保护
6691. 杀人：杀人罪
6692. 杀人案：刑事案件
6693. 杀人犯：罪犯
6694. 杀人罪：罪名；伤害罪；过失杀人
6695. 沙地：沙漠
6696. 沙漠：地形；沙地
6697. 沙漠化：环境破坏
6698. 沙漠造林：固沙造林；沙漠治理
6699. 沙漠治理：沙漠造林；土壤改良
6700. 纱线：棉纱
6701. 山地：荒山
6702. 山林火灾：森林火灾
6703. 山林纠纷：房产纠纷；林权纠纷；民事纠纷；土地纠纷
6704. 山区：地区；湖区
6705. 山水林田湖生命共同体：生态文明建设
6706. 山药：蔬菜
6707. 山楂：水果
6708. 膳食管理：机关膳食管理
6709. 赡养：抚养
6710. 伤残军人：残疾军人
6711. 伤残人士：伤残人员
6712. 伤残人员：残疾人；伤残人士
6713. 伤残证：证件
6714. 伤害罪：罪名；杀人罪
6715. 伤亡事故：安全生产
6716. 商标：标志；品牌；知识产权
6717. 商标保护：知识产权保护
6718. 商标法：商法；法律；专利权法；商标注册；著作权法；知识产权法
6719. 商标管理：商标注册；商业管理；工商行政管理；商标注册管理
6720. 商标权：知识产权；商标专用权
6721. 商标注册：商标法；商标管理；工商行政管理
6722. 商标注册管理：商标管理
6723. 商标专用权：商标权
6724. 商埠：通商口岸
6725. 商店：场所；店铺；商号；书店；药店；便利店；门市部；百货公司；仓储式商店；旅游定点商店；专卖

店；文物商店；网上商店
6726. 商法：法律；民法；担保法；公司法；海商法；票据法；契约法；商标法；反倾销法；电子商务法；进出口商品检验法；商业管理；专利权法
6727. 商贩：卖主；小贩；商人；合作商店；合作小组
6728. 商港：港口
6729. 商号：商店
6730. 商会：行业商会；社会团体
6731. 商检：商品检验
6732. 商界：阶层
6733. 商贸审计：商业贸易审计
6734. 商品：产品；物品；本国商品；大宗商品；技术商品；军控商品；旅游商品；名牌产品；农村商品；进出口商品；假冒伪劣商品；消费品；小商品；主体商品
6735. 商品比价：不变价格
6736. 商品标准：商品检验；专业标准
6737. 商品差价：补贴；地区差价；购销差价；季节差价；批零差价；质量差价
6738. 商品储备库：仓库
6739. 商品房：房屋；住宅商品化
6740. 商品供给：商品供应
6741. 商品供应：产品供应；农药供销；商品供给；物资供应
6742. 商品购买力：消费习惯；消费水平；商品购买能力
6743. 商品购买能力：商品购买力
6744. 商品化：技术商品化；科技成果商品化；住宅商品化
6745. 商品计划：物资计划
6746. 商品价格：不变价格
6747. 商品检查：商品检验
6748. 商品检验：商检；商品标准；商品检查；产地证明书；进口国检验；品质证明书
6749. 商品交换：商品生产；商品经济
6750. 商品交流：物资交流
6751. 商品交易伙伴：物资贸易伙伴
6752. 商品经济：计划经济；商品交换；市场经济；商品制度；商品生产；农村商品经济；社会主义经济；有计划商品经济
6753. 商品流通：货币流通；物资交流；物资流通；商品流转
6754. 商品流通渠道：物资交流
6755. 商品流通业：产业；行业
6756. 商品流转：商品流通
6757. 商品生产：经济；商品交换；商品经济；商品制造
6758. 商品市场：旧货市场；金融市场；小商品市场
6759. 商品脱销：货源
6760. 商品卫生：卫生检疫；商品卫生检疫
6761. 商品销售：商品展销
6762. 商品需求：供求关系
6763. 商品需求量：数量；消费水平
6764. 商品运输：产品外运；货物运输；货物运送；商品运送；商业储运网
6765. 商品运送：商品运输；商业服务
6766. 商品展销：销售；商品销售
6767. 商品制度：商品经济
6768. 商品制造：商品生产
6769. 商品中心：商业中心
6770. 商品住房：商品住宅

6771. 商品住宅：房产政策；商品住房；住宅商品化
6772. 商人：商贩；外商
6773. 商人银行：投资银行
6774. 商务：通商；事务；电子商务
6775. 商业：产业；行业；贸易；工商业；零售业；批发业；城市商业；国内商业；国有商业；集市贸易；集体商业；民族商业；农村商业；农村集市贸易
6776. 商业补贴：财政补贴；差价补贴；政府补贴；商业津贴；商业补助
6777. 商业补助：商业补贴
6778. 商业产品加工：商业加工
6779. 商业储运网：商品运输
6780. 商业道德：职业道德
6781. 商业法规：商业管理
6782. 商业服务：服务质量；商品运送
6783. 商业管理：商法；出口管理；经济关系；经济管理；商标管理；商业法规；市场管理；工商行政管理；股票市场管理
6784. 商业会计：工业会计；农业会计；粮食企业会计；供销社企业会计；外贸企业会计
6785. 商业加工：再加工；商业产品加工
6786. 商业津贴：商业补贴
6787. 商业经济：部门经济；工业经济；贸易经济；农业经济
6788. 商业利润：亏损；让渡利润；商业资本
6789. 商业贸易审计：商贸审计
6790. 商业企业：工业企业；粮食企业
6791. 商业区：区域；市场区；商业中心
6792. 商业体制：经济体制
6793. 商业体制改革：体制改革
6794. 商业统计：部门统计
6795. 商业网：商业网点
6796. 商业网点：固定商业网；流动商业网；商业网密度
6797. 商业网密度：商业网点
6798. 商业协作：工商关系；农商关系
6799. 商业银行：存款银行；中央银行；信托银行；实业银行；政策性银行
6800. 商业政策：工业政策；经济政策；农业政策；物价政策；国内贸易政策
6801. 商业制度：外贸代理制
6802. 商业中心：交易所；商业区；交易中心；贸易中心；商品中心
6803. 商业资本：商业利润
6804. 上层建筑：哲学；宗教；政治；艺术；经济基础；意识形态
6805. 上访：群众集体上访
6806. 上岗职工：下岗职工
6807. 上海合作组织：区域性组织
6808. 上级主管部门：管理部门
6809. 上市：股份公司
6810. 上诉：抗诉；起诉；申诉；诉讼；审判流程；诉讼程序
6811. 少儿读物：出版物
6812. 少年班：高等教育；青少年教育
6813. 少年儿童组织：群众组织
6814. 少年管教：青少年犯罪
6815. 少数民族：佤族；土族；壮族；彝族；水族；瑶族；畲族；仡佬族；土家族；裕固族；锡伯族；白族；藏族；傣族；侗族；汉族；回族；京族；黎族；满族；苗族；怒族；羌族；阿昌族；保安族；布朗族；布依族；朝鲜族；德昂族；东乡族；

独龙族；高山族；哈尼族；赫哲族；基诺族；景颇族；拉祜族；傈僳族；珞巴族；毛南族；门巴族；蒙古族；仫佬族；纳西族；普米族；撒拉族；达斡尔族；俄罗斯族；鄂伦春族；鄂温克族；哈萨克族；塔吉克族；塔塔尔族；维吾尔族；中华民族；柯尔克孜族；散杂居少数民族；乌孜别克族；少数民族状况

6816. 少数民族考生；学生
6817. 少先队工作；工青妇工作
6818. 赊销；销售
6819. 畲族；少数民族
6820. 蛇头；犯罪嫌疑人
6821. 设备；机械；装置；设施；搬运设备；办公设备；编辑设备；捕捞设备；仓储设备；测试设备；成套设备；出口设备；除尘设备；除湿设备；厨房设备；存储设备；打捞设备；大型设备；档案设备；导航设备；低温设备；地面设备；电工设备；电力设备；电气设备；电信设备；电源设备；电子设备；动力设备；二手设备；防火设备；辅助设备；高温设备；给水设备；工业设备；供热设备；固井设备；观测设备；广播设备；国产设备；焊接设备；机场设备；机械设备；机载设备；技术设备；加工设备；加料设备；加热设备；监测设备；监控设备；检测设备；检查设备；检疫设备；节能设备；进口设备；警用设备；救援设备；科研设备；控制设备；密码设备；酿造设备；排水设备；气象设备；牵引设备；燃烧设备；计算机设备；安全防护设备；固定无线电台；光纤通信设备；专用设备；中型设备；侦察设备；信号设备；停车设备；养殖设备；冶金设备；制冷设备；助航设备；卫生设备；实验设备；小型设备；微波设备；摄像设备；摄影设备；智能设备；液压设备；物流设备；真空设备；维修设备；网络设备；育苗设备；装卸设备；视听设备；试验设备；输送设备；通信设备；通用设备；通风设备；造船设备；遥感设备；邮政设备；图书馆设备；自动化设备；油气开采设备

6822. 设备更换；设备更新
6823. 设备更新；设备更换
6824. 设备利用率；设备综合利用率；运输设备利用率
6825. 设备引进；技术引进
6826. 设备综合利用率；设备利用率
6827. 设计；安全设计；标准设计；初步设计；船舶设计；伐区设计；工程设计；工业设计；公路设计；技术设计；建筑设计；结构设计；企业设计；模块化设计；形象设计；最优设计；水保设计；系统设计；统计设计；艺术设计
6828. 设计能力；生产能力；工业生产能力
6829. 设计评审；技术设计
6830. 设计院；科研机构
6831. 设施；机场；设备；装备；发射场；观测场；办公设施；储运设施；防洪设施；隔离设施；公用设施；国防设施；行政设施；机场设施；基

础设施；纪念设施；交通设施；教育设施；经营设施；军事设施；科学会堂；量水设施；流通设施；排水设施；配套设施；燃气设施；地震监测设施；试验场；体育设施；养蚕设施；医院设施；园艺设施；文化设施；水利设施；消防设施
6832. 设施管理：水利设施管理
6833. 设置：机构设置；学科设置
6834. 社保：社会保障
6835. 社队办学：办学形式
6836. 社会：国际社会；华人社会；社会经济形态；社会经济结构
6837. 社会办学：社会力量办学
6838. 社会保险：待业保险；劳动保险；养老保险；医疗保险；失业保险；社会保险体系；养老退休保险；职工待业保险
6839. 社会保险税：直接税
6840. 社会保障：五保；社保；军人社会保障；最低生活保障
6841. 社会保障业：产业；行业
6842. 社会保障制度：医疗保障制度
6843. 社会党：政党；工人政党；资产阶级政党
6844. 社会动态：社情动态；社会情况动态
6845. 社会发展阶段：社会主义初级阶段
6846. 社会分工：自然分工
6847. 社会服务：社会化服务
6848. 社会福利：大病统筹；儿童福利；公费医疗；集体福利；集体消费；职工福利
6849. 社会福利业：产业；行业
6850. 社会公德：道德
6851. 社会公德建设：精神文明建设
6852. 社会关系；党群关系；党政关系；工农关系；工商关系；官兵关系；军民关系；军政关系；劳动关系；劳资关系；农商关系；人际关系
6853. 社会化服务：社会服务；服务社会化
6854. 社会活动：募捐
6855. 社会教育：家庭教育；农村教育；校外教育；社区教育；青少年教育
6856. 社会经济统计：土地统计；人口统计
6857. 社会救济：冬令救济；劳工经济；劳工救济；失业救济
6858. 社会科学：社科；文学；神学；文书学；新闻学；语言学；档案学；经济学；考古学；民族学；古代文学；古典文学；管理科学；军事科学；自然科学；文艺美学
6859. 社会科学研究：科研；教育科研；考古研究
6860. 社会力量办学：社会办学
6861. 社会民主党：政党
6862. 社会情况动态：社会动态
6863. 社会团体：社团；协会；学联；文联；妇联；工会；商会；储金会；工商联；共青团；基金会；联谊会；行业公会；华侨社团；华人社团；民间组织；群众团体；学术团体；红白事理事会；和平统一促进会
6864. 社会稳定：治安；维稳；安定团结
6865. 社会稳定工作：维稳；治安工作
6866. 社会问题：下岗问题；失业问题
6867. 社会效益：经济效益
6868. 社会新闻：舆论

6869. 社会制度：共产主义；生产方式；社会主义；资本主义；社会主义制度
6870. 社会治安：治安措施；社会秩序
6871. 社会秩序：社会治安
6872. 社会主要矛盾的变化：执政理念
6873. 社会主义：社会制度；资本主义；科学社会主义；社会主义建设；中国特色社会主义；中国特色的社会主义
6874. 社会主义初级阶段：社会主义建设；社会发展阶段；中国特色社会主义
6875. 社会主义道路：发展道路
6876. 社会主义法制：法律制度；社会主义民主；资本主义法制
6877. 社会主义改造：社会主义革命
6878. 社会主义革命：社会主义改造；社会主义建设；无产阶级革命；新民主主义革命；资产阶级民主革命
6879. 社会主义核心价值观：文化建设
6880. 社会主义建设：社会主义革命；社会主义初级阶段；社会主义建设总路线
6881. 社会主义建设总路线：两条腿走路的方针
6882. 社会主义教育：社教；思想教育；思想政治教育
6883. 社会主义教育活动：社会主义教育运动
6884. 社会主义教育运动：四清运动；社教运动；政治运动；重大事件；社会主义教育活动
6885. 社会主义经济：计划经济；商品经济
6886. 社会主义民主：社会主义法制；资产阶级民主
6887. 社会主义生态文明观：生态文明建设
6888. 社会主义文艺：文化建设
6889. 社会主义制度：社会制度
6890. 社会总产值：国民经济总产值
6891. 社教：社会主义教育
6892. 社教运动：社会主义教育运动
6893. 社科：社会科学
6894. 社论：评论；政论
6895. 社情动态：社会动态
6896. 社区：居住区；军事社区；住宅区；文明社区；网络社区
6897. 社区保健站：医院
6898. 社区服务：街道工作
6899. 社区管理：街道工作；物业管理
6900. 社区教育：社会教育
6901. 社团：社会团体
6902. 社团管理：结社
6903. 社团章程：结社
6904. 射击运动：体育运动
6905. 涉外：涉外事务
6906. 涉外案件：走私案件；外事案件；外国人犯罪；外侨劳资纠纷
6907. 涉外关系：对外关系
6908. 涉外经济合同法：法律
6909. 涉外旅游：出国旅游
6910. 涉外税收：税收收入；财政收入
6911. 摄影：照相
6912. 申报：收入申报
6913. 申报单：清单
6914. 申请：专利申请
6915. 申请书：文种
6916. 申诉：上诉；诉讼；驳回申诉
6917. 身份：国籍；军籍；间谍身份
6918. 身份证：证件

6919. 深度：水深
6920. 神甫：天主教
6921. 神学：社会科学
6922. 审查：初审；复审；会审；审定；审核；审计；审读；政审；干部审查；节目审查；出国人员审查；廉政建设审查；广播电视节目审查；广播影视节目审查；专利审查；依法审查；审查批捕；影视审查；收容审查；新闻审查；资格审查
6923. 审定：审查
6924. 审读：审查
6925. 审核：核准；审查
6926. 审计：查账；审查；材料审计；财务审计；定期审计；工程审计；国家审计；行政审计；基建审计；价格审计；金融审计；经费审计；决算审计；军队审计；离任审计；联合审计；内部审计；企业审计；商贸审计；社会审计；财务报表审计；经济效益审计；任期经济责任审计；专项审计；事中审计；事前审计；事后审计；依法审计；外部审计；委托审计；收支审计；效益审计；物资审计；综合审计；违纪审计；预算审计；审计方法
6927. 审计报告：审计结论
6928. 审计标准：审计法规；审计准则；审计规定
6929. 审计法：法律；财政法；中华人民共和国审计法
6930. 审计法规：审计标准
6931. 审计规定：审计标准
6932. 审计规章：审计制度
6933. 审计纪律：财经纪律
6934. 审计结论：审计报告；审计意见
6935. 审计意见：审计结论
6936. 审计制度：金融制度；审计规章
6937. 审计准则：审计标准
6938. 审理：案审；传讯；复审；候审；会审；审判；审讯；审问；刑讯；重审；预审；辩护词；公开审理；开庭审理；收容审理；诉讼程序
6939. 审判：候审；审理；庭审；提审；终审；预审；案件检查；行政审判；经济审判；军事审判；民事审判；涉外审判；审判流程；刑事审判
6940. 审判大会：会议
6941. 审判机关：审判庭；法院；国家机关；司法机关；经济审判庭；国家检察机关；国家审判机关
6942. 审判流程：上诉
6943. 审判权：权力
6944. 审判庭：审判机关
6945. 审批：行政审批；检疫审批；矿权审批；录用审批
6946. 审问：审理
6947. 审讯：审理
6948. 审议程序：量刑
6949. 渗透：经济渗透；宗教渗透；政治渗透；文化渗透
6950. 升级：企业升级
6951. 升学考试：入学考试
6952. 升值：货币升值
6953. 生产：产销；加工；劳动；消费；安全生产；工业生产；规模生产；国防生产；军工生产；农业生产；商品生产；社会生产；工业化生产；热电冷联产；部队农副业生产；生产力；再生产；生产关系；物质生

产；影片生产；食品生产；专业化生产

6954. 生产操：体操运动
6955. 生产储备：生产物资储备
6956. 生产大队所有制：集体所有制
6957. 生产定额：生产管理
6958. 生产队所有制：集体所有制
6959. 生产方式：生产力；社会制度；生产关系
6960. 生产关系：所有制；生产力；经济基础；生产方式
6961. 生产管理：经济关系；经济管理；经营管理；企业管理；生产定额；停工待工；生产制度；生产指标；生产计划
6962. 生产和消费的矛盾：供求关系
6963. 生产积聚：企业合并
6964. 生产积累：企业合并
6965. 生产计划：生产管理；生产调度
6966. 生产技术改进：技术革新
6967. 生产救灾：以工代赈
6968. 生产力：生产方式；生产关系；第一生产力；社会生产力；生产要素；生产资料；物质技术基础；生产力与生产关系
6969. 生产力布局：工业布局；农业布局
6970. 生产率：比率；劳动生产率
6971. 生产能力：设计能力；生产潜力；工业生产能力；国防生产能力
6972. 生产潜力：生产能力；国防生产潜力
6973. 生产手段：生产资料
6974. 生产调度：生产计划
6975. 生产无政府状态：计划经济
6976. 生产物资储备：生产储备
6977. 生产性建设投资：基建投资
6978. 生产要素：技术；生产力
6979. 生产指标：生产管理；统计指标
6980. 生产制度：生产管理
6981. 生产资料：劳动力；所有制；生产力；生产手段；消费资料；农业生产资料；第三产业生产资料
6982. 生产资料服务公司：物资企业
6983. 生产资料市场：要素市场
6984. 生产自救：救灾
6985. 生产总值：总产值
6986. 生活：政治生活；文化生活
6987. 生活待遇：政治待遇
6988. 生活费：费用；学生膳费
6989. 生活环境：人类环境
6990. 生活特殊化：不正之风
6991. 生活资料：消费资料
6992. 生活作风问题：道德败坏
6993. 生平：履历；回忆录
6994. 生态保护：生态环境
6995. 生态多样性：性质
6996. 生态环境：人类；生态保护；森林生态环境
6997. 生态平衡：退田还湖；自然平衡
6998. 生态文明体制改革：生态文明建设
6999. 生铁：铣铁；工业铁；炼钢生铁
7000. 生物：动物；人类；植物；固氮植物；固沙植物；海洋生物；微生物；转基因生物
7001. 生物多样性：性质
7002. 生物防治：病虫害防治
7003. 生物工程：仿生；克隆；酶工程；发酵工程；基因工程；生物技术；细胞工程；蛋白质工程；生物航天学；生物遥测术；生物医药工程

7004. 生物航天学：生物工程
7005. 生物技术：生物工程
7006. 生物武器：化学武器
7007. 生物学：自然科学
7008. 生物遥测术：生物工程
7009. 生物药：药物
7010. 生物医药工程：生物工程
7011. 生物影响：环境影响
7012. 生物制品：药物
7013. 生物资源：自然资源；海洋生物资源
7014. 生息：利息
7015. 生猪产品：畜产品
7016. 声明：文件；声明书；联合声明；政府声明
7017. 声明书：声明
7018. 声讯系统：通信系统
7019. 牲畜：家畜
7020. 牲畜饲养业：畜牧业
7021. 省：行政区划
7022. 省级财政：地方财政
7023. 省级预算：地方预算
7024. 省委会议：省长会议
7025. 省优产品：优质产品
7026. 省长：行政职务
7027. 省长办公会：办公会议
7028. 省长会议：省委会议
7029. 圣诞节：宗教节日
7030. 圣经：基督教
7031. 剩余价值：利润
7032. 尸检：检查
7033. 失火案：案件
7034. 失密：保密；窃密
7035. 失密事件：失泄密事件
7036. 失泄密：保密
7037. 失泄密事件：非法事件；失密事件
7038. 失业：待业；就业；经济危机；下岗职工
7039. 失业保险：社会保险
7040. 失业救济：社会救济
7041. 失业率：比率；就业率；失业人数
7042. 失业人数：数量；失业率
7043. 失业问题：社会问题
7044. 失职：错误；渎职
7045. 失足青少年：青少年犯罪
7046. 师范大学：师范教育
7047. 师范教育：各级教育；师范大学；师范学校；师资培养；专业教育；初等师范教育；高等师范教育；幼儿师范学校；中等师范教育
7048. 师范学校：师范教育
7049. 师范院校：高等院校
7050. 师资：教师
7051. 师资队伍：教师队伍
7052. 师资队伍建设：教师队伍建设
7053. 师资培训：教师培训
7054. 师资培养：师范教育
7055. 诗词：文学作品
7056. 诗歌：文学作品
7057. 施工：违章施工
7058. 施工设计：工程设计
7059. 施政报告：工作报告
7060. 施政方针：安定团结；精兵简政
7061. 施政演说：工作报告
7062. 湿地：池沼地；沼泽地；未利用地
7063. 湿度影响：环境影响
7064. 十二大：党的全国代表大会
7065. 十六大：党的全国代表大会
7066. 十六字方针：长期共存；统战方针；互相监督

7067. 十三大：党的全国代表大会
7068. 十四大：党的全国代表大会
7069. 十五大：党的全国代表大会
7070. 十月革命：俄国一九一七年革命；十月社会主义革命
7071. 十月社会主义革命：十月革命
7072. 石化工业：石油化学工业
7073. 石窟寺：寺庙
7074. 石榴：水果
7075. 石油：磨具；原油；矿产品；天然气；石油产品
7076. 石油产品：油料
7077. 石油储备：石油资源；原油储备；物资储备
7078. 石油工业：煤炭工业；能源工业；燃料工业
7079. 石油化工：石油化学工业
7080. 石油化学：石油化学工业
7081. 石油化学工业：石油加工业；石化工业；石油化工
7082. 石油基地：工业基地
7083. 石油加工业：石油化学工业
7084. 石油普查：资源普查
7085. 石油燃料：柴油
7086. 石油税：直接税
7087. 石油资源：矿产资源；石油储备；天然气资源
7088. 时代：石器时代；铁器时代；铜器时代；铜石并用时代
7089. 时间：年代；年度；年数；持续时间；结束时间；开始时间；劳动时间；离休时间；作息时间；作战时间；准备时间；提前时间；试验时间
7090. 时期：定期；短期；分期；中期；周期；长期；汛期；滞期；早期；服刑期；禁猎期；保持日期；历史时期；预审期间
7091. 时事政策教育：思想政治教育
7092. 识别：民族识别
7093. 识字教育：基础教育
7094. 实践：真理标准
7095. 实况录播：广播
7096. 实况转播：广播
7097. 实力：兵力；国力；力量；能力；国防实力；经济实力；军事实力；科技实力；战争实力；政治实力
7098. 实力政策：对外政策
7099. 实录：记录
7100. 实施区域协调发展战略：经济建设
7101. 实施乡村振兴战略：经济建设
7102. 实事求是：真理；解放思想
7103. 实体：经济实体
7104. 实物资产：无形资产
7105. 实验：科学实验
7106. 实验区：区域
7107. 实业银行：商业银行
7108. 食品：蛋制品；给养；鸡肉；牛肉；肉类；营养；饮料；猪肉；羊肉；代食品；豆制品；副食品；乳制品；保健食品；焙烤食品；风味食品；辅助食品；干制食品；罐头食品；航天食品；冷冻食品；疗效食品；旅游食品；绿色食品；配方食品；肉制食品；生鲜食品；老年人食品；婴儿食品；孕妇食品；新型食品；腌制食品；酸渍食品；预制食品；无公害食品；转基因食品
7109. 食品标准：专业标准
7110. 食品厂：工厂
7111. 食品工业：奶业；轻工业；乳品工

业；制盐工业；食品制造业；食品加工业
7112. 食品加工业：食品工业
7113. 食品检查：卫生检查
7114. 食品生产：副食品生产
7115. 食品卫生：食品卫生法
7116. 食品卫生法：食物中毒；法律；管理法
7117. 食品制造业：食品工业
7118. 食谱：保健
7119. 食堂：餐厅
7120. 食物污染：污染物；环境污染
7121. 食物中毒：食品卫生法
7122. 食用菌：蔬菜
7123. 食用菌菌种：种子
7124. 食用油：食油
7125. 食油：食用油
7126. 使馆：大使馆；外交代表机构
7127. 使节法：国际法；外交人员
7128. 使用：人才使用
7129. 使用权：权利；财产使用权；土地使用权
7130. 使用寿命：质量控制
7131. 士兵：战士；志愿兵
7132. 示范区：区域
7133. 示威：集会；游行
7134. 世行：世界银行
7135. 世界：宇宙
7136. 世界大战：战争
7137. 世界观：哲学；人生观；宇宙观；共产主义人生观
7138. 世界经济论坛：国际组织
7139. 世界旅游组织：国际组织
7140. 世界贸易：国际贸易
7141. 世界贸易组织：关贸；贸易协定；关贸总协定；国际经济组织
7142. 世界能源理事会：国际组织
7143. 世界气象大会：国际会议
7144. 世界气象组织：联合国专门机构
7145. 世界市场：国际市场
7146. 世界天气监视网：网络
7147. 世界卫生组织：联合国专门机构
7148. 世界银行：世行；联合国专门机构；国际复兴开发银行
7149. 世界语：语言
7150. 市：行政区划
7151. 市场：卖场；夜市；超级市场；城市市场；出版市场；纺织市场；服装市场；工程市场；股票市场；国际市场；国内市场；国外市场；黄金市场；货币市场；技术市场；建筑市场；交易市场；金融市场；军火市场；矿权市场；劳务市场；零售市场；旅游市场；买方市场；卖方市场；农村市场；批发市场；区域市场；商品市场；外汇市场；资本市场；房地产市场；农产品市场；航天发射市场；生产资料市场；水市场；业务市场；信息市场；文化市场；有形市场；消费市场；要素市场；跳蚤市场；证券市场；终端设备市场
7152. 市场供求：供求关系
7153. 市场关系：供求关系
7154. 市场管理：黑市；欺行霸市；商业管理；市场管制；工商行政管理；股票市场管理；金融市场管理；文化市场管理；渔业市场管理
7155. 市场管制：市场管理
7156. 市场行情：市场价格

7157. 市场机制：市场准入；市场竞争；市场制度
7158. 市场价格：市价；黑市价格；市场行情；国际市场价格；集市贸易价格
7159. 市场经济：计划经济；民族经济；商品经济；社会主义市场经济；殖民地经济；资本主义经济
7160. 市场竞争：国际市场；国内市场；市场机制
7161. 市场竞争力：市场竞争能力
7162. 市场竞争能力：市场竞争力
7163. 市场区：商业区
7164. 市场调节：供需调节；经济管理
7165. 市场制度：市场机制
7166. 市场准入：贸易壁垒；市场机制
7167. 市话工程：电信工程
7168. 市价：市场价格
7169. 市郊区道路：公路
7170. 市区：区域
7171. 市容管理：城市管理
7172. 市容规划：城市规划
7173. 市容建设：市政建设
7174. 市委会议：市长会议
7175. 市长办公会：办公会议
7176. 市长会议：市委会议
7177. 市政：政务；城市管理
7178. 市政工程：轨道交通；市政设施；市政建设；污水工程；城市路政工程；污水处理工程；市政排水管渠工程
7179. 市政建设：城市建设；市容建设；市政工程
7180. 市政排水管渠工程：市政工程
7181. 市政设施：市政工程
7182. 势力：敌对势力；社会势力；反政府势力；民族分裂势力；政治势力
7183. 事故：安全；故障；核事故；保险事故；沉船事故；等级事故；飞行事故；工程事故；工伤事故；工业事故；交通事故；破坏事故；伤亡事故；事故处理；医疗事故；污染事故；装备事故；质量事故；通信事故
7184. 事故鉴定：医疗事故
7185. 事迹：爱民事迹；模范事迹；先进事迹；英雄事迹
7186. 事件：案件；边境事件；反华事件；非法事件；涉外事件；反政府事件；失泄密事件；关于真理标准问题的讨论；突发事件；重大事件
7187. 事务：会务；机务；警务；商务；政务；水事；行政事务；民族事务；社会事务；涉台事务；涉外事务；宗教事务
7188. 事务所：机构
7189. 事项：审计事项；重大事项
7190. 事业：企业；保险事业；福利事业；公益事业；公用事业；光彩事业；广播事业；教育事业；科学事业；气象事业；人民检察事业；体育事业；医疗事业；文化事业；新闻事业；邮电事业；中医药事业
7191. 事业单位：财政拨款单位；国家事业单位
7192. 事业单位审计：行政事业审计
7193. 事业费：经费；行政费；畜牧事业费；抚恤事业费；农业事业费；审计事业费；社会救济事业费；水产事业费；水利事业费；文教卫科学事业费

7194. 试播：广播
7195. 试点：试验；重点；改革试点
7196. 试验：检查；检验；试点；核试验
7197. 试验场：设施
7198. 试用期：期限
7199. 试用人员：合同工
7200. 试制品：产品
7201. 视察：巡视；公务活动；巡视活动
7202. 柿：水果
7203. 适应性：性能
7204. 释放：假释；刑满释放
7205. 释迦牟尼：佛教
7206. 收发文：转发；文书处理
7207. 收费：费用；服务收费
7208. 收割机：谷物收获机具；农业机械
7209. 收购：采购；代购；购买；货源；派购；奖售；重组；销售；征购；统购；议购；预购；计划收购；金融收购；粮棉收购；粮油收购；国内纯购进总值；国内商品纯购进量；农产品收购商业
7210. 收购价：价格；奖售价；派购价；统购价；议购价
7211. 收购价格：销售价格
7212. 收获机具：农业机械
7213. 收获机械：农业机械
7214. 收集：征集
7215. 收容：遣送
7216. 收入：超收；列收；支出；税收；坐收；收支；财政收入；罚没收入；非法收入；合法收入；科技收入；利息收入；农民收入；平均收入；人均收入；产品实际收入；利差补贴收入；演出收入；营业收入；预算收入；手续费收入；营业外收入；预算外经费收入
7217. 收入分配：预分；决分；年终分配；收益分配；夏收分配
7218. 收入管理：经济管理
7219. 收养：涉外收养；涉港澳台华侨收养
7220. 收养法：民法
7221. 收益：效益；留存收益
7222. 收益分配：收入分配
7223. 收支：收入；支出；财务收支；财政收支；国防支出；国际收支；国库收支；列收列支；统收统支；自收自支
7224. 收支平衡：财政收支平衡
7225. 收支审计：财务审计
7226. 收置遣送车：车辆
7227. 收租：租金
7228. 手段：方式；法律手段；行政手段；经济手段；情报手段；通信手段
7229. 手工业：轻工业；国有企业；集体企业
7230. 手令：命令
7231. 手续费：费用
7232. 守则：规则
7233. 首播：广播
7234. 首都：都城
7235. 首犯：同案犯
7236. 首脑会议：国际会议
7237. 首相：总理；政府首脑
7238. 首长负责制：管理制度
7239. 受贿：行贿；索贿；贪赃；行贿受贿；收受贿赂；贪污受贿；违法犯罪行为
7240. 受贿数额：金额
7241. 受贿罪：罪名；行贿罪；单位受

贿罪
7242. 受灾人口：灾区；灾民
7243. 狩猎：非法狩猎；特种旅游；违法狩猎
7244. 狩猎证：证件
7245. 授奖：奖励
7246. 授权：权力
7247. 授勋：奖励
7248. 售后服务：销售服务
7249. 售货：零售
7250. 兽药：药物
7251. 兽医：医生；中兽医
7252. 兽医院：兽医站
7253. 兽医站：兽医院；医药卫生机构
7254. 书报费：费用
7255. 书店：商店
7256. 书稿：文献
7257. 书籍：图书
7258. 书记：党委书记
7259. 书记处：党的中央组织
7260. 书记处会议：中央书记处会议；中央书记处办公会议
7261. 书目：目录
7262. 书信：贺信；公开信；号召书；慰问信；致敬信
7263. 书展：展销
7264. 书证：证据
7265. 枢纽站：车站
7266. 输出：出口；劳务输出
7267. 输入：进口
7268. 输水建筑物：渠道
7269. 输油管：管道
7270. 蔬菜：芋；白菜；菠菜；蚕豆；大葱；大蒜；冬瓜；豆荚；豆薯；甘蓝；黄瓜；茭白；芥菜；韭菜；辣椒；莲藕；萝卜；南瓜；茄子；芹菜；山药；榨菜；洋葱；竹笋；莴苣；胡萝卜；黄花菜；马铃薯；农产品；食用菌；西红柿；野生蔬菜
7271. 蔬菜供应：菜篮子工程
7272. 蔬菜收获机：农业机械
7273. 蔬菜业：种植业
7274. 暑运：客运
7275. 薯类作物：农作物；粮食作物
7276. 树种：林木种子
7277. 竖井井筒：立井
7278. 数据：地震数据；电子数据；实验数据；地球空间数据
7279. 数据库：信息库
7280. 数据通信：电报；电信；传真通信
7281. 数据通信工程：电信工程
7282. 数据通信网：计算机网络
7283. 数量：产量；储量；流量；年数；云量；水量；病床数；承包量；出口量；存栏量；工作量；供应量；集材量；降水量；贷款总量；灌溉水量；就业人数；领导职数；人口总数；失业人数；对外贸易量；计划控制数；计划完成数；军队总人数；农药残留量；商品需求量；业务量；吞吐量；周转量；载畜量；载重量；运输量；滞纳天数
7284. 数量指标：质量指标
7285. 数学：自然科学
7286. 数字化：信息化
7287. 数字丝绸之路：外交和国际关系
7288. 数字通信：电信
7289. 数罪并罚：量刑
7290. 摔跤：体育运动
7291. 双百方针：文艺方针；百花齐放百

家争鸣；百花齐放，百家争鸣；百花齐放、百家争鸣；发展科学文化艺术方针
7292. 双边贸易；边境贸易；补偿贸易；对外贸易；多边贸易；过境贸易；贸易协定；转口贸易
7293. 双拥工作；群众工作；双拥活动；拥军优属；拥政爱民
7294. 双拥活动；双拥工作；拥军优属；拥政爱民
7295. 霜；霜冻
7296. 霜冻；寒潮；寒害；气象现象；气象灾害；自然灾害；灾害性天气
7297. 水；淡水；城市用水
7298. 水产；海产；水产品
7299. 水产加工；产品加工；水产品加工
7300. 水产经营；渔业政策
7301. 水产品；虾；蟹；鱼；藻类；贝；农产品；海洋水产；淡水养殖产品；滩涂养殖产品
7302. 水产品加工；水产加工
7303. 水产养殖；蟹养殖；淡水养殖；海水养殖；滩涂养殖；网箱养殖；鱼类养殖；海产动物养殖；海产植物养殖
7304. 水产业；渔业
7305. 水产资源保护；休渔
7306. 水道；航道；航线
7307. 水稻；旱稻；粳稻；糯稻；籼稻；谷物；禾谷类作物；杂交水稻
7308. 水电站；水力发电站
7309. 水电资源；水力资源
7310. 水工程；水利工程
7311. 水工建筑物；水库
7312. 水果；杏；枣；桃；橙；瓜；梨；柿；菠萝；草莓；柑橘；橄榄；桂圆；核桃；荔枝；杧果；柠檬；枇杷；苹果；葡萄；山楂；石榴；鲜果；椰子；西瓜；野果；香蕉；猕猴桃；农产品；干鲜果品
7313. 水价；价格
7314. 水浇地；耕地
7315. 水库；水源；蓄洪；大型水库；地下水库；水利建筑；水工建筑物；水利建设；能量储存；蓄水工程；中型水库；小型水库；滞洪水库；田间蓄水塘；综合利用水库
7316. 水库污染；水污染
7317. 水力发电站；核电站；水电站
7318. 水力资源；水资源；潮汐能；水电资源；水能资源
7319. 水利；牧区水利；农村水利；农田水利
7320. 水利工程；水工程；堤坝工程；防洪工程；截水工程；排水工程；取水工程；兴修水利；引水工程；蓄水工程；雨水工程；水利水电工程
7321. 水利工程事故；水灾
7322. 水利规划；引水；蓄水；防洪规划；流域规划
7323. 水利建设；水库；基本建设；民修堤埝；兴修水利；农田基本建设
7324. 水利建筑；水库
7325. 水利设施用地；建设用地
7326. 水利水电工程；水利工程
7327. 水利资源；水资源；自然资源；地下水资源
7328. 水量；数量
7329. 水龙带；消防器材
7330. 水路运输；水运；航道；航线；航

运；国际航线；铁路运输；水上运输
7331. 水能资源：水力资源
7332. 水泥：建筑材料
7333. 水泥船：船舶
7334. 水平：购买水平；关税水平；技术水平；科技水平；生活水平；富营养水平；普通话水平；技术发展水平；经济发展水平；总水平；医疗水平；文化水平；消费水平；物价水平；约束水平；运输水平
7335. 水汽质量管理：经济管理
7336. 水情：情况
7337. 水球：球类运动；水上运动
7338. 水权：权利
7339. 水上巡航：交通安全
7340. 水上运动：游泳；跳水；冲浪；帆板；划船；滑水；漂流；潜水；水球；滑水板；帆船运动；航海运动；花样游泳；划船运动；划艇运动；赛艇运动；体育运动
7341. 水上运输：水路运输
7342. 水上运输业：交通运输业
7343. 水深：深度
7344. 水声干扰：电子干扰
7345. 水蚀：水土保持
7346. 水事：事务
7347. 水体污染：水污染
7348. 水田：耕地；农田
7349. 水土保持：土壤学；免耕；水蚀；耕作防蚀；环境保护；土壤侵蚀；水土流失；水土保持措施
7350. 水土保持措施：水土流失
7351. 水土保持林：防护林
7352. 水土流失：环境破坏；水土保持；土壤侵蚀；水土保持措施
7353. 水卫生：环境卫生
7354. 水文：气象；海洋水文
7355. 水文气象：水文气象学
7356. 水污染：海水污染；海洋污染；河流污染；湖泊污染；环境污染；水库污染；水体污染；地表水污染；地下水污染；水质标准；水质污染；水污染防治；水资源污染
7357. 水系：流域
7358. 水系污染：河流污染
7359. 水域：区域；港口水域；航道水域
7360. 水源：水库；地下水；农业水源；水资源
7361. 水源保护：环境保护；水源卫生；地下水保护
7362. 水源卫生：水源保护
7363. 水运：水路运输
7364. 水运贸易量：海关
7365. 水灾：洪水；洪灾；涝灾；洪涝灾害；气象灾害；水利工程事故；自然灾害
7366. 水葬：丧葬
7367. 水闸：闸门
7368. 水政：政务
7369. 水质：环境质量；水质监测
7370. 水质标准：水污染；环境标准
7371. 水质动态监测：水质监测
7372. 水质分析：水质监测
7373. 水质监测：水质分析；海洋污染监测；河湖污染监测；环境质量监测；流域水质监测；水质动态监测
7374. 水质污染：水污染
7375. 水质指标：透明度
7376. 水中兵器：武器
7377. 水资源：湖泊；水源；淡水资源；

海水资源；水力资源；水利资源；地表水资源；自然资源
7378. 水资源开发：自然资源开发
7379. 水资源调度：引水；调水；南水北调
7380. 水资源污染：水污染
7381. 水族：少数民族
7382. 税：比率；关税；产品税；地方税；农业税；消费税；印花税；营业税；增值税；个人所得税；城市维护建设税；税种；所得税；直接税；调节税；资源税
7383. 税法：法律；财政法；个人所得税法；集体企业所得税法
7384. 税金：税款
7385. 税款：款项；税金
7386. 税利分流：税收政策
7387. 税率：比率；出口税率；国定税率；基础税率；平均税率；普通税率；优惠税率；增值税率；完税税率；约束税率；统一税率；最惠国税率
7388. 税率制度：税制
7389. 税目：税种
7390. 税收：捐税；收入；税种；租税；财政杠杆；道路税收；地方税收；农业税收；涉外税收；房地产税收；税务工作；税务收入；中央税收；税收征管法
7391. 税收分析：税收管理
7392. 税收改革：费改税
7393. 税收管理：财政管理；核税标准；纳税登记；纳税检查；纳税鉴定；纳税申报；税收分析；税务监察；税务检查；税务罚金；税源调查；税务管理；经济管理；税收征管

7394. 税收纪律：财政纪律
7395. 税收检查：税务检查
7396. 税收减免：停税；税制；减税；免税；免征额；关税减让；免税土地；欠税豁免；税收减免政策
7397. 税收减免政策：税收政策
7398. 税收饶让：税收政策
7399. 税收收入：直接税；地方税收；涉外税收；中央税收
7400. 税收征管：税收管理
7401. 税收政策：费改税；财政政策；税利分流；税收饶让；税收减免政策
7402. 税收制度：税制
7403. 税收种类：税种
7404. 税务：税务工作
7405. 税务罚金：税收管理
7406. 税务工作：补税；财税；税收；反避税
7407. 税务管理：减税；经济管理；纳税管理；税收管理；税务监察
7408. 税务机关：税务人员
7409. 税务监查：税收管理
7410. 税务监察：税务管理
7411. 税务检查：税收管理；税收检查；经济管理
7412. 税务人：税务人员
7413. 税务人员：公务员；税务机关；注册税务师
7414. 税务收入：税收
7415. 税务体制：经济体制
7416. 税源：来源
7417. 税源调查：税收管理
7418. 税制：制度；分税制；利改税；计税办法；税率制度；税收减免；税收制度；征税标准；违章处理

7419. 税种；版税；赋税；税目；税收；财产税；产品税；出口税；从价税；从量税；地方税；附加税；共享税；国内税；减免税；流通税；流转税；农业税；税收种类；财产行为税；固定资产投资方向调节税；中央税；优惠税；土地税；所得税；渔业税；直接税；调节税；资源税；特定目的税

7420. 顺差；金融顺差；贸易顺差

7421. 说明书；文种

7422. 硕士生；研究生

7423. 硕士研究生；学生

7424. 司法；立法；法律；法律制度；行政司法；军事司法；特区司法；资本主义司法

7425. 司法部；司法机关

7426. 司法队伍；政法队伍

7427. 司法工作；法院工作；法制工作；公安工作；检察工作；侦查工作；检查工作；甄别工作

7428. 司法行政管理；监狱管理

7429. 司法机关；司法厅；司法局；司法部；公安机关；立法机关；审判机关；执法机关；执行机关；国家检察机关；地方司法行政机关；土地审裁处

7430. 司法解释；法律解释；立法解释

7431. 司法局；司法机关

7432. 司法厅；司法机关

7433. 丝绸；纺织品

7434. 丝绸业；纺织工业

7435. 丝绸之路经济带；外交和国际关系

7436. 丝路精神；外交和国际关系

7437. 私房；房产；房屋；公房；住宅

7438. 私房改造；房产管理；房产政策；房地产管理；落实私房政策

7439. 私房买卖；私房租赁

7440. 私房租赁；房屋租赁；私房买卖

7441. 私放罪犯案；案件

7442. 私分罚没财产罪；罪名

7443. 私分罚没财物罪；罪名

7444. 私分国有资产罪；罪名

7445. 私人办学；民办学校

7446. 私人企业；私营企业

7447. 私人投资；国家投资；资金来源

7448. 私营；国营；经营

7449. 私营独资企业；私营企业

7450. 私营股份有限公司；私营企业；股份公司

7451. 私营合伙企业；私营企业

7452. 私营军工企业；私营企业

7453. 私营企业；个体企业；民营企业；私人企业；私有企业；私营独资企业；私营合伙企业；私营军工企业；私营股份有限公司；私营有限责任公司

7454. 私营有限责任公司；私营企业；有限责任公司

7455. 私有企业；私营企业

7456. 私有制；阶级；所有制；生产资料私有制

7457. 思想；爱国主义；错误思想；建军思想；教育思想；经济思想；军事思想；科技思想；人才思想；思想体系；指导思想；文艺思想；职工思想；政治工作思想

7458. 思想道德建设；精神文明建设

7459. 思想工作；职工思想；宣传思想工作

7460. 思想建设：党的建设；组织建设
7461. 思想教育：德育；党员教育；理论教育；四有教育；爱国主义教育；共产主义教育；国际主义教育；集体主义教育；社会主义教育；思想政治教育
7462. 思想路线：组织路线
7463. 思想品德：道德
7464. 思想体系：列宁主义；邓小平理论；马克思主义；毛泽东思想
7465. 思想政治教育：政治课；形势教育；政策教育；德育；保密教育；传统教育；法制教育；阶级教育；抗战教育；路线教育；品德教育；思想教育；爱国主义教育；革命传统教育；国际主义教育；集体主义教育；社会主义教育；时事政策教育；政治理论教育；辩证唯物主义教育；共产主义思想教育；马列主义毛泽东思想教育；新民主主义教育
7466. 思想作风：批评与自我批评
7467. 死缓：死刑
7468. 死亡率：人口增长率；卫生统计
7469. 死刑：死缓；主刑；刑种；判处死刑
7470. 四大考验：政治建设
7471. 四大危险：政治建设
7472. 四个"没有变"：经济建设
7473. 四个合格：政治建设
7474. 四个坚持：四项基本原则
7475. 四个伟大：执政理念
7476. 四个现代化：四化；工业现代化；国防现代化；农业现代化；科学技术现代化
7477. 四个意识：政治建设
7478. 四个自我：政治建设
7479. 四个自信：执政理念
7480. 四化：四个现代化
7481. 四讲四有：政治建设
7482. 四类分子：专政对象
7483. 四清运动：农村社教运动；社会主义教育运动
7484. 四项基本原则：四个坚持；违反四项基本原则；一个中心两个基本点
7485. 四有教育：思想教育
7486. 寺庙：道观；佛寺；寺院；清真寺；石窟寺；宗教建筑
7487. 寺庙管理：宗教事务管理
7488. 寺院：寺庙
7489. 寺院地主：剥削者
7490. 饲料：牧草；蚕饲料；畜牧业；农产品；混合饲料；进口饲料；浓缩饲料；非常规饲料；特种动物饲料
7491. 饲料加工：农副产品加工
7492. 饲料生产：农业生产
7493. 饲料作物：农作物
7494. 饲养管理形式：畜牧业政策
7495. 饲养业：畜牧业
7496. 松土机：农业机械
7497. 送温暖：救济；爱民活动
7498. 送温暖工程：政府工程
7499. 搜救：海难
7500. 苏联专家：外国专家
7501. 俗语：语言
7502. 诉讼：抗诉；起诉；上诉；申诉；应诉；行政诉讼；民事诉讼；落实政策诉讼；诉讼法；诉讼制度；诉讼程序；专利诉讼；刑事诉讼
7503. 诉讼程序：执行；起诉；上诉；审理；提起公诉

7504. 诉讼法：法律；行政诉讼法；民事诉讼法；刑事诉讼法
7505. 诉讼制度：辩护制度
7506. 素质：部队素质；干部素质；人口素质；人员素质；素质教育；业务素质；学生素质；心理素质；政治素质
7507. 速度：风速；流速；平均速度；经济发展速度；农业发展速度；允许速度；增长速度
7508. 速记：记录
7509. 速遣费：费用
7510. 速生丰产林：森林
7511. 塑料薄膜：农用薄膜
7512. 塑料工业：合成工业；化学工业
7513. 塑料制品工业：塑料制品业；化学制品业
7514. 塑料制品业：塑料制品工业
7515. 塑像：雕塑
7516. 酸性雨：空气污染
7517. 酸雨防治：污染防治
7518. 酸雨监测：环境监测
7519. 绥靖政策：对外政策
7520. 随军家属：军属
7521. 岁出：财政支出
7522. 损害：损失
7523. 损害群众利益：脱离群众
7524. 损耗：损失
7525. 损失：海损；损害；损耗；经济损失；呆坏账损失；实际总损失；资产流失；重大损失
7526. 损益：资产
7527. 缩略语：语言
7528. 所得税：税种；法人税；利润税；个人所得税；工商所得税；公司所得税；利息所得税；企业所得税；外国企业所得税；中外合资企业所得税
7529. 所有权：产权；侵占；权利；房屋所有权；广播影视版权；股份制土地产权
7530. 所有者：国有资本所有者
7531. 所有制：制度；公有制；私有制；生产关系；生产资料；个体所有制；国家所有制；集体所有制；全民所有制；生产资料所有制
7532. 索贿：行贿；受贿
7533. 索赔：理赔；赔偿；对外贸易仲裁

T

7534. 塔吉克语：民族语言
7535. 塔吉克族：少数民族
7536. 塔塔尔语：民族语言
7537. 塔塔尔族：少数民族
7538. 台胞：港澳同胞；台胞台属
7539. 台胞安置：人员安置；台胞探亲
7540. 台胞台属：台眷
7541. 台胞探亲：赴台探亲；台胞安置
7542. 台币：货币
7543. 台风：暴雨；风害；飓风；强台风；热带风暴；热带气旋；强热带风暴；灾害性天气
7544. 台眷：台胞台属
7545. 台球：球类运动
7546. 台商企业：台资企业
7547. 台湾海峡问题：台湾问题
7548. 台湾局势：对台工作
7549. 台湾民进党：政党
7550. 台湾民主自治同盟：民主党派
7551. 台湾同胞投资保护法：经济法
7552. 台湾问题：开罗宣言；"台独"问题；中美关系；台湾海峡问题；美售台武器问题；美蒋"共同防御条约"；日蒋"和平条约"；特别行政区
7553. 台站：电台；电视台；气象台站
7554. 台资企业：台商企业
7555. 太平天国档案：历史档案
7556. 贪污：贪赃；罪名；反贪污；惩治贪污；挪用公款；贪污受贿；贪污腐化；违法犯罪行为
7557. 贪污案：案件
7558. 贪污腐化：铺张浪费
7559. 贪污受贿：贿赂；违法犯罪行为
7560. 贪污数额：金额
7561. 贪污罪：罪名
7562. 贪赃：受贿；贪污
7563. 摊位：销售
7564. 滩涂：滩涂地
7565. 滩涂养殖：水产养殖
7566. 滩涂养殖产品：水产品
7567. 谈话：公务活动
7568. 谈判：会谈；交涉；洽谈；斡旋；调停；调解；国共谈判；国际谈判；合同谈判；和平谈判；军事谈判；贸易谈判；边界问题谈判
7569. 探亲：休假；出国探亲；赴台探亲；回国探亲；台胞探亲
7570. 探索性研究：理论研究
7571. 碳酸氢铵：氮肥
7572. 糖料：工业原料
7573. 糖料作物：甜菜；甘蔗；经济作物
7574. 逃犯：罪犯
7575. 逃税：避税；抗税；偷税；违法犯罪行为
7576. 桃：水果
7577. 陶艺：艺术
7578. 讨论会：会议；座谈会
7579. 套购：议购
7580. 特奥会：奥运会
7581. 特别法庭：军事法庭

7582. 特别行政区：特区；台湾问题；澳门特别行政区；香港特别行政区
7583. 特点：工作特点
7584. 特定目的税：税种；城市维护建设税
7585. 特工人员：特务
7586. 特派办：办公室
7587. 特派员：记者；稽察特派员；审计特派员；新闻工作者；专业技术服务
7588. 特情耳目费：费用
7589. 特区：特别行政区
7590. 特区行政长官：领导人
7591. 特权：权利；密切联系群众；特殊化；特权阶层；外交特权
7592. 特使：专使；外交使节
7593. 特殊贡献：特殊津贴
7594. 特殊化：特权；干部特殊化；生活特殊化
7595. 特殊教育：各类教育；聋哑教育；聋哑学校；盲人教育；盲人学校；弱智教育；盲聋哑教育
7596. 特殊津贴：特殊贡献
7597. 特务：间谍；内奸；特工人员
7598. 特性：性质
7599. 特种旅游：狩猎
7600. 特种用途林：森林
7601. 特种资金：预算外资金
7602. 梯田：农田
7603. 提案：方案；议案；政协提案
7604. 提纲：大纲；纲要；传达提纲；汇报提纲；调查提纲
7605. 提高：降低；普及；提价
7606. 提价：提高；物价管理
7607. 提起公诉：诉讼程序
7608. 提前释放：减刑；刑满释放
7609. 提审：审判
7610. 提议：建议
7611. 题材：文艺创作
7612. 题词：留言；题名；题字
7613. 题名：题词；题字
7614. 题字：留言；题词；题名
7615. 体操：体操运动
7616. 体操运动：团体操；工间操；广播操；生产操；竞技体操；艺术体操；体育运动
7617. 体改：体制改革
7618. 体改办：办公室
7619. 体格：体质
7620. 体检：检查
7621. 体力劳动：脑力劳动
7622. 体魄：体质
7623. 体系：标准体系；财政体系；法律体系；分类体系；服务体系；工业体系；价格体系；科学体系；理论体系；配送体系；审计体系；税收体系；思想体系；标准化体系；社会保险体系；社会保障体系；指标体系；支付体系
7624. 体育：教育；部队体育；国防体育；军事体育；老年体育；民间体育；民族体育；群众体育；室内体育；青少年体育；学校体育
7625. 体育比赛：体育竞赛
7626. 体育场：体育场馆
7627. 体育场馆：体育馆；体育设施
7628. 体育道德：体育伦理
7629. 体育锻炼：体育运动
7630. 体育方针：全民健身
7631. 体育工作者：运动员；裁判员；教练员

7632. 体育馆：体育场馆
7633. 体育活动：群众体育
7634. 体育健身游：旅游
7635. 体育界：阶层
7636. 体育竞赛：体育比赛
7637. 体育科研：科学研究
7638. 体育联盟：体育组织
7639. 体育伦理：体育道德
7640. 体育明星：运动员
7641. 体育设施：比赛场馆；体育场馆；运动场地
7642. 体育卫生：运动保健；运动医学；运动卫生
7643. 体育项目：体育运动
7644. 体育用品制造业：文体用品工业
7645. 体育运动：运动会；工间操；拔河；登山；马术；摔跤；风筝会；广播操；冰雪运动；国际象棋；航空运动；极限运动；健美运动；健身运动；竞技运动；冒险运动；棋类运动；球类运动；赛车运动；射击运动；水上运动；体操运动；体育锻炼；体育项目；田径运动；无线电运动；自行车运动；现代多项运动
7646. 体育组织：体育联盟；国际奥委会；国际体育联合会；国际体育运动理事会
7647. 体制：编配；架构；财政体制；储运体制；多边体制；管理体制；国防体制；基建体制；计划体制；教育体制；金融体制；经济体制；经营体制；军队体制；科技体制；科研体制；立法体制；领导体制；贸易体制；企业体制；股份合作制；党内监督体制；国防领导体制；医疗体制；文化体制；文艺体制；统计体制；装备体制；运输体制；驻外机构体制
7648. 体制创新：体制改革
7649. 体制改革：体改；体制创新；政企分开；城市体制改革；计划体制改革；教育体制改革；经济体制改革；科技体制改革；农村体制改革；商业体制改革；政治体制改革
7650. 体质：体格；体魄
7651. 替代国：国家
7652. 天安门事件：重大事件；"四五"事件；"四·五"事件
7653. 天气：寒潮；气象；降温天气；气候变化；危险天气；灾害性天气
7654. 天气分析：气候
7655. 天气趋势预报：天气预报
7656. 天气图预报：天气预报
7657. 天气现象：寒潮
7658. 天气预报：气象站；大风警报；单站预报；短期预报；短时预报；气候展望；气象预报；形势预报；要素预报；天气图预报；短期天气预报；海洋天气预报；数值天气预报；天气趋势预报；超长期天气预报；中期天气预报；危险天气预报；县站天气预报；长期天气预报
7659. 天气灾害：气象灾害
7660. 天然林：森林；人工林；原始林；原生林
7661. 天然林资源保护工程：环保工程
7662. 天然气：煤气；气体；石油；煤田气；液化天然气；液化石油气
7663. 天然气工业：能源工业；燃料工业
7664. 天然气资源：自然资源；石油资源；

油气矿产资源
7665. 天然油：原油
7666. 天体：卫星
7667. 天网行动：反腐倡廉
7668. 天文馆：文化机构
7669. 天文台：科研机构
7670. 天文卫星：科学卫星
7671. 天文学：自然科学
7672. 天主教：修女；新教；宗教；神甫；基督教；修道院
7673. 田赋：农业税
7674. 田价：地价
7675. 田间工程：渠道
7676. 田间管理：农业管理
7677. 田间管理机械：农业机械
7678. 田间蓄水塘：水库
7679. 田径运动：田赛；跳远；跳高；长跑；中长跑；越野跑；障碍跑；短跑；径赛；撑杆跳；马拉松跑；全能运动；体育运动；投掷运动
7680. 田赛：田径运动
7681. 甜菜：糖料作物；农作物
7682. 挑战书：文种
7683. 条件：办案条件；干部条件；工作条件；价格条件；科研条件；贸易条件；气象条件；任职条件；政治条件；饮水条件
7684. 条例：法规；法令；条令；章程；细则；处罚条例；贷款条例；工作条例；管理条例；监察条例；军队条例；审计法实施条例；专利条例；暂行条例；突发公共卫生事件应急条例
7685. 条令：规定；条例；文种
7686. 条约：公约；和约；边界条约；多边条约；国际条约；军事条约；领事条约；侨民条约；商务条约；双边条约；不平等条约；互不侵犯条约；中立条约；友好条约；同盟条约；援助条约；邮政条约；外交文件
7687. 条约法：国际法
7688. 调级：调整；工资调整
7689. 调剂：调整
7690. 调价：管理；价格；调整；物价管理
7691. 调节：调控；国家调节
7692. 调节税：税种；工资调节税
7693. 调解：谈判；仲裁；斡旋；调停；法院调解；公开调解；共同调解；联合调解；民事调解；人民调解；仲裁调解；直接调解
7694. 调解书：法律文书
7695. 调控：控制；调节；宏观调控；政府调控
7696. 调停：谈判；调解；斡旋
7697. 调整：调级；调剂；调价；修改；整顿；调职；工资晋升；工资调整；机构调整；计划调整；结构调整；金融调整；经济调整；利率调整；区域调整；人员调整；政策调整；组织调整；装备调整；工业产业结构调整
7698. 调整工资：调资；工资调整
7699. 调资：调整工资
7700. 跳高：田径运动
7701. 跳水：水上运动
7702. 跳远：田径运动
7703. 贴息：利息；贴现
7704. 贴现：贴息；金融兑付；银行业务
7705. 贴现市场：金融市场

7706. 铁道：铁路
7707. 铁路：道路；地铁；轻轨；铁道；地方铁路；地下铁路；复线铁路；干线铁路；高速铁路；国营铁路；环行铁路；轻便铁路；轻轨铁路；森林铁路；商办铁路；私营铁路；电气化铁路；准轨铁道；窄轨铁路
7708. 铁路车辆：机车
7709. 铁路货物运输：铁路运输
7710. 铁路抢运：军事运输
7711. 铁路桥：桥梁
7712. 铁路事故：交通事故；铁路运营安全事故
7713. 铁路通信：电信
7714. 铁路微波通信：电信
7715. 铁路托运：铁路运输
7716. 铁路运输：公路运输；水路运输；铁路托运；铁路货物运输
7717. 铁路运输业：交通运输业
7718. 铁路运营安全事故：铁路事故
7719. 厅务会：会议；厅务会议
7720. 听取汇报：公务活动
7721. 听证会：会议
7722. 庭审：审判
7723. 停车场：地下车库
7724. 停工待工：生产管理
7725. 停税：税收减免
7726. 停职：行政处分
7727. 停职反省：处分
7728. 停职检查：处分
7729. 通报：文种；密码通报；情况通报
7730. 通报批评：处分
7731. 通存通兑：储蓄
7732. 通电：电报
7733. 通告：报告；布告；公告；文种
7734. 通行费：费用
7735. 通行证：证件
7736. 通航水道：航道
7737. 通货：货币
7738. 通货膨胀：纸币；货币贬值；恶性通货膨胀
7739. 通缉犯：罪犯
7740. 通缉令：命令
7741. 通令：命令
7742. 通商：海禁；贸易；商务；开埠通商；贸易章程；五口通商
7743. 通商法：经济法
7744. 通商口岸：商埠；出口岸；进口岸；开埠通商；五口通商
7745. 通信：电报；电话；电信；军邮；邮政；邮电；通讯；光通信；保密通信；边境通信；车载通信；传真通信；对台通信；光纤通信；广播通信；国防通信；机动通信；军事通信；密码电报；农村通信；气象通信；数据通信；卫星通信；多媒体通信；光弧子通信；专用通信；图像通信；外事通信；战备通信；网络通信；邮政通信；无线电通信；有线电通信；武警部队通信
7746. 通信保密：保密通信；电讯保密；通讯保密
7747. 通信保障：通信手段；作战保障
7748. 通信电源工程：电信工程
7749. 通信技术：电信技术
7750. 通信交换系统：通信系统
7751. 通信联络：无线电通信
7752. 通信设备：加密机；电信设备
7753. 通信设备制造业：电子工业
7754. 通信手段：通信保障

7755. 通信网：网络；电信；通信系统
7756. 通信卫星：通讯卫星
7757. 通信系统：通信网；声讯系统；信令系统；光通信系统；电报通信系统；电话通信系统；光纤通信系统；数据通信系统；数字通信系统；通信交换系统；综合业务通信网；全球气象电信系统；无线电通信系统；有线电通信系统
7758. 通信业务质量：服务质量
7759. 通讯：通信；散文；报告文学
7760. 通讯保密：通信保密
7761. 通讯录：记录
7762. 通讯卫星：通信卫星
7763. 通用化：标准化
7764. 通用设备制造业：机械工业
7765. 通用性：性能
7766. 通邮：邮政
7767. 通则：原则
7768. 通知：文种；会议通知；稽核通知；任免通知
7769. 同案犯：主犯；罪犯；从犯；共犯；首犯；教唆犯
7770. 同线同标同质：经济建设
7771. 同学会：欧美同学会；黄埔军校同学会
7772. 童工：工人；劳动者；职工构成
7773. 统筹医疗：医疗服务制度
7774. 统购：购买；派购；收购；征购；统销；议购；计划商店；计划收购；一类商品；计划商品；统一收购；统一购买
7775. 统购价：收购价
7776. 统计：汇总；档案统计；干部统计；工业统计；基本统计；检察统计；金融统计；旅游统计；农业统计；企业统计；人口统计；商业统计；社会统计；司法统计；经济效益统计；社会经济统计；统计工作；卫生统计；土地统计；物价统计
7777. 统计报表：统计表；统计季报；统计年报；统计旬报；统计月报；金融统计报表；统计报表制度
7778. 统计表：统计报表
7779. 统计法：法律；经济法
7780. 统计季报：统计报表
7781. 统计年报：统计报表
7782. 统计学：自然科学
7783. 统计旬报：统计报表
7784. 统计月报：统计报表
7785. 统计指标：计划指标；生产指标
7786. 统检：质量检查
7787. 统配：分配
7788. 统配物资：专用物资；国家统一分配物资
7789. 统收统支：收支
7790. 统销：统购；专卖；销售；计划商店；计划销售；凭票供应；统购统销；一类商品；计划商品；统一销售
7791. 统一购买：统购
7792. 统一价格：计划价格
7793. 统一收购：统购
7794. 统一销售：统销
7795. 统一战线：统战；参政党；党的领导；对台工作；多党合作；共同纲领；民主党派；三大法宝；统战工作；爱国统一战线；国际统一战线；民族统一战线
7796. 统一战线工作：统战工作
7797. 统一战线理论：统战理论

7798. 统战；统一战线
7799. 统战部；党的中央组织
7800. 统战方针；民主协商；统战工作；十六字方针；和平统一祖国方针
7801. 统战工作；对台工作；统一战线；统战方针；政协工作；海外统战工作；统一战线工作
7802. 统战理论；统一战线理论
7803. 统战政策；港澳政策；国内政策
7804. 统制贸易；对外贸易国家专营制
7805. 偷渡；外逃；潜船偷渡；违法犯罪行为
7806. 偷税；避税；补税；抗税；漏税；逃税；违法犯罪行为
7807. 投案；报案；投案自首
7808. 投案自首；报案
7809. 投标；招标
7810. 投敌叛变；叛徒
7811. 投毒罪；罪名
7812. 投放；供应
7813. 投机；商业投机
7814. 投入；科技投入；农业投入；水利投入
7815. 投掷运动；田径运动
7816. 投资；拨款；集资；拨改贷；财政投资；对外投资；风险投资；工业投资；国际投资；国家投资；国内投资；华侨投资；基建投资；境外投资；联合投资；农业投资；私人投资；台胞投资；计划内投资；计划外投资；非生产性投资；固定资产投资；技术改造投资；投资方向；外国投资；委托投资；智力投资；直接投资；证券投资；项目投资
7817. 投资方式；合资
7818. 投资公司；投资银行；信托投资公司
7819. 投资管理；金融管理
7820. 投资环境；经济环境
7821. 投资计划；金融计划；景气计划；稳定计划；国民经济计划；现代化装备计划
7822. 投资结构；金融结构
7823. 投资体制；经济体制
7824. 投资效果；投资效益
7825. 投资效益；投资效果
7826. 投资需求；消费需求
7827. 投资银行；金融投资；开发银行；商人银行；投资公司；专业银行
7828. 投资政策；金融政策
7829. 透明度；水质指标；污染控制
7830. 突发公共卫生事件；突发事件
7831. 突发公共卫生事件应急条例；卫生法
7832. 突发事件；突发公共卫生事件；突发事件处置
7833. 图片；资料
7834. 图书；传记；古籍；家谱；全集；书籍；文集；选集；文献；出版物；工具书；教科书；宗教典籍
7835. 图书馆；档案馆；图书室；资料室；情报中心；儿童图书馆；公共图书馆；国家图书馆；盲人图书馆；农村图书馆；文化机构；学校图书馆
7836. 图书馆工作；图书馆员；文化工作；馆藏
7837. 图书馆员；图书馆工作
7838. 图书奖；奖励
7839. 图书室；图书馆；文化机构
7840. 图书资料；文献

7841. 图文电视：广播
7842. 图像通信：传真
7843. 图章：印章
7844. 徒刑：无期徒刑；有期徒刑
7845. 途径：公开途径；秘密途径
7846. 土坝：堤防
7847. 土地：地产；荒地；墓地；农用地；城市绿地；灌木林地；国有土地；计税土地；建设用地；军用土地；沙化土地；灌溉水田地；管道运输用地；宅基地；未利用地；闲置土地
7848. 土地保护管理：土地管理
7849. 土地出让：地价；出让土地
7850. 土地法：法律；农业法；土地管理法
7851. 土地法规：土地政策
7852. 土地法令：土地改革；土地政策
7853. 土地分类：土地管理
7854. 土地分配：土地改革
7855. 土地复垦开发：土地开发
7856. 土地改革：土改；两忆三查；平分土地；土地法令；土地分配；土地划分；土地政策；政治运动；土地所有制；土地改革运动
7857. 土地管理：地籍管理；地政管理；滥占耕地；土地分类；土地划拨；土地征用；节约用地；土地统计；国土资源管理；土地保护管理；土地使用费；土地利用管理；土地市场管理；土地开发整理；土地开发管理；土地整理管理；土地清理管理；土地纠纷管理
7858. 土地管理法：土地法
7859. 土地规划：地界；土地利用；土地划分；土地利用规划
7860. 土地划拨：土地管理
7861. 土地划分：土地改革；土地规划
7862. 土地监查：土地监察
7863. 土地纠纷：地产纠纷；民事纠纷；山林纠纷；土地争议
7864. 土地纠纷管理：土地管理
7865. 土地开发：土地资源；土地复垦开发；自然资源开发
7866. 土地开发管理：土地管理
7867. 土地开发整理：管理；土地管理
7868. 土地利用：耕地；建设用地；土地规划；土地使用
7869. 土地利用管理：土地管理
7870. 土地利用规划：土地规划；土地使用规划
7871. 土地年检：执法监督
7872. 土地清理管理：土地管理
7873. 土地审裁处：司法机关
7874. 土地使用：土地利用
7875. 土地使用费：土地管理；土地征用费
7876. 土地使用规划：城乡规划；土地利用规划
7877. 土地使用税：土地税；城镇土地使用税
7878. 土地使用证：土地证；凭证
7879. 土地使用制：土地制度
7880. 土地市场管理：土地管理
7881. 土地税：税种；直接税；土地使用税
7882. 土地所有制：土地改革
7883. 土地统计：社会经济统计；土地管理
7884. 土地有偿使用：地价
7885. 土地争议：土地纠纷

7886. 土地征购：土地征用
7887. 土地征用：征地；耕地征用；划拨土地；林地征用；土地管理；土地征购；房地产土地征用
7888. 土地征用费：费用；土地使用费
7889. 土地整理管理：土地管理
7890. 土地证：地契；凭证；土地使用证；物权凭证
7891. 土地政策：国内政策；土地法规；土地法令；土地改革
7892. 土地制度：土地使用制
7893. 土地资源：国土资源；农业资源；森林资源；土地开发；土壤资源；自然资源
7894. 土地资源调查：资源调查
7895. 土改：土地改革
7896. 土家语：民族语言
7897. 土家族：少数民族
7898. 土壤：红壤；草原土壤；中性土壤
7899. 土壤肥力：低产土壤；高产土壤；土壤熟化
7900. 土壤改良：沙漠治理
7901. 土壤侵蚀：水土保持；水土流失
7902. 土壤熟化：土壤肥力
7903. 土壤学：水土保持
7904. 土壤资源：土地资源
7905. 土特产：名土特产；土特产品
7906. 土特产品：农业特产；土特产品加工
7907. 土葬：丧葬
7908. 土族：少数民族
7909. 土族语：民族语言
7910. 团代会：代表大会；共青团代表大会；青年团代表会议
7911. 团纪处分：纪律处分
7912. 团结：军民团结；民族团结
7913. 团旗：旗帜
7914. 团体：集体；集团；代表团；访问团；顾问团；出国团组；非法团体；工商团体；军事团体；旅游团队；青年团体；社会团体；体育团体；非营利性团体；慰问团；宗教团体；政治团体；文化团体
7915. 团体操：体操运动
7916. 团委：共青团组织
7917. 团支部：共青团组织
7918. 团中央：共青团组织
7919. 推广：成果推广；技术推广；普通话推广
7920. 推荐：选举
7921. 推进剂：燃料
7922. 推销：销售
7923. 退党：脱党；开除党籍
7924. 退耕还林还草工程：环保工程
7925. 退税：出口退税
7926. 退田还湖：生态平衡
7927. 退伍：服役；复员；退休；退役
7928. 退休：离休；退伍；退职；减员；老干部；干部退休；劳动保险；人事制度；调级退休；自然减员
7929. 退休费：养老金
7930. 退休人员：离退休人员
7931. 退休制度：人事制度
7932. 退役：复员；退伍；干部退役；退役制度
7933. 退役军官：复员军人
7934. 退职：辞职；离职；退休；减员；劳动保险；自然减员
7935. 吞吐量：数量；货运量；周转量
7936. 拖拉机：农业机械；手扶拖拉机；

无人驾驶拖拉机　　　　　　　　　　众；损害群众利益
7937. 脱党：退党；党内除名　　　　7939. 脱贫：脱贫致富
7938. 脱离群众：官僚作风；密切联系群　7940. 脱贫致富：扶贫

W

7941. 挖潜改造：技术改造
7942. 挖潜改造革新：技术革新
7943. 佤族：少数民族
7944. 歪风邪气：不正之风
7945. 外币：澳元；法郎；马克；美元；欧元；日元；外汇；英镑；货币；人民币
7946. 外币流通：货币流通；外币收兑
7947. 外币收兑：货币兑换；外币流通；外币疏通；外汇交易；外汇管理
7948. 外币疏通：外币收兑
7949. 外宾：外国专家；外国友人
7950. 外部设备：计算机
7951. 外部审计：内部审计
7952. 外层空间问题：国际问题
7953. 外出驻训：训练
7954. 外国法人：外国人；最惠国待遇
7955. 外国军队：外军；中国军队
7956. 外国侨民：华侨
7957. 外国人：国籍；洋员；侨民；居留权；国民待遇；外国法人；外籍华人
7958. 外国人犯罪：涉外案件
7959. 外国人管理：外商管理
7960. 外国人入出境管理法：出入境管理法；中国公民出入境管理法
7961. 外国投资：外资；外资公司；资本输出
7962. 外国学者：外国专家
7963. 外国友人：外宾
7964. 外国专家：外宾；苏联专家；外国学者；外籍专家；对外友协外国专家；外国专家管理
7965. 外国专家工作：外事工作
7966. 外海：公海
7967. 外汇：创汇；外币；外资；外汇储备；外汇市场
7968. 外汇保值：外汇储备
7969. 外汇储备：贷款；黄金储备；金融储备；外汇保值；外汇市场；银行业务
7970. 外汇改革：金融改革
7971. 外汇管理：结汇；金融管理；外币收兑；外汇体制；外汇管制
7972. 外汇管理法：金融法
7973. 外汇管制：外汇管理
7974. 外汇交易：炒汇；结汇；金融交易；期货交易；外币收兑；炒买炒卖外汇
7975. 外汇平准基金：外汇政策
7976. 外汇倾销：货币贬值
7977. 外汇市场：金融市场；外汇储备
7978. 外汇市场管理：金融市场管理
7979. 外汇体制：金融体制；外汇管理
7980. 外汇政策：浮动汇率；金融政策；外汇平准基金
7981. 外籍：国籍
7982. 外籍华人：国籍；华侨；外国人
7983. 外籍专家：外国专家
7984. 外交：干涉内政；国际关系；外交关系；外交理论；外交工作
7985. 外交部长：外长；国务卿；外交

7986. 外交承认：建交
7987. 外交代表：外交人员；外交使节
7988. 外交代表机构：驻外机构；使馆；代办处；领事馆
7989. 外交方针：广交朋友；和平共处；和平共处五项原则；一个中国原则
7990. 外交工作：国际关系；国内政治；党的外联工作
7991. 外交关系：断交；复交；建交；国际关系；断绝外交关系
7992. 外交官：武官；参赞；大使；公使；领事；驻外人员；外交官员；外交人员
7993. 外交机构：大使馆；代办处；领事馆
7994. 外交人员：武官；参赞；大使；代办；公使；领事；使节法；外交官；临时代办；外交部长；外交代表；外交使节
7995. 外交使节：大使；代办；公使；领事；特使；外交代表；外交人员
7996. 外交特权：豁免权
7997. 外交文件：宣言；照会；协定；议定书；公约；护照；换文；条约；备忘录；贸易协定；最后通牒；文化协定
7998. 外交文书：国书；换文；白皮书；备忘录
7999. 外交政策：对外政策
8000. 外经：对外经济贸易
8001. 外经贸：对外经济贸易
8002. 外军：军队；外国军队；志愿军
8003. 外军后勤：军队后勤
8004. 外军学员：学生
8005. 外来语：语言
8006. 外联工作：对外联络工作
8007. 外轮：船舶
8008. 外贸：对外贸易
8009. 外贸代理制：商业制度
8010. 外贸法：经济法
8011. 外贸工作：对外贸易
8012. 外贸企业会计：商业会计
8013. 外贸体制：贸易体制
8014. 外派监事会制度：现代企业制度
8015. 外企管理：企业管理
8016. 外侨：侨民
8017. 外侨劳资纠纷：涉外案件
8018. 外商：商人；洋行；洋商
8019. 外商登记：外商管理
8020. 外商独资经营企业：外商企业；三资企业
8021. 外商管理：外商登记；外资管理；外商开业；外商歇业；外国人管理
8022. 外商开业：外商管理
8023. 外商企业：三资企业；外商独资经营企业
8024. 外商投资股份有限公司：股份公司
8025. 外商歇业：外商管理
8026. 外事：外事工作
8027. 外事案件：涉外案件
8028. 外事服务：外事工作
8029. 外事工作：民族外事；外事服务；外事活动；对外友协工作；公安外事工作；军队外事工作；司法外事工作；外国专家工作
8030. 外事活动：拜会；礼宾；外事工作
8031. 外事活动费：经费
8032. 外逃：出走；叛逃；偷渡；越境；舰船外逃

8033. 外网：计算机网络
8034. 外向型：外向型经济
8035. 外向型企业：出口基地企业
8036. 外销：国际市场
8037. 外语：语言
8038. 外援：援助
8039. 外债：贷款；公债；内债；债务
8040. 外长：外交部长
8041. 外长会议：国际会议
8042. 外资：集资；外汇；资本；资金；外国投资
8043. 外资公司：跨国公司；跨国经营；外国投资
8044. 外资管理：外商管理；资本管理
8045. 外资企业：三资企业
8046. 外资运用：外资运用审计
8047. 外资运用审计：资金审计
8048. 玩忽职守：渎职
8049. 玩忽职守案：案件
8050. 汪伪政权档案：历史档案
8051. 网点：储蓄网点；发行网点；商业网点；报刊发行点；市话营业网点；邮政运输网点
8052. 网络：测绘网；广域网；通信网；电子电路；光纤通信网；国防通信网；计算机网络；气象台站网；GPS控制网；电子交易网络；国防信息网络；世界天气监视网；信息网络
8053. 网络安全：计算机病毒
8054. 网络出版物：电子出版物
8055. 网络服务：信息服务
8056. 网络空间命运共同体：外交和国际关系
8057. 网络强国战略：经济建设
8058. 网络群众路线：作风建设
8059. 网球：球类运动
8060. 网箱养殖：水产养殖
8061. 枉法：执法
8062. 望天田地：耕地
8063. 危房：房屋
8064. 危害：公害
8065. 危害公共安全罪：罪名
8066. 危害国家安全活动：暴乱；窃密
8067. 危害国家安全罪：罪名
8068. 危机：金融危机；经济危机；军事危机；政权危机
8069. 危机输出：倾销；经济危机
8070. 危险货物运输：海难
8071. 危险品：物品
8072. 威慑战略：军事战略
8073. 威慑政策：对外政策
8074. 微波炉：家用电器
8075. 微波通信：电信；卫星通信；无线电通信
8076. 微波通信工程：电信工程
8077. 微灌：灌溉
8078. 微量元素肥料：化学肥料
8079. 为政清廉：廉政
8080. 伪满洲国档案：历史档案
8081. 违法捕捞：非法捕捞
8082. 违法犯罪行为：吸毒；械斗；渎职；贩毒；行贿；毁林；劫持；抗税；骗税；窃密；受贿；贪污；逃税；偷渡；偷税；拐卖人口；乱砍滥伐；乱挖滥采；敲诈勒索；贪污受贿
8083. 违法行为：赌博；漏税；闹事；欺行霸市；违法乱纪；不正当竞争
8084. 违法货币：假钞
8085. 违法乱纪：违法行为；违纪行为
8086. 违法狩猎：非法狩猎

8087. 违法药品：假药
8088. 违反财经纪律：三乱；铺张浪费；请客送礼；滥发奖金实物
8089. 违反规定：违章施工
8090. 违反纪律：违纪行为
8091. 违反经济政策：倒买倒卖
8092. 违反民主集中制：压制民主
8093. 违反职业道德：职业道德建设
8094. 违反群众纪律：欺压群众
8095. 违规资金：挤占挪用资金
8096. 违纪处理：党纪处分
8097. 违纪行为：打击报复；非法建房；违法乱纪；违反纪律；违纪审计；包庇坏人坏事；党政机关经商
8098. 违纪经商：党政干部经商
8099. 违纪审计：违纪行为
8100. 违禁品：毒品
8101. 违禁书刊：黄色书刊
8102. 违约：合同
8103. 违章：交通事故
8104. 违章处理：税制
8105. 违章建筑：工程质量；违章施工
8106. 违章施工：违反规定；违章建筑
8107. 围垦：垦荒
8108. 唯物论：唯物主义
8109. 唯物史观：历史唯物主义
8110. 唯物主义：认识论；唯物论；唯心主义；辩证唯物主义；历史唯物主义
8111. 唯心论：唯心主义
8112. 唯心主义：认识论；唯心论；唯物主义
8113. 维护：维稳；维修；城市维护；电缆维护；光缆维护；网络维护
8114. 维稳：维护；社会稳定；社会稳定工作
8115. 维吾尔族：少数民族
8116. 维修：维护
8117. 维修性：性能
8118. 维语：民族语言
8119. 伪钞：假钞
8120. 伪造票证案：案件
8121. 伪证案：案件
8122. 尾气：污染源
8123. 委托管理：代理
8124. 委务会议：委员会会议
8125. 委员：评委；领导人；常务委员；党委委员；候补委员；审判委员会委员；中央委员；政协委员；中纪委委员；中顾委委员；学术委员会委员
8126. 委员会：领导机构；村民委员会；居民委员会
8127. 委员会会议：委务会议；委员长会议；委员长办公会议
8128. 委员会主席会议：委员长会议
8129. 委员长：党和国家领导人；全国人大常委会委员长；全国人民代表大会常务委员会委员长
8130. 委员长办公会议：委员长会议；委员会会议
8131. 委员长会议：委员会会议；委员会主席会议；委员长办公会议；全国人民代表大会常务委员会委员长会议
8132. 卫国战争：反侵略战争
8133. 卫生：爱国卫生；城市卫生；放射卫生；妇幼卫生；个人卫生；公共卫生；环境卫生；家畜卫生；交通卫生；军队卫生；劳动卫生；老年卫生；农村卫生；商品卫生；社区

卫生；食品卫生；体育卫生；营养卫生；饮食卫生；饮食业卫生
8134. 卫生保健：初级卫生保健
8135. 卫生标准：专业标准
8136. 卫生法：法律；管理法；食品卫生法；突发公共卫生事件应急条例
8137. 卫生防疫：检疫；卫生监督
8138. 卫生服务：城镇社区卫生服务
8139. 卫生工作：防疫工作；医疗工作
8140. 卫生管理：医药卫生管理
8141. 卫生规划：城市卫生
8142. 卫生机构：医药卫生机构
8143. 卫生监督：卫生防疫
8144. 卫生检查：食品检查
8145. 卫生检疫：港口检疫；商品卫生
8146. 卫生教育：医学教育
8147. 卫生统计：死亡率；部门统计；疾病统计
8148. 卫星：天体；飞行器；人造卫星；自然卫星
8149. 卫星城镇：城市
8150. 卫星发射：发射试验；航天器发射
8151. 卫星观察：气象卫星
8152. 卫星数据通信：卫星通信
8153. 卫星通信：电信；地球站；航天通信；空间通信；微波通信；国际卫星通信；同步卫星通信；卫星数据通信；空间无线电通信；无线电通信
8154. 卫星通信工程：电信工程
8155. 未利用地：荒地；湿地；土地
8156. 未遂：刑事责任
8157. 慰劳：慰问
8158. 慰问：军属；烈属；慰劳
8159. 慰问电：电报；慰问信
8160. 慰问品：慰问信
8161. 慰问团：团体
8162. 慰问信：书信；慰问电；慰问品
8163. 温度：高温
8164. 温度影响：环境影响
8165. 文代会：作代会；代表大会；中国文学艺术界联合会代表大会
8166. 文风：作风；语言风格
8167. 文稿：文种
8168. 文工团：文艺团体
8169. 文化：文史；村镇文化；旅游文化；民族文化；企业文化；群众文化；社区文化；考古学文化；广播电影电视；宗教文化；校园文化
8170. 文化产业：第三产业
8171. 文化复兴：文化交流
8172. 文化工作：报刊工作；出版工作；档案工作；文化事业；文化普及；影视工作；文物工作；文艺工作；新闻工作；图书馆工作
8173. 文化宫：文化馆
8174. 文化馆：美术馆；文化宫；艺术馆；业余文化；文化机构；业余文化生活
8175. 文化机构：文化站；文物局；博物馆；档案馆；俱乐部；科技馆；美术馆；天文馆；图书馆；图书室；文化馆；档案机构；文化事业；文化设施
8176. 文化建设：基层文化建设
8177. 文化交流：文化复兴；文化生活
8178. 文化界：阶层
8179. 文化普及：教育工作；文化工作
8180. 文化设施：影剧院；音乐厅；画廊；文化机构；演出场所
8181. 文化生活：文化交流；业余文化；文娱活动；部队文化生活；农村文

化生活；业余文化生活
8182. 文化市场：美术市场；信息市场；音乐市场；艺术品拍卖
8183. 文化市场管理：演出管理
8184. 文化事业：出版事业；档案事业；文化工作；文化机构；文化艺术业
8185. 文化事业管理：文物管理；出版管理；档案管理；发行管理；音像制品管理
8186. 文化水平：文盲；文化水准
8187. 文化水准：文化水平
8188. 文化团体：文艺团体
8189. 文化下乡：文艺下乡
8190. 文化协定：外交文件
8191. 文化遗产：精神财富；民族遗产；文学遗产；世界文化遗产
8192. 文化遗物：文物
8193. 文化艺术业：产业；文化事业
8194. 文化站：文化机构
8195. 文化自信：文化建设
8196. 文集：全集；图书；选集；军事文集；文件汇编
8197. 文件：案卷；报告；草稿；呈文；档案；附件；公文；急件；批件；批示；声明；文书；抄送件；呈阅件；请办文；请阅件；任命书；任务书；部委文件；参考文件；传阅文件；地方文件；电子文件；工程文件；会议文件；机密文件；机要文件；技术文件；军事文件；矿产文件；矿权文件；来往文件；来往文书；外交文件；国务院文件；中央文件；招标文件；指导性文件；中央军委文件
8198. 文件处理：公文处理；文书处理
8199. 文件管理：公文管理
8200. 文件汇编：文集
8201. 文件清点：保密检查
8202. 文件种类：文种；规定
8203. 文教：教谕
8204. 文教体育用品制造业：文体用品工业
8205. 文教用品制造业：文体用品工业
8206. 文科：大学
8207. 文科院校：高等院校
8208. 文联：联合组织；社会团体；中国文学艺术界联合会
8209. 文盲：扫盲；文化水平
8210. 文明：古代文明；精神文明；政治文明；物质文明
8211. 文明社区：文明小区
8212. 文明小区：文明社区
8213. 文史：历史；文化
8214. 文书：聘书；文件；文种；法律文书；外交文书
8215. 文书处理：催办；归档；立卷；收发文；文件处理；文书工作；机关工作
8216. 文书工作：档案工作；文书处理
8217. 文书工作制度：机关工作制度
8218. 文书学：社会科学
8219. 文体用品工业：轻工业；体育用品制造业；文教用品制造业；文教体育用品制造业；文体用品制造业；娱乐用品制造业
8220. 文体用品制造业：文体用品工业
8221. 文物：古墓；古物；古兵器；古瓷器；古墓葬；古器物；古钱币；古石器；古陶器；古玉器；古字画；出土文物；地下文物；仿制文物；

革命文物；历史文物；民族文物；文化遗物；国家重点文物

8222. 文物保护：考古技术；文物修复；文物工作
8223. 文物保护法：法律；管理法
8224. 文物工作：文化工作；文物保护；文物征集；文物管理
8225. 文物管理：文物工作；文化事业管理
8226. 文物局：文化机构
8227. 文物图录：目录
8228. 文物修复：文物保护
8229. 文物征集：文物工作
8230. 文献：报刊；档案；古籍；论文；年谱；书稿；图书；著作；资料；大事记；地方志；地方文献；会议文献；军事文献；民族史志；广播电影电视报刊；文献学；图书资料；专利文献
8231. 文选：选集
8232. 文学：文艺；报告文学；当代文学；东方文学；儿童文学；古代文学；古典文学；纪实文学；近代文学；民间文学；民族文学；民族文字；色情文学；社会科学；外国文学；网络文学；文学家；宗教文学；影视文学；戏剧文学；西方文学
8233. 文学创作：文学作品；文艺评论；文艺创作
8234. 文学奖：奖励
8235. 文学理论：文艺理论
8236. 文学评论：文艺评论
8237. 文学史：历史
8238. 文学遗产：文化遗产
8239. 文学作品：小说；游记；剧本；散文；诗词；诗歌；文学创作；艺术作品
8240. 文言文：文章
8241. 文艺：文学；军队文艺；群众文艺
8242. 文艺表演团体：文艺团体
8243. 文艺创作：题材；文学创作；文艺风格；艺术创作；广播影视创作
8244. 文艺单位：文艺团体
8245. 文艺队伍：文艺团体
8246. 文艺方针：双百方针；文艺政策；新时期文艺方针
8247. 文艺风格：文艺创作
8248. 文艺工作：文化工作
8249. 文艺观：文艺思想
8250. 文艺理论：文学理论；艺术理论
8251. 文艺美学：社会科学
8252. 文艺批评：电影评论；文艺评论；文艺批评标准
8253. 文艺评论：文学创作；文学评论；文艺批评；艺术评论
8254. 文艺思想：文艺观；毛泽东文艺思想
8255. 文艺团体：剧团；文工团；文化团体；文艺单位；文艺队伍；文艺表演团体
8256. 文艺下乡：文化下乡
8257. 文艺演出：艺术节；表演；演出公司；下部队演出
8258. 文艺政策：国内政策；文艺方针
8259. 文娱活动：文化生活
8260. 文章：范文；杂文；文言文；评论员文章
8261. 文职：文职干部
8262. 文职干部：军官；军队干部；文职官员；军队文职干部

8263. 文职官员：文职干部
8264. 文种：函；报告；布告；悼词；发文；复电；复文；公报；公告；规定；贺词；纪要；简报；讲话；决定；决议；命令；批复；请示；条令；通报；通告；通知；文稿；文书；咨文；指示；指令；闭幕词；开幕词；申请书；说明书；挑战书；工作报告；公文种类；会议纪要；调查报告；文件种类；要信摘报
8265. 文字：汉字；盲文；古文字；规范汉字；民族文字；少数民族文字；通用语言文字；自造字；象形文字
8266. 稳定：社会稳定；世界稳定；稳定物价
8267. 稳定计划：投资计划
8268. 稳定物价：宏观调控；物价政策；物价稳定；物价管理
8269. 稳定性：性能；安定性；不稳定性
8270. 问题：澳门问题；法律问题；管理问题；国防问题；国号问题；国际问题；华侨问题；婚姻问题；技术问题；经济问题；老龄问题；人才问题；社会问题；台湾问题；统一问题；违纪问题；生活作风问题；宗教问题；政治问题；移民问题；西藏问题；资金问题；遗留问题；香港问题
8271. 莴苣：蔬菜
8272. 我军新的格局、作战指挥体系和领导管理体系：国防和军队建设
8273. 斡旋：谈判；调解；调停；仲裁
8274. 乌拉圭回合：国际会议；贸易谈判
8275. 乌力格尔：民族语言
8276. 乌孜别克语：民族语言
8277. 乌孜别克族：少数民族
8278. 污染：防污染；工业污染；环境污染；精神污染；固体废物污染
8279. 污染防治：环境保护；环境污染；环境质量；酸雨防治；消除污染；综合治理；水污染防治
8280. 污染纠纷：污染事故
8281. 污染控制：透明度
8282. 污染事故：环境污染；污染纠纷
8283. 污染物：食物污染；固体污染物
8284. 污染物排放标准：环境标准
8285. 污染源：来源；尾气；环境污染；生活污染源
8286. 污染源监测：环境监测
8287. 污水：废水
8288. 污水处理工程：环保工程；市政工程
8289. 污水工程：市政工程
8290. 诬告陷害案：案件
8291. 无产阶级：无产者；工人；工人阶级；雇佣工人；资产阶级；自为阶级；自在阶级；被剥削阶级；农村无产阶级
8292. 无产阶级革命：社会主义革命
8293. 无产阶级政党：党的性质；工人阶级政党；资产阶级政党
8294. 无产阶级专政：工人阶级专政；人民民主专政
8295. 无产者：无产阶级
8296. 无党派人士：党外人士；民主人士
8297. 无机化工：化学工业
8298. 无机化工橡胶工业：化学工业
8299. 无期徒刑：主刑；刑种
8300. 无人航天器：广播卫星
8301. 无息贷款：贷学金

8302. 无线电干扰：电子干扰
8303. 无线电设备：电信设备
8304. 无线电探空仪：气象设备
8305. 无线电通信：中波通信；移动通信；长波通信；电信；短波通信；空间通信；散射通信；通信联络；微波通信；卫星通信；单边带通信；点对点通信；有线电通信；脉码调制通信
8306. 无线电通信反侦察：电子干扰
8307. 无线电通信干扰：电子干扰
8308. 无线电运动：体育运动
8309. 无形贸易：国际贸易
8310. 无形资产：实物资产
8311. 无政府主义：无政府状态
8312. 无政府状态：无政府主义
8313. 五爱教育：品德教育
8314. 五保：社会保障
8315. 五个一批：社会建设
8316. 五讲四美三热爱：精神文明建设
8317. 五口通商：通商口岸
8318. 五类分子：专政对象
8319. 五年计划：八五计划；九五计划；七五计划；长期计划；国民经济计划
8320. 五七干校：学校；干部教育
8321. 五四青年节：节日；节假日；青年联欢节
8322. 五四运动：政治运动
8323. 五小工业：街道工业；地方工业
8324. 五一劳动节：节假日
8325. 武官：外交官；外交人员；防卫驻在官；驻外武官；驻华使馆武官
8326. 武警：警察；武装警察
8327. 武警部队建设：国防建设
8328. 武警装备：军事装备
8329. 武器：兵器；弹药；给养；古兵器；航空炮；核武器；轻武器；原子弹；常规武器；化学武器；禁用武器；军械装备；生物武器；水中兵器；非致命武器；高技术武器；大规模杀伤性武器；重武器；制导武器；战略武器
8330. 武器工业：兵器工业
8331. 武器装备：零部件；军事装备
8332. 武器装备储备：军用物资储备
8333. 武器装备发展经费：国防费
8334. 武器装备建设：国防建设；军队建设
8335. 武器装备科研：军事科研
8336. 武器装备现代化：国防现代化
8337. 武术：竞技运动；民族体育
8338. 武侠片：影片
8339. 武装：武装力量
8340. 武装斗争：阶级斗争；军事斗争；三大法宝；武装起义；农村包围城市；武装夺取政权
8341. 武装夺取政权：武装斗争
8342. 武装警察：武警
8343. 武装力量：战斗力；军队；民兵；人武；民众武装；群众武装；人民武装；武装组织；反政府武装；国家武装力量
8344. 武装力量动员：战争动员
8345. 武装力量建设：国防建设；军队建设
8346. 武装力量史：军史
8347. 武装力量组织法：国防法
8348. 武装起义：武装斗争
8349. 武装装备储备：军用物资储备
8350. 武装组织：武装力量

8351. 舞蹈；表演艺术
8352. 舞台；剧院；美术
8353. 物价；价格
8354. 物价补贴；价格补贴；物价政策
8355. 物价方针；物价政策
8356. 物价分级管理；物价管理
8357. 物价改革；价格改革；经济改革；价格体系改革
8358. 物价管理；削价；限价；乱涨价；定价；降价；提价；调价；按质论价；保护价格；价格冻结；经济管理；稳定物价；价格核定；物价检查；物价监督；物价稳定；物价调查；物价分级管理；物价管理体制
8359. 物价监督；经济监督；物价管理；物价检查
8360. 物价检查；物价管理；物价监督
8361. 物价水平；价格水平
8362. 物价调查；物价管理
8363. 物价统计；部门统计
8364. 物价稳定；经济形势；稳定物价；物价管理；物价政策
8365. 物价政策；按质论价；薄利多销；价格政策；商业政策；稳定物价；物价补贴；物价方针；物价稳定
8366. 物理性质；比重
8367. 物理学；自然科学
8368. 物流；物资流通
8369. 物流公司；运输
8370. 物品；礼品；商品；物资；纪念物；危险品；宣传品；消费品
8371. 物权法；法律；债权法
8372. 物权凭证；土地证
8373. 物业；行业
8374. 物业服务；物业管理
8375. 物业管理；社区管理；物业服务
8376. 物证；证据
8377. 物质技术基础；生产力
8378. 物质奖励；奖金；精神鼓励
8379. 物质文明；精神文明；物资供应部门
8380. 物质文明建设；精神文明建设；三个文明建设
8381. 物资；产品；货物；价格；物品；财产物资；废旧物资；积压物资；救灾物资；军用物资；军运物资；库存物资；特种物资；统配物资；计划内物资；计划外物资；专用物资；战略物资；援外物资
8382. 物资部门所属加工企业；物资企业
8383. 物资储备；库存物资；粮食储备；粮油储备；石油储备；物资存储；国家物资储备；军用物资储备；商品物资储备；生产物资储备；物资当年储备
8384. 物资储运公司；物资企业
8385. 物资存储；物资储备
8386. 物资当年储备；物资储备
8387. 物资分级管理；物资管理
8388. 物资分配；产品分配；物资交流；物资管理；经济管理
8389. 物资分配计划；物资管理
8390. 物资工作；物资勤务；物资管理
8391. 物资供销企业；物资企业
8392. 物资供应；产品供应；商品供应；物资管理；经济管理；节日物资供应
8393. 物资供应部门；物质文明
8394. 物资供应体制；物资管理
8395. 物资供应站；物资企业
8396. 物资管理；经济关系；经济管理；

物资分配；物资工作；物资供应；物资调度；机关物资管理；物资分级管理；物资分配计划；物资供应体制

8397. 物资回收：废旧物资回收
8398. 物资计划：产品计划；商品计划
8399. 物资交流：产品交流；商品交流；商品流通；物资分配；商品流通渠道
8400. 物资交易：物资贸易
8401. 物资进口政策：经济政策
8402. 物资流通：配送；物流；商品流通；物资流转；第三方物流；城乡物资交流
8403. 物资流转：物资流通
8404. 物资贸易：物资交易
8405. 物资贸易伙伴：商品交易伙伴
8406. 物资平衡：物资综合平衡
8407. 物资企业：物资供应站；物资储运公司；物资供销企业；生产资料服务公司；物资部门所属加工企业；物资专业公司
8408. 物资勤务：物资工作
8409. 物资提运：物资运输
8410. 物资调度：物资管理
8411. 物资运输：货物运输；物资提运；特种物资运输
8412. 物资专业公司：物资企业
8413. 物资综合平衡：物资平衡
8414. 误诊：医疗事故
8415. 误治：医疗事故
8416. 雾害：气象灾害

X

8417. 西部大开发战略：发展战略
8418. 西部开发：光彩事业；中西部开发
8419. 西藏问题：中印关系
8420. 西非国家经济共同体：区域性组织
8421. 西瓜：水果
8422. 西红柿：蔬菜
8423. 西欧问题：地区性问题
8424. 西沙群岛问题：领土问题
8425. 西药：药物
8426. 西医：现代医药学
8427. 西医教育：医学教育
8428. 吸毒：毒品；贩毒；戒毒；禁毒；毒品犯罪；违法犯罪行为
8429. 吸收外资：利用外资
8430. 吸引外资：利用外资
8431. 矽肺病：职业病
8432. 稀有金属：有色金属
8433. 锡伯语：民族语言
8434. 锡伯族：少数民族
8435. 习近平新时代中国特色社会主义思想：执政理念
8436. 洗涤收费：服务收费
8437. 洗礼：宗教活动
8438. 洗衣机：清洗机；家用电器；日用电器
8439. 喜剧片：影片
8440. 戏剧：表演艺术；综合艺术
8441. 戏剧片：影片
8442. 戏剧文学：综合艺术
8443. 系列化：标准化
8444. 系统：参照系统；传输系统；导航系统；防御系统；辅助系统；跟踪系统；供电系统；供热系统；管理系统；灌溉系统；航天系统；间谍系统；监控系统；检索系统；金融系统；控制系统；气压系统；软件系统；生保系统；输配系统；探测系统；通信系统；网络系统；光通信系统；光纤传输系统；光纤通信系统；决策分析系统；全球定位系统；信息系统；应急系统；指挥系统；支援系统；智能系统；运输系统；遥测系统；预警系统；自动化系统
8445. 系统理论：行为科学
8446. 细胞工程：生物工程
8447. 细粮：粮食
8448. 细则：规则；条例
8449. 虾：水产品
8450. 下部队演出：文艺演出
8451. 下岗问题：社会问题
8452. 下岗职工：失业；上岗职工
8453. 下基层：干部培养；干部下放；下基层锻炼
8454. 下中农：阶级；半自耕农；贫下中农
8455. 夏收分配：收入分配
8456. 先进个人：劳动模范；先进集体
8457. 先进工作者：英雄
8458. 先进集体：荣誉称号；先进个人；

青年先进集体
8459. 纤维作物：棉花；经济作物
8460. 籼稻：水稻
8461. 鲜果：水果
8462. 铣铁：生铁
8463. 县（市、区）长会：会议
8464. 县财政：地方财政
8465. 县大队：人民武装部
8466. 县长办公会：办公会议
8467. 现场会：会议；座谈会；办公会议
8468. 现场勘查：勘察
8469. 现场直播：广播
8470. 现代多项运动：体育运动
8471. 现代化：革命化；信息化；工业现代化；管理现代化；国防现代化；四个现代化；中医现代化
8472. 现代化战争：现代战争
8473. 现代化装备计划：投资计划
8474. 现代企业制度：独立董事制度；职工监事制度；董事会议事制度；外派监事会制度
8475. 现代医药学：西医；军事医学
8476. 现代战争：电子战争；近代战争；高技术战争；现代化战争
8477. 现行价格：不变价格
8478. 现金：信用卡；银行存款
8479. 现金管理：财务管理；货币管理
8480. 现象：腐败现象；气象现象；天气现象
8481. 现役：兵役；预备役
8482. 现役军人：复员军人
8483. 现有人口：常住人口；人口普查
8484. 现状：状况；武器装备现状
8485. 限额：定额；额度；采伐限额；金融限额
8486. 限价：管理；物价管理
8487. 限制核武器问题：国际军事问题
8488. 线路：明线；电缆线路；光缆干线；光缆线路；旅游线路；通信线路；专用线
8489. 线路工程：电信工程
8490. 宪法：法律；根本法；国家法；中华民国宪法；中华人民共和国宪法
8491. 宪法宣誓制度：政治建设
8492. 乡财政：地方财政
8493. 乡村规划：村镇规划
8494. 乡村教育：农村教育
8495. 乡村绿化：农村绿化
8496. 乡村人口：农业人口
8497. 乡镇：城乡；贫困乡；行政区划；自治乡
8498. 乡镇企业：村队企业；集体企业
8499. 乡镇卫生院：医院；农村卫生
8500. 乡镇营建：村镇规划
8501. 乡政府：村民委员会
8502. 香港地区：香港特别行政区
8503. 香港回归：回归祖国
8504. 香港回归祖国：澳门回归
8505. 香港基本法：法律；澳门基本法
8506. 香港特别行政区：香港特区；香港地区
8507. 香港特区：香港特别行政区
8508. 香港问题：领土问题；中英关系；领土关系
8509. 香蕉：水果
8510. 香料作物：经济作物
8511. 向日葵：油料作物
8512. 项目：定点；专项；保险项目；贷款项目；规划项目；基建项目；科技项目；科研项目；旅游项目；敏

感物项；审计项目；体育项目；外资项目；计划内项目；计划外项目；技术改造项目；技术合作项目；引进项目
8513. 项目投资：重点项目投资
8514. 橡胶工业：轻工业；合成工业；化学工业；橡胶制品业
8515. 橡胶制品业：橡胶工业
8516. 消除污染：污染防治
8517. 消毒：检疫
8518. 消毒剂：药物
8519. 消防：防火；火灾；救火；灭火；船舶消防；民航消防；森林防火
8520. 消防车：汽车
8521. 消防器材：云梯；灭火器；水龙带；消防设备
8522. 消防设备：消防器材
8523. 消费：分配；节约；生产；个人消费；健康消费；旅游消费；绿色消费；再生产；消费基金
8524. 消费力：能力；购买力
8525. 消费品：产品；商品；物品；消费资料
8526. 消费区：产区
8527. 消费水平：购买水平；消费水准；商品购买力；商品需求量
8528. 消费水准：消费水平
8529. 消费税：烟税；酒税；从价税；间接税；流转税；汽油税；宴席税；烟酒税
8530. 消费习惯：商品购买力
8531. 消费信用：信用卡
8532. 消费需求：投资需求
8533. 消费者权益保护法：权益保障法
8534. 消费资料：消费品；第二部类；生产资料；生活资料
8535. 消声器：噪声防护
8536. 消息：新闻
8537. 宵禁：紧急状态
8538. 萧条：经济危机；经济形势
8539. 硝酸铵：氮肥
8540. 销案：立案
8541. 销毁核武器问题：国际军事问题
8542. 销路：销售渠道
8543. 销售：包销；产销；承销；出售；传销；促销；分销；购销；寄售；经销；零售；配售；批发；倾销；赊销；收购；摊位；统销；推销；专卖；展销；直销；议售；营销；出口销售；地产地销；房屋出售；关联销售；国内销售；粮油销售；商品销售；商品展销；网上销售；出口转内销；金饰品销售；自营销售；药品销售；邮品销售
8544. 销售额：金额；零售额
8545. 销售服务：售后服务
8546. 销售价格：收购价格
8547. 销售量：零售
8548. 销售渠道：销路
8549. 小贩：商贩
8550. 小轿车：汽车
8551. 小金库：财务检查
8552. 小麦：原粮；谷物；春小麦；冬小麦；禾谷类作物；粮食品种
8553. 小商品：日用小商品
8554. 小说：文学作品
8555. 小型企业：大型企业；集体企业；中型企业；中小型企业
8556. 小学：学校；初等教育；初等学校；初级小学；高级小学；民办小学；

民族小学；私立小学；完全小学；
学校教育；中心小学
8557. 小学教育：初等教育
8558. 小学生：学龄儿童
8559. 小资产阶级：中农
8560. 校舍：建筑物
8561. 校外教育：社会教育
8562. 校园网：局域网
8563. 效力：法律效力
8564. 效率：工作效率；检索效率
8565. 效益：收益；经济效益；科研效益；企业效益；社会效益；生态效益；投资效益；效益评价；资产效益；运输效益
8566. 效益工资：浮动工资
8567. 效益审计：经济效益审计
8568. 效应：环境效应
8569. 歇后语：语言
8570. 协定：换文；协议；供需协定；国际协定；经济协定；军事条约；军事协定；君子协定；科技协定；贸易协定；税收协定；外交文件；文化协定；科学技术协定；业务协定
8571. 协定贸易：边境贸易；补偿贸易；抵偿贸易；多边贸易；国际贸易；贸易协定
8572. 协会：机构；学会；海协会；报关协会；对外友协；行业协会；货代协会；集邮协会；口岸协会；社会团体；体育协会；消费者协会；仲裁协会
8573. 协商：会谈；民主协商；政治协商
8574. 协调：管理；计划协调
8575. 协议：协定；国际协议；双边协议；信令协议
8576. 协助：司法协助
8577. 协作：分工；分工协作；工商协作；劳动生产率
8578. 协作区：区域
8579. 邪教：邪教组织
8580. 邪教组织：非法组织
8581. 鞋帽：服装
8582. 鞋帽工业：制帽业；制鞋业；轻工业；服装工业；鞋帽制造业
8583. 鞋帽制造业：鞋帽工业
8584. 写字楼：办公楼
8585. 泄洪：防洪；蓄洪
8586. 泄漏国家重要机密案：案件
8587. 泄露国家重要机密案：案件
8588. 泄密：保密；窃密
8589. 泄密事件：失泄密事件
8590. 械斗：违法犯罪行为
8591. 蟹：水产品
8592. 蟹养殖：水产养殖
8593. 心中"四有"：政治建设
8594. 新产品开发：新产品试制
8595. 新产品试制：新产品开发
8596. 新常态：经济建设
8597. 新党：政党
8598. 新发展理念：执政理念
8599. 新古田会议：国防和军队建设
8600. 新技术：高新技术
8601. 新技术开发：科技开发
8602. 新建房：房屋
8603. 新教：基督教；天主教
8604. 新民主主义：毛泽东思想；新民主主义革命
8605. 新民主主义革命：民主革命；人民民主革命；社会主义革命；资产阶级民主革命

8606. 新民主主义教育：思想政治教育
8607. 新民主主义青年团：共青团
8608. 新品种：粮棉新品种；植物新品种
8609. 新时代：执政理念
8610. 新时代党的建设总要求：政治建设
8611. 新时期产业工人队伍建设：经济建设
8612. 新四军：红军；军队；中国人民解放军
8613. 新闻：消息；广播新闻；国际新闻；军事新闻；广播电视新闻；新闻报道
8614. 新闻报道：采访；新闻工作；记者招待会
8615. 新闻采访：新闻工作；记者招待会
8616. 新闻导向：舆论导向
8617. 新闻发布：新闻公报；新闻封锁；新闻检查；新闻发布会
8618. 新闻发布会：会议
8619. 新闻法：法律；新闻工作
8620. 新闻方针：新闻工作；宣传方针
8621. 新闻封锁：新闻发布
8622. 新闻工作：新闻法；文化工作；新闻报道；新闻采访；新闻方针；宣传工作；新闻事业
8623. 新闻工作者：特派员
8624. 新闻公报：新闻发布；记者招待会
8625. 新闻检查：新闻发布
8626. 新闻奖：奖励
8627. 新闻片：影片
8628. 新闻事业：新闻工作
8629. 新闻学：社会科学
8630. 新闻业：行业
8631. 新闻组织机构：电视台
8632. 新型国际关系：外交和国际关系
8633. 新型农业经营体系：经济建设
8634. 薪金标准：工资标准
8635. 薪水：工资
8636. 薪炭林：森林
8637. 信贷：贷款；借贷；金融；信用；出口信贷；买方信贷；卖方信贷；全额信贷；外汇信贷；消费信贷；信贷法；信贷政策；银行业务
8638. 信贷法：金融法；信贷政策
8639. 信贷计划：计划调整；金融计划；信贷原则
8640. 信贷监督：经济监督
8641. 信贷原则：信贷计划
8642. 信贷政策：信贷法；财政政策；金融政策
8643. 信贷资金：信贷资金综合平衡
8644. 信贷资金管理：信贷资金管理体制
8645. 信访：来信来访；人民来信来访；信访工作
8646. 信访法规：信访工作
8647. 信访工作：机关工作；信访法规；基层信访工作；人民来信来访工作
8648. 信函：信件
8649. 信件：信函
8650. 信件办理：办信
8651. 信令系统：通信系统
8652. 信托：财产信托；国际信托；国内信托；金融信托；投资信托；信托业务；信托制度；信托商店
8653. 信托法：金融法
8654. 信托银行：商业银行
8655. 信息：情报；档案信息；地理信息；电子信箱；后勤信息；价格信息；经济信息；科技信息；商品信息；审计信息；市场信息；统计信息；消费信息；多媒体信息；国土基础

信息；旅游服务信息；信息源；信息技术
8656. 信息保密：信息保密技术
8657. 信息产业：IT业；软件业；信息服务业
8658. 信息点：信息网络
8659. 信息服务：网络服务；资料工作；资讯服务；电话信息服务；公用信息服务；信息服务业务
8660. 信息服务业：信息产业
8661. 信息工作：情报工作；资料工作
8662. 信息化：数字化；现代化；企业信息化；国民经济信息化；政务信息化
8663. 信息库：数据库；地理信息数据库；电子信息资源库
8664. 信息论：理论
8665. 信息市场：文化市场
8666. 信息网络：信息点；计算机网络
8667. 信息源：来源
8668. 信息载体：光盘
8669. 信息资源：电子政务信息资源
8670. 信仰：民间信仰；民族信仰；宗教信仰
8671. 信用：信贷；财政信用；国际信用；商业信用；银行信用
8672. 信用保险：出口信用保险
8673. 信用合作管理：金融管理
8674. 信用合作社：信用社；金融机构；非银行金融机构
8675. 信用机构：银行
8676. 信用卡：现金；消费信用；金融信用卡；支付方式；银行业务
8677. 信用社：信用合作社
8678. 信用危机：金融危机
8679. 信用证：凭证；金融信用证；支付方式
8680. 星火计划：高科技；火炬计划；科技规划；科技计划
8681. 行管：行政管理
8682. 行贿：受贿；拒贿；索贿；贿赂；行贿罪；行贿受贿；违法犯罪行为
8683. 行贿受贿：贿赂
8684. 行贿罪：罪名；受贿罪；贿赂罪
8685. 行为规范：道德规范
8686. 行为科学：管理科学；系统理论；人—机系统
8687. 行政：军事行政；学校行政
8688. 行政报告：工作报告
8689. 行政部门：股级机构；行政机构
8690. 行政处罚：行政处罚法
8691. 行政处罚法：行政法
8692. 行政处分：停职；警告；记过；降级；降职；降衔；记大过；罢免；撤职；除名；纪律处分；政纪处分；严重警告；开除公职；开除军籍；行政警告；警纪处分
8693. 行政措施：行政强制措施
8694. 行政法：法律；管理法；海关法；公务员法；国家赔偿法；行政处罚法；行政管理法；行政监察法
8695. 行政费：经费；福利费；公务费；事业费；招待费；行政经费
8696. 行政干部：党政干部
8697. 行政管理：行管；军事行政；印信管理；工商行政管理；司法行政管理；机关事务管理
8698. 行政管理部：管理部门
8699. 行政管理法：行政法
8700. 行政机构：行政部门
8701. 行政监察：行政监察法

8702. 行政监察法：行政法；行政监察条例
8703. 行政监察条例：行政监察法
8704. 行政监督：经济监督
8705. 行政经费：军费；安置费；差旅费；行政费
8706. 行政警告：行政处分
8707. 行政强制措施：劳教；行政措施
8708. 行政区：地区；行政区划；特别行政区
8709. 行政区范围：行政区划
8710. 行政区划：市；省；乡镇；区县；自治区；村镇；区划调整；区域调整；区域划分；行政区范围；行政区划图
8711. 行政人员：行政职务
8712. 行政审计：行政事业审计
8713. 行政审判：刑事审判；经济审判
8714. 行政事业审计：企业审计；行政审计；事业单位审计
8715. 行政手段：法律手段
8716. 行政诉讼：补证；行政诉讼法
8717. 行政诉讼法：法律
8718. 行政职务：主任；总理；省长；秘书；秘书长；部长；行政人员
8719. 刑罚：处罚；劳改；刑法；刑种；主刑；附加刑；法律制裁；监督改造；监督劳动；刑事处罚
8720. 刑罚执行机关：监狱
8721. 刑罚种类：刑种
8722. 刑法：法律；刑罚；罪名；法律制裁
8723. 刑警：警察；国际刑警
8724. 刑满安置：刑满释放
8725. 刑满就业：劳改

8726. 刑满释放：提前释放；刑满安置
8727. 刑名：刑种
8728. 刑事案件：强奸案；抢夺案；抢劫案；杀人案；民事案件；刑事审判；刑事诉讼；森林刑事案件
8729. 刑事处罚：刑罚
8730. 刑事犯罪：经济犯罪；刑事责任
8731. 刑事拘留：强制措施
8732. 刑事审判：行政审判；民事审判；刑事案件；刑事诉讼
8733. 刑事诉讼：公诉；民事诉讼；刑事案件；刑事审判；刑事诉讼法
8734. 刑事诉讼法：法律；民事诉讼法
8735. 刑事责任：未遂；故意犯罪；过失犯罪；民事责任；刑事犯罪；正当防卫
8736. 刑事政策：减刑
8737. 刑讯：审理
8738. 刑种：管制；死刑；刑罚；刑名；驱逐出境；无期徒刑；刑罚种类；有期徒刑
8739. 形而上学：辩证法
8740. 形式：办学形式；工作形式；气压场基本形式
8741. 形式主义：反对形式主义
8742. 形势：发展趋势；国际形势；国内形势；国外形势；经济形势；天气形势；矿产资源形势；战略形势；政治形势
8743. 形势分析：形势教育
8744. 形势教育：形势分析；宣传教育；政治教育；思想政治教育；形势任务教育
8745. 形势任务教育：形势教育
8746. 形势预报：天气预报

8747. 型号：机型
8748. 兴修水利：水利工程；水利建设
8749. 杏：水果
8750. 性病：疾病；艾滋病；传染病；花柳病；性行为；性传播疾病
8751. 性传播疾病：性病
8752. 性行为：性病
8753. 性能：互换性；机动性；兼容性；可靠性；可控性；可燃性；可用性；耐潮性；耐火性；耐久性；适应性；通用性；维修性；稳定性；耐辐射性；物理性能；战术技术性能
8754. 性质：本质；毒性；特性；放射性；公正性；阶级性；局限性；客观性；党的性质；非相干性；光学性质；化学性质；物理性质；生态多样性；生物多样性；选择性；重要性
8755. 兄弟党关系：党际关系
8756. 雄安新区：经济建设
8757. 熊市：股票市场
8758. 休假：度假；探亲；干部休假；假日经济；休假制度
8759. 休假制度：人事制度
8760. 休渔：水产资源保护
8761. 修船工业：造船工业
8762. 修船业：造船工业
8763. 修道院：天主教；宗教建筑
8764. 修改：调整；军事法修改
8765. 修旧利废：废旧物资
8766. 修理业：服务业
8767. 修女：天主教
8768. 修养：党性修养
8769. 修正主义：反修防修；机会主义
8770. 虚报成绩：弄虚作假
8771. 需求：供给；军需；内需；供求关系；货币需求；商品需求；投资需求；物资需求；消费需求；用户需求
8772. 需求调节：供需调节
8773. 许可证：证书；采伐许可证；法人许可证；进口许可证；经营许可证；金融业务许可证；演出许可证；驯养繁殖许可证
8774. 许可证贸易：专利权；技术转让
8775. 叙词：主题词
8776. 叙事散文：回忆录
8777. 畜产品：肉类；生猪产品；畜禽产品
8778. 畜牧场：人工牧场
8779. 畜牧机械：农业机械
8780. 畜牧企业：牧场
8781. 畜牧业：牧区；牧场；牧草；饲料；农业；种植业；饲养业；养牛业；养猪业；养禽业；养马业；畜牧业经济；家禽饲养业；海洋畜牧业；牲畜饲养业；农林牧副渔业
8782. 畜牧业政策：养猪方针；科技兴牧；经济政策；饲养管理形式
8783. 畜牧灾疫防治：畜禽检疫；畜禽疾病；畜病防治
8784. 蓄洪：防洪；水库；泄洪；滞洪
8785. 蓄洪区：区域
8786. 蓄水：水利规划
8787. 蓄水工程：水库；水利工程
8788. 宣传：口号；舆论；案例宣传；储蓄宣传；典型宣传；对敌宣传；对内宣传；对台宣传；对外宣传；法制宣传；反动宣传；广播宣传；节日宣传；军事宣传；声像宣传；图片宣传；卫生宣传；文艺宣传；形势宣传；对港澳宣传；广播影视宣传；宣传方针；舆论导向；宣传鼓

动；影视宣传；战时宣传；政治宣传；政策宣传；阵地宣传；宣传工作
8789. 宣传方针：新闻方针；宣传原则；舆论导向
8790. 宣传工作：新闻工作
8791. 宣传画：宣传品
8792. 宣传纪律：宣传口径
8793. 宣传教育：形势教育
8794. 宣传口径：宣传纪律
8795. 宣传品：标语；传单；广告；口号；物品；宣传画；陈列宣传品；宣传图片
8796. 宣传图片：宣传品
8797. 宣传原则：宣传方针
8798. 宣言：外交文件
8799. 玄奘：佛教
8800. 悬案：案件
8801. 选拔：干部选拔
8802. 选购：零售；批发
8803. 选集：全集；图书；文集；文选
8804. 选举：大选；换届；竞选；普选；推荐；选民；增选；预选；候选人；差额选举；代表选举；等额选举；地方选举；间接选举；基层政权选举；无记名投票选举；选举法；选举制度；直接选举；议会选举
8805. 选举法：法律；组织法；选举制度
8806. 选举权：义务；弃权；权利；公民权；选民证；被选举权
8807. 选举制度：普选；选举法；民主协商
8808. 选煤厂：工厂；工业企业
8809. 选民：选举
8810. 选民证：选举权
8811. 选派：干部管理
8812. 选手：运动员
8813. 选择性：性质
8814. 选种：良种
8815. 削价：物价管理
8816. 学潮：罢课；学生运动
8817. 学风：作风；学术研究
8818. 学会：协会；档案学会；军事学会；气象学会；医学会；药学会；学术团体；中国佛教学会
8819. 学科：科目；领域
8820. 学科带头人：专家；院士
8821. 学科设置：专业
8822. 学联：青年组织；社会团体；学生团体；群众团体；学生联合会
8823. 学龄儿童：小学生
8824. 学前教育：幼儿园；儿童教育；各级教育；启蒙教育；幼儿教育；早期教育；幼稚园教育
8825. 学生：学员；毕业生；博士后；大学生；公费生；留学生；小学生；外军学员；出国留学生；工农兵学员；硕士研究生；少数民族考生；中学生；在校生；自费生；退学生；研究生
8826. 学生分数表：教育
8827. 学生负担：课业负担
8828. 学生工作：教育工作；招生工作；留学生工作；研究生工作
8829. 学生军训：军事训练
8830. 学生联合会：学联
8831. 学生膳费：生活费
8832. 学生守则：德育
8833. 学生团体：学联
8834. 学生运动：学潮；青年运动；群众运动

8835. 学术；理论；军事学术
8836. 学术称号：学位
8837. 学术管理：科研管理
8838. 学术会议；研讨会；学术讨论会
8839. 学术交流；讲学；国际学术交流
8840. 学术讨论会：学术会议
8841. 学术团体；学会；社会团体；全国台湾研究会
8842. 学术研究；科研；学风；基础理论
8843. 学术研究费：科研经费
8844. 学术著作：论文
8845. 学说：理论
8846. 学堂：学校
8847. 学位；学衔；双学位；博士学位；硕士学位；学士学位；学术称号
8848. 学位制：教育体制
8849. 学习；进修；留学；理论学习
8850. 学习班：理论研讨班
8851. 学习先进：学先进活动
8852. 学先进活动：学习先进；工业学大庆
8853. 学衔：学位
8854. 学校；大学；党校；小学；学堂；中学；初等学校；高等学校；高等院校；工读学校；公立学校；华侨学校；寄宿学校；聋哑学校；盲人学校；民办学校；民族学校；普通学校；侨民学校；师范学校；石油学校；私立学校；外语学校；五七干校；宗教院校；广播电视大学；宗教学校；职业学校；走读学校；重点学校
8855. 学校行政；教导；教育计划；学校组织管理
8856. 学校教育；中学；小学；高等院校
8857. 学校组织管理：学校行政
8858. 学员：学生
8859. 学院：高等院校
8860. 雪暴：雪灾
8861. 雪崩：气象灾害
8862. 雪害：雪灾；气象灾害
8863. 雪灾；白害；雪暴；雪害；气象灾害
8864. 血防工作：防疫工作
8865. 勋章；奖品；奖章；证章；功勋奖章；劳动勋章；荣誉勋章
8866. 巡警：警察
8867. 巡视；出巡；视察；巡视工作
8868. 巡视活动；视察；公务活动
8869. 询价：对外贸易
8870. 训练；干部训练；技术训练；军事训练；模拟训练；外出驻训；专业训练；战备训练；运动训练
8871. 训练班：干部教育
8872. 训练工作：军事工作
8873. 训练基地建设；国防建设；军队建设
8874. 汛期；防汛；时期
8875. 徇私舞弊案：案件
8876. 徇私舞弊罪：罪名

Y

8877. 压倒性态势：反腐倡廉
8878. 压制民主：打击报复；官僚作风；民主作风；违反民主集中制
8879. 押解：罪犯
8880. 押金：金额
8881. 鸦片：毒品
8882. 鸭肉：肉类
8883. 牙商：中介
8884. 亚非会议：国际会议
8885. 亚太经合组织：区域性组织
8886. 亚太经济合作论坛：银行；区域性组织
8887. 亚投行：外交和国际关系
8888. 亚运会：运动会；亚洲运动会；亚洲体育运动会
8889. 亚洲开发银行：区域性组织
8890. 亚洲体育运动会：亚运会
8891. 亚洲问题：朝鲜问题；印支问题；阿富汗问题；地区性问题；克什米尔问题
8892. 亚洲运动会：亚运会
8893. 烟草：烤烟；烟叶；暗晒烟；晾晒烟；工业原料；经济作物；农作物
8894. 烟草工业：烟草业；轻工业；烟草制品业；烟草加工业
8895. 烟草加工业：烟草工业
8896. 烟草业：烟草工业
8897. 烟草制品业：烟草工业
8898. 烟草作物：经济作物
8899. 烟酒：酒类；轻工业产品
8900. 烟酒税：消费税
8901. 烟农：农民
8902. 烟税：消费税
8903. 烟污染：空气污染
8904. 烟叶：烤烟；烟草
8905. 延长预备期：党纪处分；留党察看
8906. 严打：严打整治斗争
8907. 严打斗争：严打整治斗争
8908. 严打整治斗争：严打斗争
8909. 严重警告：党纪处分；行政处分；行政严重警告
8910. 沿岸水域：领土
8911. 沿海：内地；沿海地区
8912. 沿海工业：内地工业
8913. 沿海开放城市：经济开放区
8914. 沿河造林：植树造林
8915. 沿江：沿江地区
8916. 研究：标准研究；党史研究；发展研究；方案研究；工业研究；工作研究；基础研究；决策研究；开发研究；理论研究；密码研究；市场研究；学术研究；可行性研究；探索性研究；发展战略研究；现实问题研究；业务研究；应用研究；政策研究；用户研究；艺术研究；重大问题研究
8917. 研究会：研讨会
8918. 研究机构：科研机构
8919. 研究生：学生；博士生；大学生；硕士生；博士研究生；留学研究生；

硕士研究生；在职研究生
8920. 研究生工作：学生工作
8921. 研究生经费：教育经费
8922. 研究室：科研机构
8923. 研究所：科研机构
8924. 研究院：科研机构
8925. 研讨会：会议；研究会；学术会议
8926. 研制计划：科研计划
8927. 盐工：工人
8928. 盐湖：茶卡；湖泊
8929. 盐化工：化学工业
8930. 盐业：制盐工业
8931. 颜料工业：化学工业
8932. 颜色：绿色
8933. 演变：发展
8934. 演出：文艺演出
8935. 演出场所：文化设施
8936. 演出费：费用
8937. 演出公司：文艺演出
8938. 演出管理：文化市场管理
8939. 演说：讲话
8940. 唁电：申报；唁函
8941. 唁函：唁电
8942. 宴会：酒会；招待会
8943. 宴席税：消费税
8944. 验收：工程验收
8945. 羊肉：肉类；食品
8946. 洋葱：蔬菜
8947. 洋行：外商；银行
8948. 洋商：外商
8949. 洋员：外国人
8950. 养老保险：养老金；社会保险；军人退役养老保险
8951. 养老金：资金；退休费；养老保险
8952. 养老退休保险：社会保险
8953. 养路费：费用
8954. 养马业：畜牧业
8955. 养牛业：畜牧业
8956. 养禽业：畜牧业
8957. 养生：气功
8958. 养殖：水产养殖
8959. 养殖区：区域
8960. 养猪方针：畜牧业政策
8961. 养猪业：畜牧业
8962. 样本：出版物
8963. 样机样品费：科研经费
8964. 样品：产品；检验
8965. 邀请：聘请
8966. 遥控：控制
8967. 瑶语：民族语言
8968. 瑶族：少数民族
8969. 药材：药物；中草药；战救药材
8970. 药典：药物
8971. 药店：商店
8972. 药剂防治：病虫害防治
8973. 药品：精神药品；违法药品；基本医疗保险药品
8974. 药品采购：招标
8975. 药品管理：药品流通管理；医药卫生管理
8976. 药品流通管理：药品管理
8977. 药物：剂量；菌苗；兽药；西药；药材；药典；避孕药；处方药；麻醉剂；生物药；消毒剂；OTC 药；生物制品；放射性药物；中草药
8978. 药物批准：管理
8979. 药学教育：医学教育
8980. 药用作物：经济作物
8981. 要地防空：人民防空
8982. 要点：工作要点

8983. 要素：气候要素；生产要素
8984. 要素市场：生产资料市场
8985. 要素预报：天气预报
8986. 要信摘报：文种
8987. 耶稣教：基督教
8988. 椰子：水果
8989. 冶金：冶金工业
8990. 冶金工业：重工业；采掘工业；钢铁工业；金属工业
8991. 冶金炉：高炉
8992. 野果：水果
8993. 野禽：野生动物
8994. 野生动物：野兽；野禽；濒危野生动物；草原野生动物；陆生野生动物；水生野生动物；珍稀野生动物
8995. 野生动物保护：自然保护
8996. 野生动物园：自然保护区
8997. 野生动物资源：自然资源
8998. 野生植物园：自然保护区
8999. 野兽：野生动物
9000. 野外道路：公路
9001. 野营：军事体育
9002. 野战防空：人民防空
9003. 野战军：主力军
9004. 野战通信：军事通信
9005. 业务：检察业务；金融业务；流通业务；旅游业务；气象业务；通信业务；房地产业务；固定卫星业务；广播卫星业务；行政监督业务；信息服务业务；租赁业务；邮电业务；有线广播传输业务
9006. 业务量：数量
9007. 业务能力：技能
9008. 业余大学：夜大学
9009. 业余教育：成人教育；函授教育
9010. 业余文化：俱乐部；文化馆；文化生活；群众文化
9011. 业余文化生活：俱乐部；文化馆；群众文化
9012. 曳力：阻力
9013. 夜大学：业余大学
9014. 夜市：市场
9015. 液化肥料：化学肥料
9016. 液化石油气：煤气；天然气
9017. 一案双查：反腐倡廉
9018. 一带一路：外交和国际关系
9019. 一带一路"五通"：外交和国际关系
9020. 一党制：政治制度
9021. 一二·九运动：爱国运动
9022. 一个中国原则：外交方针
9023. 一个中心两个基本点：改革开放；基本路线；四项基本原则
9024. 一国两制：国家制度；一国两制方针
9025. 一级财政：中央财政
9026. 一类商品：统购；统销
9027. 一切险：保险
9028. 一胎率：人口增长率
9029. 一体化：贸工农一体化
9030. 一长制：厂长负责制
9031. 伊斯兰会议组织：国际组织
9032. 伊斯兰教：宗教；阿訇；回教；教长；穆斯林；清真教；清真寺
9033. 医保：医疗保险
9034. 医德：职业道德
9035. 医德医风建设：职业道德建设
9036. 医疗：保健；护理；公费医疗；合作医疗；统筹医疗；巡回医疗；诊疗技术；远程医疗
9037. 医疗保险：医保；公费医疗；社会

保险
9038. 医疗保障制度；社会保障制度
9039. 医疗差错；医疗事故
9040. 医疗费；费用；诊疗费
9041. 医疗服务；个体行医
9042. 医疗服务制度；合作医疗；统筹医疗；农村合作医疗
9043. 医疗工作；卫生工作
9044. 医疗事故；误诊；误治；事故鉴定；医疗差错；治疗失误
9045. 医生；兽医；医务人员
9046. 医务人员；助产士；护士；医生；医药卫生人员
9047. 医学；医药学
9048. 医学教育；健康教育；卫生教育；西医教育；药学教育；中医教育；专业教育；继续医学教育；中等医学教育；远程医学教育
9049. 医学科技；科学技术
9050. 医学院校；高等院校
9051. 医药工业；制药工业
9052. 医药卫生管理；医院管理；药品管理
9053. 医药卫生机构；医院；兽医站
9054. 医药卫生人员；医务人员
9055. 医药学；科学；医学
9056. 医院；诊所；麻风村；兽医院；地方医院；儿童医院；急救中心；教会医院；军队医院；康复医院；康复中心；口腔医院；传染病医院；妇产科医院；结核病医院；精神病医院；内城官医院；社区保健站；乡镇卫生院；医药卫生机构；中医院；医院改革；医院管理；中医医院；优抚医院；肿瘤医院；整形外科医院

9057. 医院管理；医药卫生管理
9058. 依法治国；依法治理
9059. 依法治警；依法治理
9060. 依法治军；国防和军队建设
9061. 依法治理；从严治检；金融法治；依法治国；依法治警
9062. 仪表；仪器仪表
9063. 仪器；仪器仪表
9064. 仪器仪表；器材
9065. 仪器仪表厂；工厂
9066. 仪器仪表工业；机械工业
9067. 仪式；闭幕式；开幕式
9068. 移动通信；无线电通信
9069. 移动通信工程；电信工程
9070. 移交；安置；转让
9071. 移民；水库移民；开发性移民；移民政策
9072. 移民政策；国内政策
9073. 遗产；财产；遗嘱；境外遗产；世界遗产；文化遗产
9074. 遗产税；直接税
9075. 遗迹；古城；古迹；古墓葬
9076. 遗址；革命遗址
9077. 遗嘱；遗产
9078. 彝语；民族语言
9079. 彝族；少数民族
9080. 以工代赈；赈灾；救灾；生产救灾
9081. 以进养出；进料加工；来料加工
9082. 以权谋私；不正之风；假公济私；以权谋私行为
9083. 以人民为中心的发展思想；执政理念
9084. 以物易物；易货贸易
9085. 义务；权力；权利；债务；选举权；

党员义务
9086. 义务兵：志愿兵
9087. 义务教育：普及教育
9088. 艺术；茶艺；美术；陶艺；古壁画；古雕塑；古字画；表演艺术；电视艺术；电子艺术；东方艺术；儿童艺术；高雅艺术；工艺美术；古代艺术；古典艺术；广告艺术；民间艺术；民族艺术；上层建筑；说唱艺术；外国艺术；舞台艺术；广播影视摄影；意识形态；原创艺术；宗教艺术；综合艺术；语言艺术
9089. 艺术创作：文艺创作
9090. 艺术馆：文化馆
9091. 艺术奖：奖励
9092. 艺术节；电视节；电影节；音乐节；文艺演出；广播音乐节；广播影视节；主题性活动
9093. 艺术理论：文艺理论
9094. 艺术片：影片
9095. 艺术品拍卖：文化市场
9096. 艺术评论：文艺评论
9097. 艺术史：历史
9098. 艺术体操：体操运动
9099. 艺术体育院校：高等院校
9100. 艺术作品：文学作品
9101. 议案：方案；提案；不信任案
9102. 议程：会议议程；议事日程
9103. 议定书：外交文件；贸易议定书
9104. 议购：采购；购买；派购；收购；套购；统购；征购；议价
9105. 议购价：收购价
9106. 议会制：代议制；国会制；政治制度
9107. 议价：高价；价格；议购；计划价格；集市贸易价格
9108. 议事录：记录
9109. 议事日程：议程
9110. 议售：销售
9111. 议题：会议议题
9112. 异化论：理论
9113. 异龄林：森林
9114. 异议：建议
9115. 役畜：耕畜
9116. 易货贸易：对外贸易；贸易协定；以物易物
9117. 肄业：毕业
9118. 意见；建议；审计意见；实施意见；修改意见
9119. 意识形态；哲学；宗教；政治；道德；艺术；上层建筑
9120. 意图：目的
9121. 意外伤害保险：人身保险
9122. 意向书：合同
9123. 溢价：证券
9124. 因地制宜：农业布局
9125. 因素：原因
9126. 因特网：互联网；英特网；国际互联网
9127. 音乐；轻音乐；表演艺术；电影音乐；电子音乐；古典音乐；民族音乐；曲艺音乐；戏剧音乐；宗教音乐；重金属音乐
9128. 音乐节：艺术节
9129. 音乐市场：文化市场
9130. 音乐厅：文化设施
9131. 音像：音像制品
9132. 音像制品：出版物；电子出版物
9133. 音像制品管理：文化事业管理
9134. 银行；洋行；国家银行；金融机构；

民办银行；商业银行；投资银行；信用机构；代理融通行；国际清算银行；美洲开发银行；亚洲开发银行；亚太经济合作论坛；银行制度；专业银行；中国银行；政策性银行；中国农业银行；中国工商银行；中国建设银行；住房储蓄银行
9135. 银行存款：现金
9136. 银行法：金融法
9137. 银行工作：金融工作
9138. 银行结算法：金融法
9139. 银行审计：金融审计
9140. 银行危机：金融危机
9141. 银行业：金融业
9142. 银行业务：储蓄；存款；贷款；贴现；信贷；信用卡；外汇储备
9143. 银铺：金融
9144. 银子：白银
9145. 淫秽出版物：黄色书刊；非法出版物
9146. 引渡：政治避难；罪犯引渡
9147. 引进：交流；进口；技术引进；人才引进；设备引进；国外物种引进；武器装备引进；智力引进；种子引进
9148. 引进技术：技术引进
9149. 引进人才：人才引进
9150. 引水：调水；运河；南水北调；水利规划；跨流域引水；水资源调度；引水工程；引水上山
9151. 引水工程：水利工程
9152. 引水渠：渠道
9153. 饮料：食品；酒类
9154. 饮料制造业：轻工业
9155. 饮料作物：经济作物
9156. 饮食服务业：饮食业
9157. 饮食卫生：营养卫生
9158. 饮食业：烹调；餐饮业；服务业；饮食服务业
9159. 饮水：饮用水
9160. 饮用水：饮水
9161. 隐蔽指挥：作战指挥
9162. 隐瞒境外财产罪：罪名
9163. 印花税：间接税；财产行为税；营业执照
9164. 印鉴：印章
9165. 印鉴管理：印信管理
9166. 印染工业：轻工业；纺织工业
9167. 印染业：纺织工业
9168. 印刷：公文印刷；货币印刷；书刊印刷
9169. 印刷工业：印刷业；复印业；轻工业；造纸工业
9170. 印刷品：出版物
9171. 印刷业：印刷工业
9172. 印信：印章
9173. 印信管理：行政管理；印鉴管理
9174. 印章：图章；印鉴；印信；邮戳；专用章
9175. 印支问题：亚洲问题
9176. 英镑：外币
9177. 英模：英雄模范
9178. 英特网：因特网
9179. 英雄：模范；荣誉称号；先进工作者；英雄事迹；战斗英雄
9180. 英雄模范：英模
9181. 盈利：亏损；利润
9182. 盈余：结余；财政盈余
9183. 营房：房屋；住房
9184. 营房建设：国防建设
9185. 营建：基本建设

9186. 营林：森林保护
9187. 营区建设：国防建设
9188. 营销：销售
9189. 营销管理：经济管理
9190. 营养：食品
9191. 营养卫生：饮食卫生
9192. 营业：经营活动；邮政营业
9193. 营业税：工商税；流转税
9194. 营造：造林
9195. 营造业：建筑业
9196. 影剧院：文化设施
9197. 影片：电影；动作片；故事片；纪录片；军事片；科教片；美术片；武侠片；喜剧片；戏剧片；新闻片；艺术片；彩色影片；电视影片；电影影片；黑白影片；教学影片；无声影片；广播电视新闻纪录片；专题片
9198. 影片发行：影片管理
9199. 影片管理：影片发行
9200. 影视工作：文化工作
9201. 影视审查：电影审查；电视剧审查；电影电视制作；广播影视节目审查
9202. 影响：环境影响
9203. 应诉：诉讼
9204. 应用：用途
9205. 应用技术开发：科技开发
9206. 应用研究：基础研究
9207. 硬赤字：财政赤字
9208. 硬通货：货币
9209. 佣金：报酬
9210. 拥军爱民：军民关系
9211. 拥军优属：烈属；双拥工作；双拥活动；拥政爱民
9212. 拥政爱民：爱护人民；双拥工作；双拥活动；拥军优属；遵纪爱民
9213. 用材林：森林；经济林
9214. 用户：顾客；目标用户；最终用户
9215. 用途：应用
9216. 优待价：价格
9217. 优抚：抚恤；救济；经济
9218. 优惠税：税种
9219. 优生：优生优育
9220. 优生优育：避孕；出生缺陷；计划生育；人口问题
9221. 优势：采购优势；名牌优势
9222. 优育：优生优育
9223. 优质产品：部优产品；国优产品；获奖产品；名优产品；省优产品；产品质量划类
9224. 优质工程：全优工程
9225. 尤里卡计划：科技计划
9226. 邮戳：印章
9227. 邮电：电信；通信；邮电通信
9228. 邮电附加费：基建工程
9229. 邮电工程：电信工程；基建工程
9230. 邮电检查：邮检
9231. 邮电经济：部门经济
9232. 邮电业净产值：国民经济净产值
9233. 邮电业政策：经济政策
9234. 邮发报刊：报刊发行
9235. 邮检：检查；邮电检查；邮件检查；邮政检查
9236. 邮件：电子邮件
9237. 邮件检查：邮检
9238. 邮票管理：邮政管理
9239. 邮区：区域
9240. 邮运：邮政运输
9241. 邮展：展览
9242. 邮政：军邮；通信；通邮；国际邮

9243. 邮政管理：邮票管理
9244. 邮政检查：邮检
9245. 邮政业：产业
9246. 邮政业务：储蓄
9247. 邮政运输：邮运
9248. 犹太教：宗教
9249. 油菜：油料作物
9250. 油菜籽：油料作物
9251. 油价：价格
9252. 油料：燃料；成品油；煤焦油；军用油料；木本油料；石油产品
9253. 油料作物：芝麻；蓖麻；花生；油菜；农作物；向日葵；油菜籽；经济作物
9254. 油漆工业：化学工业
9255. 油气矿产资源：天然气资源
9256. 油田经济：部门经济
9257. 油页岩资源：矿产资源
9258. 游行：集会；示威
9259. 游记：文学作品
9260. 游览区：旅游区
9261. 游览胜地：旅游区
9262. 游民：牧民
9263. 游泳：水上运动
9264. 友好城市：友好往来
9265. 友好往来：对外交往；友好城市
9266. 友军：敌军；军队
9267. 有机肥：肥料
9268. 有机化工：化学工业
9269. 有机农业：绿色农业
9270. 有价证券：债券；股票；奖券；资本市场
9271. 有期徒刑：主刑；刑种
9272. 有色金属：重金属；白银；黄金；政；国内邮政；农村邮政；乡村邮政半金属；贵金属；碱金属；碱土金属；稀有金属；轻有色金属；重有色金属
9273. 有限责任公司：私营有限责任公司
9274. 有线电通信：电信；无线电通信
9275. 有形贸易：国际贸易
9276. 有意干扰：电子干扰
9277. 右倾机会主义："左"倾机会主义
9278. 幼儿教育：学前教育
9279. 幼儿师范学校：师范教育
9280. 幼儿园：学前教育
9281. 幼稚园教育：学前教育
9282. 余额：金额；存款余额；贷款余额
9283. 余震：地震
9284. 盂兰盆会：宗教节日
9285. 鱼：水产品
9286. 鱼类养殖：水产养殖
9287. 娱乐场所：俱乐部
9288. 娱乐业：服务业
9289. 娱乐用品制造业：文体用品工业
9290. 渔场：洄游；产卵洄游；渔业管理
9291. 渔场管理：渔业政策
9292. 渔船：船舶
9293. 渔港：渔业基地
9294. 渔业：水产业；海洋渔业；海水养殖业；海洋捕捞业；内陆捕捞业；内陆养殖业；农林牧副渔业
9295. 渔业管理：渔场；经济管理；渔业政策
9296. 渔业基地：渔港
9297. 渔业税：税种；农业税
9298. 渔业问题：国际经济问题
9299. 渔业政策：经济政策；水产经营；渔场管理；渔业管理
9300. 舆论：宣传；社会新闻

9301. 舆论导向：宣传；新闻导向；宣传方针；舆论监督
9302. 舆论监督：舆论导向
9303. 宇航技术：航天技术
9304. 宇航业：航天工业
9305. 宇宙：世界
9306. 宇宙观：世界观
9307. 羽毛球：球类运动
9308. 羽绒工业：轻工业；服装工业
9309. 雨水工程：水利工程
9310. 语文学：语言学
9311. 语言：汉语；口语；密语；母语；俗语；外语；世界语；缩略语；外来语；歇后语；符号语言；古代汉语；广播语言；机器语言；检索语言；美洲语言；民族语言；书面语言；数理语言；形态语言；大洋洲语言；通用语言文字
9312. 语言风格：文风
9313. 语言科学：语言学
9314. 语言学：语文学；语用学；语音学；社会科学；语言科学；模糊语言学；统计语言学
9315. 语音学：语言学
9316. 语用学：语言学
9317. 芋：蔬菜
9318. 育苗设备：农业机械
9319. 狱政：监狱管理；狱政管理
9320. 狱政管理：监狱管理
9321. 预案：方案；应急救援预案；预备人选；预备会议；作战预案
9322. 预报：预测；地震预报；天气预报
9323. 预备党员：候补党员
9324. 预备费：费用；计提
9325. 预备会议：预案

9326. 预备人选：预案
9327. 预备役：兵役；现役；后备役；编组预备役；退休预备役
9328. 预备役部队建设：国防建设；民兵建设
9329. 预备役建设：国防建设
9330. 预备役训练：军事训练
9331. 预备役制度：兵役制度
9332. 预测：预报；宏观预测；环境预测；技术预测；金融预测；经济预测；科学预测；市场预测；寿命预测；统计预测；危险性预测；科技发展预测；中期预测；资源预测；震害预测
9333. 预防：气象灾害
9334. 预防隔离：传染病
9335. 预分：收入分配
9336. 预购：收购；合同制
9337. 预留：储备
9338. 预审：审理；审判
9339. 预审期间：时期
9340. 预算：概算；估拨；结算；决算；本级预算；财政预算；差额预算；地方预算；复式预算；工业预算；国防预算；国家预算；军事预算；全额预算；总预算；中央预算
9341. 预算赤字：财政赤字
9342. 预算法：经济法
9343. 预算会计：决算
9344. 预算内资金：预算外资金
9345. 预算收入：财政收入
9346. 预算外资金：预算资金；政府基金；特种资金；预算内资金
9347. 预算政策：财政政策
9348. 预算支出：财政支出

9349. 预算资金：预算外资金
9350. 预选：选举
9351. 预验：检验
9352. 裕固族：少数民族
9353. 冤假错案：案件；平反；落实政策
9354. 元旦：节日；节假日
9355. 元首：国家元首
9356. 园林：公园；陵园；古园林；环城绿带林地；植物园
9357. 园林建设：建筑；绿化
9358. 园林植物：病虫害防治
9359. 园区：区域
9360. 园田化：农田水利
9361. 园艺作物：农作物
9362. 员额裁减：精简机构
9363. 原告：当事人
9364. 原理：理论
9365. 原粮：粮食；小麦
9366. 原料：工业原料；原料产地
9367. 原料经济：部门经济
9368. 原木：木材
9369. 原生林：天然林
9370. 原始林：天然林
9371. 原因：成因；因素
9372. 原油：石油；天然油；人造石油
9373. 原油储备：石油储备
9374. 原则：方针；通则；准则；动员原则；分配原则；工作原则；管理原则；建党原则；建军原则；结算原则；军事原则；信贷原则；宣传原则；四项基本原则；和平共处五项原则；组织原则；一个中国原则
9375. 原子弹：武器；核武器
9376. 原子航弹：核武器
9377. 原子能：核能；核能源
9378. 原子能电站：核电站
9379. 原子能发电站：核电站
9380. 原子能工业：核工业
9381. 原子武器：核武器
9382. 原子战争：核战争
9383. 援助：军援；内援；外援；对外援助；法律援助；国际合作；国际援助；技术援助；经济援助
9384. 远程教育：电化教育；远距离教育
9385. 远景：发展趋势
9386. 远景规划：长期规划；长期计划
9387. 远距离教育：远程教育
9388. 院士：两院院士；荣誉称号；工程院院士；科学院院士；学科带头人
9389. 院校：高等学校
9390. 院校教育：党校教育
9391. 月度：年度
9392. 月薪：工资
9393. 乐器制造业：轻工业
9394. 越境：外逃
9395. 越野跑：田径运动
9396. 云量：数量
9397. 云梯：消防器材
9398. 运材量：货运量
9399. 运动：群众运动；民族独立运动；国际共产主义运动
9400. 运动保健：体育卫生
9401. 运动场地：体育设施
9402. 运动会：奥运会；全运会；亚运会；体育运动；地方运动会；全军运动会；残疾人运动会；大学生运动会
9403. 运动健将：运动员
9404. 运动器械：器材
9405. 运动卫生：体育卫生
9406. 运动医学：体育卫生

9407. 运动员；选手；教练员；体育明星；运动健将；体育工作者
9408. 运费；费用；运价；运输费；运输费用
9409. 运行费；费用
9410. 运河；河流；引水
9411. 运价；运费
9412. 运输；承运；交通；客运；储备运输；公路运输；管道运输；国际运输；航空运输；货物运输；交通运输；军事运输；联合运输；森林运输；商品运输；水路运输；索道运输；铁路运输；物流公司；物资运输；邮政运输；散装货物运输；运输能力；智能运输；长途运输
9413. 运输安全；交通安全
9414. 运输本金；资本金
9415. 运输船；船舶
9416. 运输费；运费
9417. 运输费用；运费
9418. 运输管理；交通管理
9419. 运输机；飞机
9420. 运输经济；部门经济
9421. 运输量；数量；货运量
9422. 运输企业；储运企业
9423. 运输业；交通运输业
9424. 运输政策；经济政策
9425. 运载火箭；导弹；多级火箭；航天器发射；助推火箭发动机
9426. 运政；政务

Z

9427. 杂费：费用
9428. 杂技：表演艺术
9429. 杂文：文章
9430. 匝道：道路；公路；桥梁；立交桥；高速公路；高速公路匝道
9431. 灾害：火灾；灾难；草原灾害；农业灾害；森林灾害；灾害防治；自然灾害
9432. 灾害性天气：暴雨；寒潮；霜冻；台风
9433. 灾荒：春荒
9434. 灾民：难民；灾情；受灾人口；自然灾害
9435. 灾难：海难；空难；灾害
9436. 灾情：情况；灾民；灾区；自然灾害
9437. 灾区：地区；灾情；地震灾区；受灾人口；自然灾害
9438. 栽植机具：农业机械
9439. 载波通信：电报；电信
9440. 载畜量：数量
9441. 载体：光盘
9442. 载重量：数量
9443. 再出口：转口贸易
9444. 再加工：商业加工
9445. 再就业：安置
9446. 再生产：分配；消费
9447. 在建工程：基建工程
9448. 在校生：学生
9449. 在野党：政党；反对党；执政党
9450. 暂行办法：暂行条例；暂行规定
9451. 暂行规定：暂行办法；暂行条例
9452. 暂行条例：暂行办法；暂行规定
9453. 暂住人口：常住人口；流动人口；人口普查；人口总数
9454. 葬法：丧葬
9455. 藏传佛教：佛教
9456. 藏语：民族语言
9457. 藏族：少数民族
9458. 早期：时期
9459. 早期教育：学前教育
9460. 枣：水果
9461. 藻类：水产品
9462. 造船工业：造船业；重工业；修船业；船舶工业；修船工业
9463. 造船业：船舶工业；造船工业
9464. 造价：成本；费用
9465. 造林：营造；草原造林；城乡造林；飞播造林；封山育林；固沙造林；荒地造林；荒山造林；混交造林；机械造林；季节造林；人工造林；沙漠造林；退耕造林；盐碱地造林；植树造林；植苗造林
9466. 造林治沙：固沙造林
9467. 造型设计：造型艺术
9468. 造型艺术：美术；造型设计
9469. 造纸工业：造纸业；轻工业；印刷工业；纸制品业
9470. 造纸业：造纸工业
9471. 噪声：环境标准

9472. 噪声标准：环境标准；噪声防护
9473. 噪声防护：消声器；环境保护；噪声标准；噪声控制；噪声污染；锅炉噪声治理
9474. 噪声干扰：电子干扰
9475. 噪声监测：环境监测
9476. 噪声控制：噪声防护；噪声污染
9477. 噪声污染：城市卫生；工业污染；环境污染；环境噪声；噪声防护；噪声控制
9478. 责权利结合：经济责任制
9479. 责权明确：政企分开
9480. 责任：保值责任；法律责任；工作责任；间接责任；经济责任；连带责任；领导责任；民事责任；无限责任；刑事责任；一般责任；有限责任；责任制；增值责任；直接责任；重大责任
9481. 责任保险：产品责任保险；个人责任保险；公众责任保险；旅客责任保险；第三者责任保险
9482. 责任制：专业户；管理制度；联产承包；党风责任制；岗位责任制；技术责任制；经济责任制；科研责任制；工作责任制度；家庭联产承包责任制
9483. 择优录用：干部选拔
9484. 增产：节约；增加
9485. 增加：增产
9486. 增加值：工业增加值；农业增加值；第三产业增加值
9487. 增选：选举
9488. 增援方案：作战方案
9489. 增长：经济增长
9490. 增长点：经济增长点
9491. 增长率：比率；人口增长率
9492. 增长速度：经济增长速度
9493. 增值税：间接税；流转税
9494. 增殖区：区域
9495. 赠予：馈赠；赠与
9496. 赠与税：遗产税；直接税
9497. 闸门：水闸
9498. 诈骗案：案件
9499. 诈骗罪：罪名；经济诈骗
9500. 炸弹：弹药
9501. 榨菜：蔬菜
9502. 宅基地：土地
9503. 债权：权利；债务
9504. 债权法：法律；民法；破产法；物权法
9505. 债券：负债；股票；债务；资产；证券；金融债券；农业债券；有价证券；债务凭证；转换债券
9506. 债券发行：债券认购；证券发行
9507. 债券管理：证券管理
9508. 债券交易：证券交易
9509. 债券认购：债券发行
9510. 债券市场：金融市场；资本市场
9511. 债券市场管理：金融市场管理
9512. 债务：国债；内债；欠款；外债；义务；债权；债券；三角债；国际债务；企业债务
9513. 债务凭证：债券
9514. 展览：邮展；美术展；合作展览；巡回展览；展览会；装备展览
9515. 展览馆：馆所
9516. 展览会：博览会
9517. 展卖：展销
9518. 展品：展销
9519. 展期：期限

9520. 展销；书展；销售；展卖；展品；交易会；商品展销；新产品展销
9521. 占卜；封建迷信活动
9522. 占用费；费用
9523. 占有率；比率；市场占有率
9524. 战备；戒备；军备；动员准备；后勤战备；军事斗争准备；战备物资；战备等级；作战准备；战争准备
9525. 战备程度；战备状态
9526. 战备储备；军事储备
9527. 战备工程；军事基地；军事设施；人防工程
9528. 战备工作；备战；人防工作
9529. 战备建设；人防工程
9530. 战备教育；国防教育；军事教育
9531. 战备粮；粮食
9532. 战备物资；军用物资；战略物资
9533. 战备演习；军事演习
9534. 战备运输；军事运输
9535. 战备状态；临战状态；战备程度
9536. 战场；战地；古战场
9537. 战场通信；军事通信
9538. 战地；战场
9539. 战斗；交战
9540. 战斗力；能力；武装力量
9541. 战斗通信；军事通信
9542. 战俘问题；国际军事问题
9543. 战果；成果；战绩；作战消耗；作战成果；作战结果
9544. 战绩；成绩；战果；作战成绩
9545. 战局；局势
9546. 战况；情况
9547. 战略；战役；战术；发展战略；国防战略；国家战略；经济战略；军事战略；人才战略；外交战略；营销战略；国防科技发展战略；人民战争战略战术
9548. 战略储备；军用物资储备
9549. 战略后方基地；军事基地
9550. 战略伙伴关系；国际关系
9551. 战略基地；军事基地
9552. 战略理论；军事理论
9553. 战略通信；军事通信
9554. 战略物资；军用物资；战备物资
9555. 战略指挥；作战指挥
9556. 战区动员；战争动员
9557. 战区教育；军事教育
9558. 战区通信；军事通信
9559. 战时运输；军事运输
9560. 战史；历史
9561. 战士；军人；士兵
9562. 战士服役；兵役制度
9563. 战术；战略；人民战争战略战术
9564. 战术理论；军事理论
9565. 战术训练；军事训练
9566. 战线；理论战线；思想战线；统一战线；隐蔽战线
9567. 战役；战略；防御战役；合同战役；进攻战役；军种战役；联合战役
9568. 战役防区；地区
9569. 战役理论；军事理论
9570. 战役输送；军事运输
9571. 战役通信；军事通信
9572. 战役学；军事科学
9573. 战役训练；军事训练
9574. 战役指挥；作战指挥
9575. 战争；和平；核战争；常规战争；革命战争；国际战争；国内战争；解放战争；近代战争；局部战争；民族战争；侵略战争；人民战争；

世界大战；未来战争；现代战争；殖民战争；反恐怖战争；反侵略战争；非正式战争；非正义战争；战争类型；宗教战争；正义战争；资本主义社会战争

9576. 战争边缘政策：对外政策
9577. 战争动员：总动员；国防动员；局部动员；科技动员；战区动员；战争复员；支前动员；武装力量动员
9578. 战争法：国际法
9579. 战争复员：战争动员
9580. 战争经济：国防经济
9581. 战争物资储备：军用物资储备
9582. 战争准备：战备
9583. 站台：车站
9584. 章程：规章；条例；贸易章程；社团章程
9585. 障碍跑：田径运动
9586. 招标：投标；中标；工程招标；两段招标；谈判招标；无偿招标；药品采购；使用权招标；选择性招标；招标文件
9587. 招标会：会议
9588. 招待费：行政费
9589. 招待会：会议；宴会；祝酒词；国庆招待会；记者招待会
9590. 招干：招聘
9591. 招工：招聘
9592. 招聘：招干；招工；招收
9593. 招生：入学考试；招生工作
9594. 招生工作：学生工作
9595. 招收：招聘
9596. 沼气：气体；燃料；能源；农村能源；沼气池
9597. 沼泽地：湿地
9598. 照会：换文；外交文件
9599. 照明标准：专业标准
9600. 照相：摄影
9601. 折旧费：费用
9602. 折旧率：比率
9603. 折征代金：农业税
9604. 哲学：科学；逻辑；美学；伦理学；世界观；上层建筑；意识形态；马克思主义哲学；哲学理论；宗教哲学
9605. 哲学理论：认识论
9606. 针叶林：森林
9607. 侦查：侦破；补充侦查；立案侦查；刑事侦查；侦查工作
9608. 侦查工作：司法工作
9609. 侦察：技术侦察；光电对抗侦察
9610. 侦察工作：军事工作
9611. 侦察手段：谍报
9612. 侦察通信：军事通信
9613. 侦破：破案；侦查
9614. 真理：绝对真理；实事求是；相对真理
9615. 真理标准：实践；两个"凡是"
9616. 甄别：甄别工作
9617. 甄别工作：司法工作
9618. 诊疗费：医疗费
9619. 诊疗技术：医疗
9620. 诊所：医院
9621. 阵地：据点
9622. 阵地卫生：环境卫生
9623. 振动标准：技术标准
9624. 赈贷：赈灾
9625. 赈济：赈恤；赈灾
9626. 赈恤：赈济
9627. 赈灾：赈贷；赈济；以工代赈；自然灾害

9628. 震害：地震灾害
9629. 震级：地震烈度
9630. 震区：地区；地震带；多地震地区
9631. 震中分布：地震带
9632. 争端：边界争端
9633. 争议：纠纷；国际制裁；劳动争议
9634. 征兵：缓征；免征；征集；兵员动员；兵员征集；定向征集；划区征集；征兵动员
9635. 征地：土地征用
9636. 征订：报刊征订
9637. 征购：购买；派购；收购；统购；议购
9638. 征稽：稽查
9639. 征集：募集；收集；征兵；档案征集；文物征集；资料征集
9640. 征集区：地区
9641. 征求意见稿：草稿
9642. 征税：纳税
9643. 征税办法：查账征收；加成征收；纳税办法；驻厂征收
9644. 征税标准：税制
9645. 征用：土地征用
9646. 整编：精简整编
9647. 整党：党的整顿；整党整风
9648. 整党工作：党风；党的整顿；党务工作；端正党风
9649. 整党建党：党的建设
9650. 整党整风：端正党风；党的作风整顿
9651. 整顿：清理；调整；拨乱反正；财务整顿；党的整顿；关停并转；纪律整顿；金融整顿；企业整顿；思想整顿；经济秩序整顿；作风整顿；治理整顿；组织整顿
9652. 整顿党风：党的作风整顿
9653. 整风：作风整顿
9654. 整理：古籍整理
9655. 整治：河道整治
9656. 正当防卫：刑事责任
9657. 正负电子对撞机：科研设备
9658. 正规化训练：军事训练
9659. 正规军：军队
9660. 正教：基督教
9661. 正确义利观：外交和国际关系
9662. 正义战争：革命战争；解放战争；民族战争；人民战争；反侵略战争；非正义战争
9663. 证件：护照；凭证；签证；证书；工作证；回乡证；伤残证；身份证；狩猎证；通行证；导游资格证
9664. 证据：旁证；人证；书证；物证；证明材料
9665. 证明材料：证据；调查材料；调研材料
9666. 证券：股票；期货；融资；溢价；债券；有价证券；投资基金证券
9667. 证券发行：股票发行；债券发行
9668. 证券法：金融法
9669. 证券管理：股票管理；金融管理；债券管理
9670. 证券交易：股票交易；金融交易；期货交易；债券交易；证券市场；证券交易所
9671. 证券交易税：财产行为税
9672. 证券交易所：证券市场；资本市场
9673. 证券市场：金融市场；证券交易；证券交易所
9674. 证券业：金融业
9675. 证书：聘书；证件；许可证

9676. 证章；标志；勋章
9677. 政策；对策；方针；路线；核政策；自治区；自治县；自治州；财政政策；党的政策；对外政策；分配政策；俘房政策；福利政策；副业政策；干部政策；港澳政策；工业政策；工资政策；关税政策；国防政策；国家政策；国内政策；海洋政策；户口政策；环境政策；货币政策；经济政策；军事政策；开放政策；科技政策；劳动政策；林业政策；民族政策；农业政策；配套政策；侨务政策；人口政策；人事政策；商业政策；税收政策；特殊政策；统战政策；外汇政策；外交政策；文艺政策；物价政策；信贷政策；刑事政策；移民政策；优惠政策；渔业政策；畜牧业政策；对外经济政策；对外贸易政策；民族区域自治；农村经济政策；宗教政策；知识分子政策
9678. 政策教育；政治教育；方针政策教育；思想政治教育
9679. 政策性亏损；财政补贴
9680. 政策性银行；政策银行；商业银行
9681. 政策研究；法律政策研究；武器装备发展政策研究
9682. 政策银行；政策性银行
9683. 政党；工党；绿党；新党；保守党；参政党；革命党；工人党；共产党；共和党；国民党；劳动党；民主党；社会党；在野党；民主党派；法西斯政党；社会民主党；台湾民进党；中国共产党；工人阶级政党；民族主义政党；无产阶级政党；马克思主义政党；小资产阶级政党；执政党；自由党；资产阶级政党
9684. 政法；政法工作
9685. 政法队伍；司法队伍；执法队伍
9686. 政法工作；法律；保卫工作；法制工作；政治工作
9687. 政府；内阁；国务院；地方政府；联合政府；临时政府；流亡政府；特区政府；文人政府；政府机关；中央政府
9688. 政府补贴；国家干预；国家调节；商业补贴
9689. 政府部门；部委；版权局；政府机构
9690. 政府工程；菜篮子工程；米袋子工程；送温暖工程
9691. 政府机构；政府部门
9692. 政府机关；国家机构
9693. 政府基金；预算外资金
9694. 政府间发展组织；国际组织
9695. 政府首脑；首相；领导人；国家元首
9696. 政工部门；工作部门；政工机构
9697. 政工机构；政工部门
9698. 政纪；纪律；政治纪律
9699. 政纪处分；行政处分；纪律处分
9700. 政界；阶层
9701. 政界人士；政论家
9702. 政论；社论
9703. 政论家；政界人士
9704. 政企分开；体制改革；责权明确
9705. 政权；国家政权；基层政权；苏维埃政权；政治制度
9706. 政权建设；基层政权建设
9707. 政审；审查；出国人员审查

9708. 政体：政治制度
9709. 政务：民政；市政；事务；水政；运政；电子政务；国家政务
9710. 政协：组织；多党合作；中国人民政治协商会议
9711. 政协工作：统战工作
9712. 政协会议：地方政协会议；全国政协会议；全国政协主席会议；人民政治协商会议
9713. 政治：国内政治；上层建筑；石油政治；意识形态
9714. 政治避难：人权；引渡；居留权
9715. 政治部：军队政治机关
9716. 政治处：军队政治机关
9717. 政治磋商：政治协商
9718. 政治待遇：生活待遇
9719. 政治定力：政治建设
9720. 政治斗争：党内斗争；党派斗争；阶级斗争；经济斗争；路线斗争；政治运动
9721. 政治方向：政治路线
9722. 政治方针：坚持两手方针
9723. 政治工作：政法工作；军队政治工作；思想政治工作
9724. 政治规矩：政治建设
9725. 政治机关：军队政治机关
9726. 政治纪律：政纪；三大纪律八项注意；政治建设
9727. 政治建军、改革强军、依法治军：国防和军队建设
9728. 政治教育：传统教育；路线教育；形势教育；政策教育；思想政治教育
9729. 政治经济学：经济理论；马克思主义政治经济学
9730. 政治课：思想政治教育
9731. 政治理论：经济理论
9732. 政治理论教育：思想政治教育
9733. 政治领域：经济领域
9734. 政治路线：阶级路线；政治方向
9735. 政治权利：公民权
9736. 政治渗透：和平演变
9737. 政治势力："台独"势力
9738. 政治体制：经济体制；政治制度
9739. 政治协商：政治磋商
9740. 政治运动："文革"；阶级斗争；群众运动；土地改革；五四运动；政治斗争；批林批孔运动；社会主义教育运动
9741. 政治制度：总统制；政权；政体；多党制；共和制；两党制；内阁制；一党制；议会制；国家形式；政治体制；君主立宪制；人民代表大会制
9742. 支部会议：党支部
9743. 支出：超支；列支；收入；收支；支付；坐支；财政支出；国防支出；利息支出；项目支出；营业支出；营业外支出
9744. 支付：支出
9745. 支付差额：国际收支
9746. 支付方式：信用卡；信用证
9747. 支前动员：战争动员
9748. 支柱：工程结构
9749. 芝麻：油料作物
9750. 知青：青年
9751. 知青工作：工青妇工作
9752. 知识：国防知识；科技知识；基本知识；知识更新；专业知识
9753. 知识产权：专利；专利权；版权；商标；商标权；技术转让；广播影视版权

9754. 知识产权保护：专利保护；著作权保护；商标保护
9755. 知识产权法：专利法；著作权法；民法；版权法；商标法
9756. 知识产权管理：专利管理
9757. 知识分子：专家；阶层；知识阶层；党外知识分子；高级知识分子
9758. 知识分子改造工作：知识分子工作
9759. 知识分子工作：知识分子改造工作
9760. 知识阶层：知识分子
9761. 知识结构：人才结构
9762. 知识竞赛：智力竞赛
9763. 知识密集型产业：高新技术产业；技术密集型产业
9764. 执法：立法；枉法；从严执法；法律制度；公正执法；行政执法；强制措施；执法工作
9765. 执法队伍：政法队伍
9766. 执法机构：立法机关
9767. 执法机关：司法机关
9768. 执法监督：土地年检
9769. 执行：诉讼程序
9770. 执行机关：司法机关
9771. 执行权：权力
9772. 执政党：两党制；在野党
9773. 直拨：调拨
9774. 直播：广播
9775. 直接贸易：对外贸易；间接贸易；中间贸易
9776. 直接税：税种；财产税；法人税；粮食税；人头税；石油税；土地税；遗产税；资本税；税收收入；汽车使用税；社会保险税；遗产赠与税
9777. 直接投资：对外投资
9778. 直辖市：城市
9779. 直销：销售
9780. 职称：技师；职务；科研人员职称；工程技术人员职称；专业技术职务
9781. 职代会：代表大会；群众管理；职工代表大会
9782. 职工：工人；殡仪职工；上岗职工；文明职工；下岗职工；支农职工；工资劳动者；劳动者
9783. 职工持股会：机构
9784. 职工大学：职工教育
9785. 职工代表大会：职代会
9786. 职工待业保险：社会保险
9787. 职工福利：社会福利
9788. 职工构成：工人；童工；合同工；老工人；服务人员
9789. 职工监事制度：现代企业制度
9790. 职工教育：各类教育；职工大学；工农速成中学
9791. 职工人数计划：劳动计划
9792. 职工思想：思想工作
9793. 职工养老保险制度：劳动制度
9794. 职工运动：工人运动
9795. 职能：机构职能；监察职能；政府职能；研究所职能；组织职能
9796. 职务：公职；馆员；职称；管理员；行政职务；领导职务；前任职务；现任职务；公务员职务；人民警察职务；专业技术职务
9797. 职业：第二职业
9798. 职业病：尘肺；疾病；苯中毒；汞中毒；铅中毒；矽肺病
9799. 职业道德：医德；商业道德；违反职业道德
9800. 职业道德建设：精神文明建设；违反职业道德；医德医风建设

9801. 职业道德教育：德育；热爱本职教育
9802. 职业构成：女工
9803. 职业技术教育：职业教育；非学历教育
9804. 职业教育：职业技术教育
9805. 职员：公务员
9806. 职责：审计职责；审计机关职责
9807. 植保机具：农业机械
9808. 植被保护：环境保护
9809. 植树节：主题性活动
9810. 植树造林：沿河造林
9811. 植物：生物；地被植物；固氮植物；固沙植物；旱生植物；经济植物；野生植物；园林植物；珍稀植物；转基因植物
9812. 植物保护：森林保护
9813. 植物害虫：病虫害防治
9814. 植物园：园林
9815. 殖民地：保护国；半殖民地；被压迫民族；殖民主义；殖民政策
9816. 殖民地经济：单一经济；民族经济；市场经济
9817. 殖民统治：殖民主义
9818. 殖民战争：侵略战争；非正义战争
9819. 殖民政策：殖民地；对外政策；殖民主义
9820. 殖民主义：宗主国；殖民地；殖民统治；殖民政策；新殖民主义
9821. 纸币：货币；通货膨胀
9822. 纸制品业：轻工业；造纸工业
9823. 指标：定额；采伐指标；贷款指标；工作指标；计划指标；技术指标；价值指标；金银指标；经济指标；平均指标；评价指标；生产指标；统计指标；结构相对数；稻米检验指标；质量指标；指令性指标；指导性指标
9824. 指导：工作指导；业务指导
9825. 指导思想：方针；国际主义；党的指导思想
9826. 指导性计划：经济管理；计划管理；指令性计划；指导性指标
9827. 指导性价格：指令性价格
9828. 指导性指标：经济管理；计划管理；指导性计划；指令性指标
9829. 指挥：军队指挥
9830. 指挥机关：军事机关；军事指挥机关
9831. 指挥理论：军事理论
9832. 指挥系统现代化：国防现代化
9833. 指挥自动化：办公自动化
9834. 指令：命令；软件；文种
9835. 指令性计划：程序系统；计划管理；指导性计划；指令性指标
9836. 指令性价格：指导性价格
9837. 指令性指标：经济管理；计划管理；指导性指标；指令性计划
9838. 指示：请示；文种；边防工作指示
9839. 指数：气候指数；物价指数；大陆度指数；总指数；质量指数
9840. 志书：地方志
9841. 志愿兵：军人；士兵；义务兵
9842. 志愿军：军队；外军
9843. 制裁：法律制裁；国际制裁；贸易制裁
9844. 制成品：半成品
9845. 制度：规章；纪律；军制；税制；合同制；所有制；安全制度；保密制度；保险制度；兵役制度；财经

制度；动员制度；法律制度；服务制度；服役制度；工资制度；工作制度；公证制度；管理制度；灌溉制度；规章制度；国家制度；稽核制度；监察制度；监督制度；金融制度；救助制度；军衔制度；科研制度；劳动制度；律师制度；贸易制度；民兵制度；农业制度；赔偿制度；企业制度；人事制度；商业制度；社会制度；申报制度；生产制度；体育制度；调节制度；土地制度；退役制度；协助制度；选举制度；援助制度；运输制度；政党制度；政治制度；标准化制度；民主集中制；法人财产制度；管理教育制度；国防教育制度；社会保障制度；统计报表制度；现代企业制度；党风廉政建设制度；基本农田保护制度；专利制度；仲裁制度；组织制度

9846. 制度检查：内控制度检查
9847. 制革工业：皮革工业
9848. 制海权：海防；主动权
9849. 制黄贩黄：制售淫秽物品
9850. 制空权：主动权
9851. 制帽业：鞋帽工业
9852. 制式服装：军服
9853. 制售淫秽物品：制黄贩黄
9854. 制糖工业：轻工业
9855. 制糖业：轻工业
9856. 制鞋工业：轻工业
9857. 制鞋业：鞋帽工业
9858. 制信息权：主动权
9859. 制盐工业：盐业；采盐业；轻工业；食品工业
9860. 制药工业：化学工业；医药工业
9861. 制造：加工
9862. 制造工业：重工业；农机制造工业
9863. 制造业：工业
9864. 制止：制止动乱；制止闹事；制止宗教纠纷
9865. 制止非法劫持飞机公约；劫机事件；国际共产主义运动
9866. 质量：品位；品质；产品质量；大气质量；贷款质量；服务质量；工程质量；环境质量；教师质量；教育质量；审计质量；运输质量；网络运行质量
9867. 质量标准：大气质量标准；机床质量标准；建筑质量标准；空气质量标准
9868. 质量差价：等级差价；购销差价；批零差价；品种差价；商品差价
9869. 质量管理：企业管理；质量监督；质量控制；质量检查；质量检测；质量检验；经济管理；产品质量管理；货款质量管理；全面质量管理；水汽质量管理
9870. 质量监督：质量管理；化妆品监督
9871. 质量检测：质量管理
9872. 质量检查：抽检；统检；质量管理；装备质检；经济管理；质量检查制
9873. 质量检查制：质量检查
9874. 质量检验：质量管理
9875. 质量控制：费效分析；使用寿命；质量管理
9876. 质量指标：数量指标；质量指数；国民经济计划指标；国民经济计划指标体系
9877. 质量指数：质量指标

9878. 治安：保卫；警卫；联防；车站治安；港口治安；机场治安；码头治安；社会稳定；社会治安；社区治安；水上治安；铁路治安；营院治安
9879. 治安处罚：警告
9880. 治安措施：社会治安
9881. 治安工作：公安工作；治安教育；治安管理；社会稳定工作
9882. 治安管理：打击犯罪；救助管理；扫黄打非；治安工作；猎枪弹具管理
9883. 治安教育：治安工作
9884. 治沟：治理
9885. 治河：靳辅；治淮；治黄；治水
9886. 治河措施：河道整治
9887. 治淮：治河；治黄；治水；治理淮河
9888. 治黄：治河；治淮；治水；治理黄河
9889. 治理：治沟；治水；承包治理；环境治理；流域治理；沙漠治理；山区治理；依法治理；水资源治理；治乱减负；专项治理；综合治理
9890. 治理淮河：治淮
9891. 治理黄河：治黄
9892. 治理运河：治水
9893. 治疗失误：医疗事故
9894. 治乱减负：治理
9895. 治水：治河；治淮；治黄；治理；治理运河
9896. 治水改土：农田基本建设
9897. 致词：公务活动
9898. 致电：公务活动
9899. 致贺：公务活动
9900. 致敬信：书信
9901. 致信：公务活动
9902. 秩序：金融秩序；矿业秩序；社会秩序
9903. 智力竞赛：知识竞赛
9904. 智能：商业智能
9905. 滞洪：蓄洪
9906. 滞纳天数：数量
9907. 滞期：时期
9908. 滞期费：费用
9909. 滞销产品：长线产品
9910. 中标：招标
9911. 中波通信：无线电通信
9912. 中草药：药材；药物
9913. 中朝关系：中外关系；国际关系
9914. 中德关系：中外关系
9915. 中等教育：中学；基础教育；中学教育；中等专业教育；中等教育结构改革
9916. 中等教育结构改革：教育体制改革
9917. 中等学校：中学
9918. 中等专业教育：中等教育
9919. 中低产田：农田
9920. 中东会议：国际会议
9921. 中东石油问题：中东问题
9922. 中东问题：地区性问题；巴勒斯坦问题；海湾地区问题；中东石油问题
9923. 中俄关系：中苏关系；中外关系；国际关系
9924. 中法关系：中外关系；国际关系
9925. 中共一大：中国共产党
9926. 中共中央：工作会议；党的中央组织
9927. 中共中央工作会议：中共中央扩大工作会议
9928. 中共中央纪律检查委员会常务委员会会议：中央纪委常委会议

9929. 中共中央纪律检查委员会全体会议：中央纪委全会
9930. 中共中央扩大工作会议：七千人大会；中共中央工作会议
9931. 中国阿尔巴尼亚关系：中外关系
9932. 中国巴基斯坦关系：中外关系
9933. 中国道教协会：宗教团体
9934. 中国佛教协会：宗教团体
9935. 中国公民出入境管理法：外国人入出境管理法
9936. 中国共产党：政党；中共一大；共产主义小组
9937. 中国共产党第十一届中央委员会第三次全体会议：党的十一届三中全会
9938. 中国共产党全国代表大会：党的全国代表大会
9939. 中国共产党全国代表会议：党的全国代表会议
9940. 中国共产党人的初心和使命：执政理念
9941. 中国共产党中央委员会全体会议：中央全会
9942. 中国国民党革命委员会：民主党派
9943. 中国基督教三自爱国运动委员会：宗教团体
9944. 中国基督教协会：宗教团体
9945. 中国军队：红军；外国军队；国民党军队；中国人民解放军
9946. 中国梦：执政理念
9947. 中国民主促进会：民主党派
9948. 中国民主建国会：民主党派
9949. 中国民主同盟：民主党派
9950. 中国农工民主党：民主党派
9951. 中国人民解放军：军队；红军；八路军；新四军；中国军队；第二野战军；第三野战军；第四野战军；第一野战军；华北野战军；中国人民志愿军
9952. 中国人民解放军建军节：八一建军节
9953. 中国人民解放军院校：军队院校
9954. 中国人民银行：国家银行
9955. 中国人民政治协商会议：政协
9956. 中国人民政治协商会议全国委员会常务委员会会议：全国政协常委会议
9957. 中国人民政治协商会议全国委员会会议：全国政协会议
9958. 中国人民政治协商会议全国委员会主席办公会议：全国政协主席办公会议
9959. 中国人民政治协商会议全国委员会主席会议：全国政协主席会议
9960. 中国人民志愿军：中国人民解放军
9961. 中国特色社会主义：社会主义初级阶段
9962. 中国特色社会主义军事制度：国防和军队建设
9963. 中国特色社会主义主题：执政理念
9964. 中国特色现代作战体系：国防和军队建设
9965. 中国天主教爱国会：宗教团体
9966. 中国天主教主教团：宗教团体
9967. 中国文学艺术界联合会：文联
9968. 中国文学艺术界联合会代表大会：文代会
9969. 中国武术：气功
9970. 中国伊斯兰教协会：宗教团体
9971. 中国医药学：中医
9972. 中国银行：专业银行
9973. 中国与东盟关系：中外关系

9974. 中国制造 2025：经济建设
9975. 中国致公党：民主党派
9976. 中国作家协会代表大会：作代会
9977. 中华民族：汉族；少数民族
9978. 中纪委：党的中央组织
9979. 中间贸易：国际贸易；间接贸易；直接贸易
9980. 中介：牙商；演出中介；中介公司；中介机构
9981. 中考：考试
9982. 中立：中立法
9983. 中立法：法律；国际法；中立国
9984. 中立国：中立法
9985. 中立政策：对外政策
9986. 中联部：党的中央组织
9987. 中美关系：台湾问题；中外关系；国际关系；美国对华政策
9988. 中农：阶级；下中农；富裕中农；小资产阶级；自耕农
9989. 中欧关系：中外关系
9990. 中葡北京条约：澳门问题
9991. 中期：时期
9992. 中日关系：抗日战争；中外关系；国际关系；中日和平友好条约
9993. 中日和平友好条约：中日关系
9994. 中暑预防：劳动保护
9995. 中苏关系：中俄关系；中外关系
9996. 中外动物交换：中外关系
9997. 中外关系：国际关系；中朝关系；中德关系；中俄关系；中法关系；中美关系；中欧关系；中日关系；中苏关系；中印关系；中英关系；中越关系；中外动物交换；中国与东盟关系；中国巴基斯坦关系；中国阿尔巴尼亚关系；中外礼品交换；周边国家关系
9998. 中外合资企业：三资企业
9999. 中外合作：中外合作拍片
10000. 中外合作经营企业：三资企业
10001. 中外科技交流：对外交流
10002. 中外礼品交换：中外关系
10003. 中外同行业交流：对外交流
10004. 中外文化交流：对外交流
10005. 中外校际交流：对外交流
10006. 中小农具：农业生产资料
10007. 中小企业：中小型企业
10008. 中小型企业：中型企业；大型企业；中小企业
10009. 中小学教育：初等教育
10010. 中心：工业中心；购物中心；活动中心；交易中心；教育中心；结算中心；康复中心；科研中心；配送中心；气象中心；清算中心；融资中心；商务中心；商业中心；物流中心；信息中心；疾病控制中心
10011. 中型企业：大型企业；小型企业；中小型企业
10012. 中学：初中；高中；学校；初等学校；民办中学；民族中学；学校教育；职业中学；中等教育；中等学校；工农速成中学；重点中学
10013. 中学教育：中等教育
10014. 中央：地方
10015. 中央财政：地方财政；一级财政
10016. 中央工业：地方工业；国营工业
10017. 中央工作会议：中共中央工作会议
10018. 中央纪委常委会议：中央纪委全会；中共中央纪律检查委员会常务委员会会议
10019. 中央纪委全会：全体会议；中央纪

委常委会议；中共中央纪律检查委员会全体会议
10020. 中央军委：机构；国家机构；军事机关
10021. 中央军委会议：中央军委扩大会议
10022. 中央军委扩大会议：中央军委会议
10023. 中央领导同志：党和国家领导人
10024. 中央企业：地方企业
10025. 中央全会：全体会议；党的十一届三中全会；中国共产党中央委员会全体会议
10026. 中央全面依法治国领导小组：政治建设
10027. 中央书记处办公会议：书记处会议
10028. 中央税：税种；地方税
10029. 中央税收：地方税收；税收收入；财政收入
10030. 中央银行：国家银行；商业银行
10031. 中央预算：地方预算；国家预算
10032. 中央政治局：党的中央组织
10033. 中央政治局常委：党和国家领导人
10034. 中央政治局会议：中央政治局扩大会议
10035. 中央政治局扩大会议：庐山会议；中央政治局会议；中共中央政治局扩大会议
10036. 中医：汉医；中国医药学
10037. 中医教育：医学教育
10038. 中医疗法：气功
10039. 中印边界问题：中印关系
10040. 中印关系：西藏问题；中外关系；国际关系；中印边界问题
10041. 中英关系：香港问题；中外关系；国际关系
10042. 中幼龄林：森林
10043. 中越边境自卫反击战：中越关系
10044. 中越关系：中外关系；国际关系；中越边境自卫反击战；中越边境自卫反击战
10045. 中长跑：田径运动
10046. 中长期信用：资本市场
10047. 中止外交关系：断交
10048. 中转站：车站；海关
10049. 中子弹：核武器
10050. 中组部：党的中央组织
10051. 终身保险：人身保险
10052. 终身制：干部制度
10053. 终审：审判
10054. 终止外交关系：断绝外交关系
10055. 种草：绿化
10056. 种类：规定；科目；类别；品种；人种；树种；税种；物种；刑种；军兵种；第二部类；警察种类；文件种类；业务种类；固定资产投资方向调节税
10057. 种植机械：农业机械
10058. 种植面积：耕地面积
10059. 种植业：农业；畜牧业；果树业；蔬菜业；豆类种植业；谷物种植业；薯类种植业；园艺种植业；经济作物种植业；作物经济
10060. 种植业保险：农业保险
10061. 种子：草种；良种；林木种子；食用菌菌种
10062. 种子工程：农业工程
10063. 种子贮备：储备
10064. 种族歧视：人权
10065. 种族问题：国际问题
10066. 仲裁：裁决；公断；判决；调解；斡旋；金融仲裁；劳动仲裁；对外

贸易仲裁
10067. 仲裁法：民法
10068. 仲裁机构：法院
10069. 仲裁价：价格
10070. 重大建设项目：重点工程
10071. 重大事件："九一三"事件；天安门事件；"文化大革命"；两个"凡是"；社会主义教育运动；关于真理标准问题的讨论；建国以来党的若干历史问题的决议
10072. 重大责任事故案：案件
10073. 重点：试点；武器装备发展重点
10074. 重点大学：重点学校
10075. 重点高等院校：重点学校
10076. 重点工程：重大建设项目；重点建设项目
10077. 重点建设项目：重点工程
10078. 重点学校：重点大学；重点中学；重点高等院校
10079. 重点中学：重点学校
10080. 重工业：轻工业；采掘工业；船舶工业；电力工业；动力工业；国防工业；化学工业；机械工业；基础工业；建材工业；能源工业；汽车工业；燃料工业；冶金工业；造船工业；制造工业
10081. 重金属：有色金属
10082. 重力异常：地震前兆
10083. 重要性：性质
10084. 周报：报纸
10085. 周边国家关系：中外关系
10086. 周末报：报纸
10087. 周期：频率；时期；研究周期
10088. 周转金：资金
10089. 周转量：数量；货运量；客运量；吞吐量；换算周转量
10090. 猪：生猪
10091. 猪肉：肉类；食品
10092. 竹笋：蔬菜
10093. 主动权：制海权；制空权；制信息权
10094. 主犯：同案犯
10095. 主观唯心主义：宗派主义；主观主义；教条主义；经验主义
10096. 主观主义：理论联系实际；主观唯心主义
10097. 主管部门：管理部门
10098. 主力军：野战军
10099. 主立井：矿井
10100. 主粮：粮食
10101. 主权：权力；领主权；国家主权；自卫权
10102. 主权论：理论
10103. 主任：行政职务
10104. 主题标引：主题标引工作
10105. 主题词：叙词；检索词
10106. 主题性活动：艺术节；植树节
10107. 主体：监察主体；投资主体
10108. 主席：会议执行主席
10109. 主席团会议：会议主席团
10110. 主刑：拘役；死刑；刑罚；无期徒刑；有期徒刑
10111. 主要矛盾：非主要矛盾
10112. 助产士：医务人员
10113. 助理会计师：财会人员
10114. 助推火箭发动机：运载火箭
10115. 助学贷款：贷学金
10116. 助学金：奖学金；教育基金
10117. 住房：房屋；营房；住宅；居住区；城镇住房；经济适用房；住房制度；

住房政策；住房标准
10118. 住房标准：房改
10119. 住房公积金：住房基金
10120. 住房基金：财务基建；住房公积金
10121. 住房政策：国内政策；住宅法规
10122. 住房制度：福利制度
10123. 住宅：公寓；私房；住房；商品住宅
10124. 住宅法规：住房政策
10125. 住宅区：社区；住宅小区
10126. 住宅商品化：商品房；商品住宅
10127. 住宅小区：住宅区
10128. 贮备：储备
10129. 注册：登记；商标注册；药品注册
10130. 注册会计师：财会人员
10131. 注册税务师：税务人员
10132. 驻厂征收：征税办法
10133. 驻防：军事；作战
10134. 驻军：军队；澳门驻军
10135. 驻外办事处：驻外机构
10136. 驻外机构：驻外办事处；外交代表机构
10137. 驻外人员：外交官
10138. 祝词：讲话；庆祝会；祝酒词
10139. 祝酒词：祝词；招待会
10140. 著录标准：专业标准
10141. 著者：著作权
10142. 著作：文献；军事著作；学术著作
10143. 著作权：版权；版税；稿酬；著者
10144. 著作权保护：版权；知识产权保护
10145. 著作权法：专利法；法律；版权法；商标法；知识产权法
10146. 筑路：货运量
10147. 专案：案件
10148. 专案调查：专门调查
10149. 专案组：机构
10150. 专家：顾问；科学家；军事专家；气象专家；外国专家；知识分子；学科带头人；专业人士
10151. 专科生：大学生
10152. 专科院校：高等院校
10153. 专利：保密专利；产品专利；发明专利；方法专利；国外专利；科技发明；知识产权；实用新型专利；外观设计专利；专利权
10154. 专利保护：知识产权保护
10155. 专利法：著作权法；知识产权法；专利制度
10156. 专利管理：专利制度；知识产权管理
10157. 专利权：发明权；知识产权；许可证贸易
10158. 专利权法：商法；商标法
10159. 专利制度：专利法；专利管理
10160. 专利转让：技术推广；技术转让
10161. 专卖：统销；销售；连锁经营；食盐专卖；烟草专卖
10162. 专卖店：商店
10163. 专门档案：专业档案
10164. 专门人才：专业人才
10165. 专门审计：专项审计
10166. 专门调查：抽样调查；专案调查
10167. 专门物资：专用物资
10168. 专门职业：专业
10169. 专审：专项审计
10170. 专使：特使
10171. 专属物资：专用物资
10172. 专题片：影片
10173. 专网：局域网
10174. 专项：项目

10175. 专项审计：专审；专门审计；专业审计
10176. 专项巡视：反腐倡廉
10177. 专业：学科设置；专门职业
10178. 专业标准：采光标准；公路标准；航道标准；建筑标准；商品标准；食品标准；卫生标准；照明标准；著录标准；部颁标准
10179. 专业档案：人事档案；专门档案
10180. 专业公司：股份公司
10181. 专业户：责任制；农村专业户
10182. 专业技术服务：特派员
10183. 专业技术干部：科技干部
10184. 专业技术培训：农业技术培训
10185. 专业技术职务：职称
10186. 专业教育：师范教育；医学教育
10187. 专业人才：科技人才；专门人才
10188. 专业人士：专家
10189. 专业审计：专项审计
10190. 专业训练：技术训练
10191. 专业银行：工商银行；建设银行；交通银行；农业银行；投资银行；中国银行；进出口银行；关税保管银行
10192. 专业院校：高等院校
10193. 专营权：权利；农资专营
10194. 专用设备制造业：机械工业；轻工装备工业
10195. 专用通信：气象通信
10196. 专用物资：统配物资；专门物资；专属物资
10197. 专用线：线路
10198. 专用章：印章
10199. 专政：国家制度；无产阶级专政；资产阶级专政
10200. 专政对象：四类分子；五类分子
10201. 转包：承包
10202. 转播：广播
10203. 转产：工业转产；企业转产
10204. 转贷：贷款
10205. 转发：发布；接收；收发文
10206. 转口贸易：转口税；再出口；保税仓库；对外贸易；多边贸易；间接贸易；贸易协定；双边贸易
10207. 转口税：关税；转口贸易
10208. 转让：移交；成果转让；房屋转让；技术转让；矿权转让；土地转让；无偿转让；武器转让；信息转让；有偿转让；专利转让；使用权转让
10209. 转让金：费用
10210. 转业：复员
10211. 转业军人：复员军人
10212. 转移：劳动力转移
10213. 转正：人事管理
10214. 转制：改革；企业转制
10215. 转租：租赁
10216. 传记：自传；图书；回忆录
10217. 装备：设施；报废装备；部队改装；处理装备；航空装备；军事采购；军事装备；科研装备；敏感装备
10218. 装备编配标准：军用标准
10219. 装备分级管理：装备管理
10220. 装备工作：武器装备工作
10221. 装备购置费：军费；国防费
10222. 装备管理：武器装备管理；装备分级管理；装备管理三化；装备研制管理
10223. 装备审计：军队审计
10224. 装备研制管理：装备管理
10225. 装备质检：质量检查

10226. 装潢：商品装潢
10227. 装修：房屋装修
10228. 装修房屋：房屋装修
10229. 装运港：港口
10230. 装置：设备；密码装置
10231. 壮语：民族语言
10232. 壮族：民族语言；少数民族
10233. 状况：现状；财经状况；天空状况
10234. 状态：紧急状态；临战状态；战备状态；无政府状态
10235. 追认：烈士
10236. 追尾：交通事故
10237. 准备金：资金；保险准备金；存款准备金；呆账准备金；坏账准备金
10238. 准备金率：比率
10239. 准轨铁道：铁路
10240. 准则：原则；会计准则；党内政治生活准则
10241. 着装：服装
10242. 咨文：文种
10243. 咨询：法律咨询；科技咨询；商情咨询；统计咨询；专利咨询；咨询服务
10244. 咨询业：服务业
10245. 资本：本金；外资；资金；股本金；雇佣劳动；国有资本；核定资本；货币资本；注册资本
10246. 资本额：金额
10247. 资本管理：金融管理；外资管理；资本运作；股本金管理
10248. 资本集中：企业合并
10249. 资本家：资产阶级
10250. 资本金：资金；公积金；公益金；运输本金
10251. 资本市场：股票市场；货币市场；金融市场；有价证券；债券市场；证券交易所；中长期信用
10252. 资本市场管理：金融市场管理
10253. 资本输出：对外投资；经济渗透；外国投资
10254. 资本税：直接税
10255. 资本运作：资本管理
10256. 资本主义：封建主义；社会制度；社会主义
10257. 资本主义法制：法律制度；社会主义法制
10258. 资本主义国家：资产阶级专政
10259. 资本主义国有化：国家干预
10260. 资本主义经济：市场经济
10261. 资本主义社会战争：侵略战争
10262. 资产：损益；债券；存量资产；递延资产；固定资产；国防资产；国有资产；流动资产；企业资产；实物资产；无形资产；现有资产；增量资产；长期资产；经营性资产；运输业资产；非经营性资产；资源性资产
10263. 资产管理：经济管理；固定资产管理；国有资产管理
10264. 资产阶级：资产者；资本家；剥削阶级；工人阶级；无产阶级；大资产阶级；小资产阶级；工业资产阶级；民族资产阶级；商业资产阶级；中等资产阶级；自由资产阶级
10265. 资产阶级民主：社会主义民主；资产阶级专政
10266. 资产阶级民主革命：社会主义革命；新民主主义革命
10267. 资产阶级政党：社会党；工人阶级政党；无产阶级政党

10268. 资产阶级专政：法西斯专政；人民民主专政；资本主义国家；资产阶级民主
10269. 资产阶级自由化：和平演变；反对资产阶级自由化
10270. 资产流失：损失
10271. 资产者：资产阶级
10272. 资产重组：并购；企业购并
10273. 资费：费用
10274. 资费管理：财务管理
10275. 资费政策：财政政策
10276. 资格：党籍；能力；代表资格
10277. 资格审查：代表资格审查
10278. 资金：股金；经费；外资；资本；保证金；公积金；公益金；养老金；周转金；准备金；资本金；财政资金；贷款资金；冻结资金；费用摊销；扶贫资金；固定资金；国家资金；汇差资金；汇兑资金；货币资金；积累资金；结算资金；经营资金；流动资金；配套资金；收购资金；外汇资金；违规资金；闲散资金；信贷资金；信托资金；预算资金；长期资金；支农资金；专项资金；预算内资金；预算外资金；环境保护资金；社会捐赠资金；同业拆借资金；自有资金
10279. 资金额度：定额
10280. 资金管理：划转；集资管理；金融管理；资金划拨；拆借资金管理；固定资金管理；汇兑资金管理；结算资金管理；流动资金管理；信贷资金管理；预算外资金管理
10281. 资金划拨：资金管理
10282. 资金划转：管理
10283. 资金来源：财源；基金；私人投资
10284. 资金能力：财力
10285. 资金审计：金融审计；外资运用审计
10286. 资金市场管理：金融市场管理
10287. 资料：图片；文献；参考资料；档案资料；党史资料；地震资料；会议资料；技术资料；内部资料；气象资料；试用资料；调查材料；调研材料；统计资料；文史资料；航天遥感资料
10288. 资料工作：信息服务；信息工作；气象资料加工
10289. 资料室：图书馆
10290. 资讯服务：信息服务
10291. 资源：能源；草原资源；国防资源；国土资源；化学资源；旅游资源；农业资源；配置资源；人才资源；人力资源；社区资源；生物资源；物资资源；信息资源；运输资源；资源法；自然资源
10292. 资源法：法律
10293. 资源管埋：经济关系；经济管理；水资源管理；国土资源管理；人力资源管理
10294. 资源开发：草原开发；地区开发；海底开发；海洋开发；矿山开发；综合利用；资源利用；大河流开发；旅游资源开发；水利资源开发；自然资源开发
10295. 资源利用：资源开发；综合利用；水资源利用
10296. 资源量：潜力
10297. 资源配置：教育资源配置；市场资源配置

10298. 资源普查：石油普查
10299. 资源税：税种；城镇土地使用税
10300. 资源调查：调查；国土资源调查；矿产资源调查；土地资源调查
10301. 资源预测：资源总量预测
10302. 资源总量预测：资源预测
10303. 资助费：费用
10304. 子女：归侨子女；华侨子女
10305. 子女婚嫁保险：财产保险
10306. 子女婚嫁金保险：财产保险
10307. 子女教育：家庭教育
10308. 子女教育保险：财产保险
10309. 子女教育金保险：财产保险
10310. 自查：检查
10311. 自传：传记
10312. 自动化：电气化；机械化；化学化；自动线；办公自动化；工业自动化；指挥自动化；电网调度自动化；气象业务服务自动化
10313. 自动线：自动化
10314. 自费：费用
10315. 自费生：学生；公费生
10316. 自负盈亏：经营管理体制
10317. 自耕农：中农
10318. 自行车：车辆；单车
10319. 自行车运动：体育运动
10320. 自行车制造业：机械工业
10321. 自力更生：建设方针
10322. 自然保护：动物保护；环境保护；野生动物保护
10323. 自然保护区：自然区；禁伐区；禁猎区；动物保护；森林公园；禁伐禁猎区；野生动物园；野生植物园；海洋自然保护区；自然资源保护区
10324. 自然分工：社会分工
10325. 自然减员：离休；离职；退休；退职
10326. 自然科学：光学；化学；力学；数学；海洋学；生物学；天文学；统计学；物理学；地球科学；固体力学；社会科学；计算机科学
10327. 自然科学史：历史
10328. 自然平衡：生态平衡
10329. 自然区：区域；自然保护区
10330. 自然人：法人
10331. 自然人流动：流动人口
10332. 自然灾害：雹灾；地震；防灾；风灾；旱灾；火灾；救灾；霜冻；水灾；灾民；灾情；灾区；赈灾；病虫害；泥石流；地震灾害；地质灾害；海洋灾害；农业灾害；气象灾害；抢险救灾
10333. 自然资源：水资源；草原资源；地下资源；国土资源；海洋资源；矿产资源；气候资源；森林资源；生物资源；水利资源；土地资源；天然气资源；河道砂石资源；野生动物资源
10334. 自然资源保护法：法律；森林法；环境保护法
10335. 自然资源保护区：自然保护区
10336. 自然资源开发：土地开发；水资源开发
10337. 自收自支：收支
10338. 自首：叛徒
10339. 自诉：起诉
10340. 自为阶级：无产阶级
10341. 自卫权：领土；主权
10342. 自卫战争：反侵略战争
10343. 自学：成人教育；自学考试

10344. 自验：检验
10345. 自营进出口权：权利
10346. 自由：出版自由；关税自由
10347. 自由党：政党
10348. 自由港：港口
10349. 自由价：价格
10350. 自由贸易：保护贸易；对外贸易；关税自由；官督商办；门户开放；对外贸易国家专管制
10351. 自由贸易区：北美自由贸易区；东盟自由贸易区
10352. 自由市场：农村集市贸易
10353. 自在阶级：无产阶级
10354. 自造字：文字
10355. 自治法规：地方法规
10356. 自治旗：自治县
10357. 自治区：政策；行政区划；民族区域自治
10358. 自治县：政策；区县；自治旗；民族区域自治
10359. 自治乡：乡镇；民族区域自治
10360. 自治州：政策；区县；民族区域自治
10361. 自主权：权利；企业自主权
10362. 宗教：道教；佛教；儒教；基督教；天主教；犹太教；民间宗教；上层建筑；伊斯兰教；意识形态；原始宗教
10363. 宗教场所：宗教活动场所
10364. 宗教典籍：图书
10365. 宗教工作：宗教事务
10366. 宗教活动：传教；庙会；洗礼；道场法会；讲经讲道
10367. 宗教活动场所：宗教场所
10368. 宗教建筑：教堂；寺庙；修道院
10369. 宗教节：宗教节日
10370. 宗教节日：花祭；复活节；节假日；开斋节；圣诞节；古尔邦节；孟兰盆会
10371. 宗教界：阶层
10372. 宗教史：历史
10373. 宗教事务：宗教工作
10374. 宗教事务管理：寺庙管理
10375. 宗教团体：教会；中国道教协会；中国佛教协会；中国基督教协会；中国天主教爱国会；中国天主教主教团；中国伊斯兰教协会；中国基督教三自爱国运动委员会
10376. 宗教信仰：民间信仰；宗教信仰自由
10377. 宗教学校：宗教院校
10378. 宗教院校：学校；高等学校；高等院校；宗教学校
10379. 宗教政策：违反宗教政策
10380. 宗派主义：分裂主义；关门主义；主观唯心主义
10381. 宗主国：殖民主义
10382. 综合安全保障战略：国家战略
10383. 综合大学：高等院校
10384. 综合发展：农业综合发展
10385. 综合防治：综合治理；病虫害防治
10386. 综合港：港口
10387. 综合利用：资源开发；资源利用
10388. 综合平衡：平衡表；平衡法；地区综合平衡；全国综合平衡；信贷资金综合平衡
10389. 综合业务通信网：通信系统
10390. 综合艺术：戏剧；电影艺术；复合艺术；戏剧文学
10391. 综合治理：污染防治；综合防治；

营区综合治理
10392. 总产值：生产总值；工业总产值；工农业总产值；国内生产总值；国民经济总产值
10393. 总动员：战争动员
10394. 总额：金额；总金额
10395. 总结：经验；工作总结；经验总结；年度总结
10396. 总结会：会议
10397. 总金额：总额
10398. 总决算：国家决算
10399. 总理：首相；行政职务；党和国家领导人
10400. 总路线：过渡时期总路线；土地革命总路线；民主革命时期总路线；社会主义建设总路线
10401. 总书记：党和国家领导人
10402. 总统：国家元首
10403. 总统制：共和国；内阁制；政治制度
10404. 总预算：国家预算
10405. 总预算会计：国家预算
10406. 总支部：党的基层组织
10407. 纵向联合：企业合并
10408. 走私：海关；缉私；罪名；海关法
10409. 走私案件：涉外案件
10410. 走私罪：罪名
10411. 租房市场：房地产市场
10412. 租金：仓租；地租；房租；收租；房地产租金
10413. 租赁：承租；出租；转租；租让；房屋租赁；国际租赁；商铺租赁；私房租赁；信托租赁
10414. 租赁法：金融法
10415. 租赁业：服务业
10416. 租让：租赁
10417. 租税：税收
10418. 足球：球类运动
10419. 阻力：波阻；曳力
10420. 组合：优化组合
10421. 组织：党委；政协；筹备组；党支部；党总支；耳目网；调查团；调查组；帮派组织；党的组织；地方组织；反动组织；非法组织；妇女组织；工作小组；公益组织；国际组织；国家组织；合法组织；基层组织；间谍组织；经济组织；军事组织；秘密组织；民间组织；农民组织；群众组织；社区组织；审判组织；体育组织；中介组织；自发组织；反革命组织；反政府组织；共青团组织；国际奥委会；国家事业组织；旅游服务组织；社区志愿者组织；社区中介者组织
10422. 组织处理：处分
10423. 组织法：法律；代表法；选举法；国家安全组织法
10424. 组织工作：党务工作；军队组织工作
10425. 组织关系：隶属关系
10426. 组织建设：党的建设；发展党员；思想建设；三大法宝；基层组织建设
10427. 组织路线：干部路线；思想路线
10428. 组织生活：党的组织生活
10429. 组织史：历史；组织沿革
10430. 组织沿革：组织史
10431. 组织制度：企业组织制度
10432. 祖国统一：祖国统一问题
10433. 最初谈判权：权利

10434. 最低纲领：党纲
10435. 最低生活保障：社会保障
10436. 最低限价：管理
10437. 最高纲领：党纲
10438. 最高限价：管理
10439. 最高政治领导力量：政治建设
10440. 最后通牒：外交文件；哀的美敦书
10441. 最惠国待遇：互惠；关税政策；国民待遇；互惠待遇；外国法人
10442. 最优配置：工业布局
10443. 罪犯：犯人；共犯；逃犯；押解；杀人犯；通缉犯；同案犯；犯罪分子；军事罪犯
10444. 罪名：贿赂；流氓；叛逃；贪污；刑法；走私；包庇罪；渎职罪；行贿罪；叛国罪；强奸罪；抢劫罪；杀人罪；伤害罪；受贿罪；贪污罪；投毒罪；诈骗罪；走私罪；反革命罪；介绍贿赂罪；挪用公款罪；徇私舞弊罪；拐卖妇女儿童罪；私分罚没财产罪；私分罚没财物罪；私分国有资产罪；危害公共安全罪；危害国家安全罪；隐瞒境外财产罪；巨额财产来源不明罪；履行合同失职被骗罪
10445. 尊干爱兵：官兵关系
10446. 尊师爱生：关系；人际关系；尊师重教
10447. 尊师重教：尊师爱生
10448. 遵纪爱民：拥政爱民
10449. 作代会：文代会；中国作家协会代表大会
10450. 作风：党风；风纪；警风；廉洁；文风；学风；干部作风；工作作风；机关作风；艰苦奋斗；廉洁自律；领导作风；民主作风；生活作风；思想作风；执法作风
10451. 作风整顿：整风
10452. 作品：文学作品
10453. 作物：农作物
10454. 作物布局：农业布局
10455. 作物经济：种植业
10456. 作息时间：作息制度
10457. 作息制度：工作制度；作息时间；机关工作制度
10458. 作用：党委作用；党员作用；工作作用；关键作用；核心作用；三个作用；先导作用；相互作用；党支部作用；核心领导作用；先锋模范作用；战斗堡垒作用
10459. 作战：交战；军事；轮战；驻防；军事行动；作战指挥
10460. 作战保障：通信保障
10461. 作战部署：兵力部署；作战方案
10462. 作战成果：战果
10463. 作战成绩：战绩
10464. 作战法规：军事法规
10465. 作战方案：处突方案；军事部署；增援方案；作战部署；作战命令；作战方法；作战计划；作战计划图
10466. 作战方法：作战方案
10467. 作战方针：军事方针
10468. 作战计划：军事计划；作战方案
10469. 作战计划图：作战方案
10470. 作战结果：战果
10471. 作战力量：国防力量；作战能力
10472. 作战命令：作战方案
10473. 作战能力：部队素质；作战力量；核作战能力
10474. 作战物资：军用物资

10475. 作战物资储备：军用物资储备
10476. 作战运输：军事运输
10477. 作战指挥：岸上指挥；分散指挥；集中指挥；军队指挥；隐蔽指挥；战略指挥；战役指挥；海上作战指挥
10478. 作战准备：战备
10479. 坐收：收入
10480. 坐支：支出
10481. 座谈会：会议；讨论会；现场会
10482. 座谈会纪要：会议纪要